개정판

생활지도와 상담

| 김청자 · 정진선 공저 |

태영출판사

머리말

시대의 변화는 새로운 문화를 창출하게 된다. 그러한 변화에 적응해 가야 하는 과정에서 다양한 역할들이 획득되어야 하는 것이 현실이고 보면 교사의 역할이 차지하는 비중은 점점 그 무게를 더해 가고 있다. 문화의 창출은 인간에 의해서 이루어지는 것일진대 창출된 문화에 또 적응해야 하는 대상 또한 인간임을 부인할 수 없는 모순을 지니고 있다. 삶의 과정에서 인간은 외부지향적인 특성을 자의든지 타의든지 발달시킬 수밖에 없기 때문일 것이다. 그러한 과정에서 진정한 자기 자신을 소외시키는 것을 무의식적으로 학습하고 있는 대상들 또한 증가하고 있다. 특히 학생들의 경우에 있어서 자신을 소외시키는 결과는 책임의 결여, 타인과의 부조화, 언행일치의 행동 등으로 인해서 학업, 또래관계, 자기관리의 적절성, 건강관리 등의 어려움을 호소하는 것으로 드러난다. 물론 자신이 의식할 수 없는 상황에서의 적절하거나 부적절한 행동특성들로 나타나는 것이 우선되고 있기 때문에 교사들은 인간이해를 바탕으로 한 학습자의 사회적응을 준비시키기 위한 바람직한 행동능력을 획득할 수 있는 교육적인 실천이 뒷받침되지 않으면 안 된다.

이러한 막중한 책임이 가해지면서 교사들은 교사의 역할수행에 뒤따르는 어려움을 감하고자 하는 자발적인 의지를 갖게 되었다. 그래서 인간이해를 바탕으로 한 상담활동에서 좀더 학습자의 정서, 인지, 행동의 일치를 도와서 적응능력을 향상시킬 수 있도록 필요한 정보를 제공하는 것은 더더욱 중요하다. 물론 가르치는 과정에서 많은 부분의 미비함으로 인해서 전체적인 수정 및 보완이 요구되어짐을 저자는 인식할 수 있었다. 그러나 교사로서의 인격성장과 더불어 적절한 생활지도의 능력을 향상시키는데 있어 생활지도와 상담이라는 교재로 모든 것을 담아내기는 더더욱 역부족이라는 것을 알고 있다. 그래서 갈등하고 있으면서도 선뜻 행동으로 옮기기 어려워하고 있었으나 김현태 사장님의 독려로 이번에는 생활지도를 함에 있어서 상담활동으로 그 효율성을 증대시킬 수 있는 구체적이고 심도 있는 대화의 능력을 향상시키고자 하는데 초점을 두어 부분적인 수정 및 보완을 하였다.

마지막으로 이 책이 나오기까지 항상 말없이 지지와 격려를 보내주신 분들, 특히 강의를 수강했던 제자들에게 감사함을 전하고 싶다. 가르치는 과정을

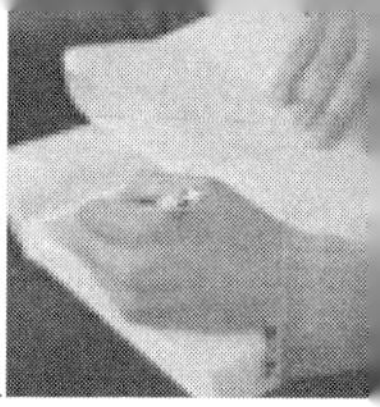

통해서 더 많이 학습할 수 있도록 독려받기에 더욱더 그렇다. 더 많이 가르치는 과정을 통해서 더 많이 배우고자 하는 의지를 고백하면서 기꺼이 출판을 진행해 주시는 출판사 가족들께도 깊은 감사를 전한다.

2010년 2월

저자 씀

차 례

제 1 장

생활지도의 기초

1. 생활지도의 의의
2. 생활지도의 목표
3. 생활지도의 기본원리
4. 생활지도의 주요활동

학교에서 이루어지는 교육은 교과지도와 생활지도를 통해서 사회적응 능력을 기르도록 돕는 것이라고 말할 수 있다. 교육을 실행하기 위해서 우선 교사가 학습자에 대한 이해를 바탕으로 학습자가 최적의 학습조건을 갖출 수 있도록 돕는 과정도 교육에 포함이 되고, 이를 토대로 교육의 내용을 어떠한 방식으로 전달하고 학습의 성과를 도모하는지도 고려하는 것이 매우 중요하다. 이 같은 상황은 교사의 생활지도를 통해서 협조되어질 수 있다. 따라서 교사는 교과지도자의 역할 뿐 아니라 생활지도자로서의 역할을 보다 원활하게 수행해 내기 위해서 필요한 기초를 다지는 것이 우선되어야 할 것이다. 본 장에서는 생활지도의 기본적인 의미와 생활지도의 목표를 다지고, 생활지도의 기본원리를 파악하고 그 활동영역에 대해서 구체적인 내용을 살펴보고자 한다.

1. 생활지도의 의의

생활지도란 영어의 Guide에서 유래하는데 이는 인도한다, 지도한다, 조언한다, 안내한다의 뜻이 포함되어 있다. 그러므로 생활지도는 아동 및 청소년들을 바람직한 방향으로 안내, 지도, 훈육 및 통제를 하는 것을 의미한다.

학교에서 행해지는 교육활동은 크게 '교수-학습지도(교과지도)'와 '생활지도'로 구분된다. 그러므로 생활지도 활동은 교과지도 활동과 마찬가지로 중요한 교육활동이다. 교과지도 활동이 주로 학생의 인지적이고 기능적인 측면의 성장·발달을 도모하는 것이라면, 생활지도 활동은 학생의 인격완성을 돕는 활동으로 정서적이고 인성적인 측면의 성장·발달이라고 볼 수 있다. 따라서 진정한 교육인 전인교육이 행해지기 위해서는 교과지도 활동과 생활지도 활동이 상호 보완적인 관계로 실천되어야 한다(신윤호 외, 2005).

생활지도의 개념을 정의하는 부분에 있어 넓은 의미로 보면 '교육'과 같은 것으로 학교의 모든 프로그램은 생활지도의 목표를 실천하기 위하여 조직되어야 한다고 생각하는 학자도 있는 반면에, 어떤 사람들은 생활지도를 직업이나 진로지도 또는 도덕적인 생활 및 행동지도에 한정적으로 국한시키려고 한다. 일반적인 의미의 생활지도는 행동습관, 청결과 위생, 예절 등 학생생활의 거의 모든 영역을 관여하기 때문에 광범위하면서도 일반적인 영역으로 생각되어지는 경우가 많다. 반면에, 학생이해 활동을 위해 과학적인 심리검사 등이 활용되기도 하고 전문적인 상담교사로서의 자질을 필요로 하는 특별한 학생지도 영역으로 성격지어지는 경우도 있다. 따라서 생활지도의 의미는 전자의 의미와 후자의 의미를 모두 내포하고 있다. 상황에 따라 전문적인 활동으로서의 가이던스를 의미하기도 하고 학생의 행동이나 생활에 대한 전반적인 교육과 지도를 의미하기도 한다.

생활지도는 기본적으로 모든 교사가 맡아야 하는 교육활동이지만 전문적 훈련을 요하는 부분이 많이 요구되는 경우의 생활지도면에서는 일반교사들이 담당하기 어려운 부분이 있기 때문에 생활지도는 교사교육에 있어서 필수적으로 다루어져야 하는 내용이다. 따라서 거의 모든 대학의 교사양성을 위한 사범대나 교직과목에서 '생활지도', '상담과 생활지도'라는 과목을 필수적으로 부과하고 있는 것은 현재의 상황을 잘 반영하고 있다(김계현 외, 2000). 오늘날 교육현장에서 생활지도가 중요시되고 있는 까닭은 실제적인 면에서 교육을 보다 충실하게 발전시켜 줄 수 있는 방법이기 때문이다.

생활지도의 개념 정의는 그 용어가 가지는 뜻이 다양하고 학자마다 각기 다른 해석을 내리고 있기 때문에 한 마디로 간단하게 정의를 내리기는 어려운 일이다. 여기서는 생활지도의 의미에 대하여 몇몇 학자의 정의를 소개하기로 한다.

Shertzer와 Stone은 생활지도는 각각의 개인들이 자기 자신과 자신의 주위 세계를 이해할 수 있도록 조력해 주는 과정이라는 광범위한 의미로 정의하였다. 이는 학생 개개인의 성장 및 발달을 극대화시키고 그 잠재능력을 계발하여 현재는 물론, 미래에 어떠한 문제에 직면하더라도 그것을 그들 자신의 힘으로 유효적절하게 해결할 수 있는 능력을 길러 주는 조력활동이라고 할 수 있다.

Jones는 생활지도란 현명한 선택과 적응을 위해 개인에게 주는 조력을 의미한다. 즉 선택을 한다는 것은 생득적인 것이 아니므로 적절한 지도가 필요하다고 보았다.

Traxler는 생활지도란 개인의 능력과 흥미, 성격적 제 특성을 이해시키고 가능한 정도까지 최고로 그들을 발달시키고 생활의 목표와 관련시켜 최후로 민주사회의 바람직한 시민으로서 원숙한 자기지도가 될 수 있는 상태에 도달시키려는 것이라고 하였다.

Strange는 생활지도는 개개인의 가능성을 발견하고 그 자신의 노력을 통하여 그의 개인적인 행복 및 사회적 유용성을 목표로 하여 그것을 발달시켜 나가는 과정이라고 말하였다.

한편 우리 나라 학자들의 정의를 살펴보면 이영덕은 생활지도는 한 학생이 자신의 본래의 성격을 정확히 파악하고 문제해결을 위한 이해와 통찰을 가짐으로써 보다 안정되고 통합된 성장을 할 수 있도록 도움을 주는 과정이라고 말하였으며, 황응연과 윤희준은 생활지도는 학생 개개인의 성장과 발달을 극대화시키고, 잠재능력을 개발해서 현재는 물론 장차 어떠한 난관에 봉착하더라도 그것을 자신의 힘으로 유효적절하게 해결해 나가도록 힘을 길러 주는 일이라고 하였다. 홍경자는 생활지도는 학생 개개인이 학교와 가정과 사회에서 최대한의 적응과 발전을 이룩할 수 있도록 자기이해와 자기 결정 내지는 자기지도의 능력을 배양해 주는 조직적인 활동이라고 하였다. 윤운성 등(2001)은 생활지도는 자기발견을 통한 자기지도(self-guidance)의 능력을 증진시키고, 자기검사(self-examination), 자기이해(self-understanding), 자기통제(self-control), 자기실현(self-realization)을 하도록 조력하는 것이라고 하였다. 즉 생활지도는 개인적인 조언이며 또한 체계적이고 계획적인 조언으로서 학생이 스스로 자기 결정하고 개척하도록 도와서 자신의 환경 속에서 현명한 선택과 적응을 할 수 있게 하는 작용인 것이다.

위의 여러 사람의 정의 가운데 종합적인 공통점을 찾아낸다면 생활지도란 자신의 발견 및 이해, 타고난 자질의 개발, 현명한 적응과 선택을 통한 문제해결, 원숙한 자기실현, 자기지도 등을 들 수 있다. 즉, 생활지도는 자기이해, 자기조정, 자기실현을 통하여 남의 조력 없이도 스스로 자신을 훌륭하게 이끌어 나갈 수 있는 자기지도(self-guidance)에 이를 수 있게 지도하기 위한 조직적 봉사활동이다.

2. 생활지도의 목표

생활지도가 개인의 봉사에 초점을 둔 활동이라면 생활지도의 목표는 개인을 돕는 활동 차원에서 결정될 수 있다. 학교교육에서 전개되는 생활지도 활동이란 개인적인 도움을 통하여 학생으로 하여금 현명한 선택과 적응 및 그들이 당면하고 있는 적응문제를 해결하도록 도움을 줌으로써 자기지도를 하도록 도와 주는 일이다. 그러므로 생활지도의 근본목표는 개인을 돕는 일이며, 학생, 개인의 성장 · 발달을 돕는 생활지도의 목표를 다음과 같이 구분하여 제시하고자 한다.

1) 자신의 능력과 흥미의 발견 및 이해

생활지도는 무엇보다도 개인의 존엄성과 가치에 중요한 기초를 두고 있으며, 개개인은 각자 다른 능력, 적성, 흥미, 성격, 감정, 가치관, 태도, 외모 등을 가지고 있다. 각자의 타고난 자질과 능력이 다르므로 서로의 상호작용에 의해 저마다의 개성을 발전시키게 된다. 이러한 개성을 인정하고 이해시키는 것이 생활지도의 가장 중요한 목표가 된다. 자기 자신에 대한 올바른 이해 위에 각 개인이 그가 속한 한 사회의 문화적 가치에 의해 최고의 자기실현을 할 수 있도록 돕는 교육적 노력이 생활지도가 되는 것이다.

2) 능력과 흥미의 최대한의 개발

개개인은 저마다 발전 가능한 잠재능력이 있으며 이를 제대로 계발해 줄 여건이 마련되어 있지 않으면 자신의 잠재력을 계발하지 못하고 인생을 살게 된다는 것이다. 개인이 가진 흥미를 풍부하게 살릴 수 있도록 직업적 훈련의 기회를 만들고 원만한 인간관계를 기르도록 협동적 경험을 쌓는 것은 자신의 능력과 소질을 키워가게 하는 생활지도의 중요한 목표가 된다.

3) 현명한 선택과 적응을 통한 문제해결력 증진

현대사회의 특징은 시시각각으로 변화하는 사회라고 볼 수 있다. 이전의 사회구조는 비교적 단순하고 지식과 정보가 제한되어 있어 우리의 선택도 비교적 용이했으나 현대는 선택의 폭이 다양하게 넓어졌으며 증가된 만큼 점점 더 선택하기가 어려워진 것이다. 진로 선택을 예를 들면, 직업의 수가 한정되어 있었던 과거와는 다르게 최근에는 헤아릴 수 없이 많은 직종들이 존재한다. 따라서 자신의 상황에 맞는 직업을 선택하도록 지도하는 일이 주요 목표가 된다. 또한, 일상생활에서 일어나는 문제들을 자신의 힘으로 해결하도록 노력하며, 실제 경험을 통하여 자신의 능력을 파악하고 이해하며 자신의 부족한 부분을 수정 보완해 나감으로써 건전한 자아개념도 서서히 형성될 수 있다. 생활지도는 학생이 사회적 변화나 개인의 내적 변화에 잘 적응할 수 있도록 가정, 학교, 사회가 협동적으로 노력하여 학생들의 적응문제를 해결하는데 도움을 주고 있다.

4) 전인적 인성으로의 발달

최근 교육현상에서는 지나치게 지식에 편중하는 경향이 짙다고 생각하는 사람들이 많다. 지식이나 입시위주의 교육이 만연해지고 있으나, 인간은 지적인 면의 발달만으로는 행복해 질 수 없으며 신체적 · 사회적 · 정서적 모든 면의 발달이 잘 조화되고 통합될 수 있을 때 가장 완전해 질 수 있다는 견해가 바로 생활지도의 입장이다. 따라서 학교는 자라나는 청소년들의 감정과 의지, 개성과 사회성을 고르게 발달시킬 수 있도록 지도하여야 한다.

5) 유능한 민주시민으로의 육성

개성을 최대한으로 발달시켜 그 사회를 위하여 유익하게 사용할 때 민주시민으로서 가장 훌륭한 공헌이 될 수 있다. 그러므로 유능한 개인으로서의 성장과 사회의 발달이라는 신념은 민주주의 이념과 생활지도의 목표가 일치하고 있는 견해이다. 따라서 생활지도는 개인으로 하여금 건전한 민주시민으로서 성장 · 발달할 수 있도록 모든 경험을 마련하는데 목표를 두어야 한다(이재창, 1988).

전찬화는 생활지도의 근본 목표는 개인을 돕는데 있지만 학교에 대해서도 도움을 줄 수 있다고 보고, 개인을 돕는다는 측면과 학교를 돕는다는 측면으로 구분하였다. 개인적인 면에서 본 생활지도의 목표로는 학생들이 가져야 할 권리를 행사할 수 있도록 도와 주는 것이라 하여 Humphrey와 Traxler의 표현을 인용하였다.

① 학생 자신의 노력으로 자기가 가지고 있는 수용력을 잘 나타내게 하고 삶의 여러 영역에서 개인적인 성취감을 얻을 수 있게 하고 사회에 최대의 공헌을 할 수 있도록 도와 준다.

② 학생 자신이 당면한 문제를 해결할 수 있게 하고 사실을 정확하게 해석하여 현명한 선택과 적응을 할 수 있도록 도와 주는 것이다.

③ 학생으로 하여금 모든 환경 상황에 건전하고 성숙한 적응을 할 수 있도록 영구적인 기반을 만들도록 준비하게 하는 것이다.

④ 학생으로 하여금 신체적, 지적, 정서적 그리고 사회적인 모든 면에서 조화 있는 삶을 누릴 수 있도록 도와 주는 것이다.

다음으로, 학교의 입장에서 본 생활지도의 목표는 학생을 돕는 것 이외에 교직원, 행정가, 연구 활동에 많은 도움을 주고 있다. Froehlich의 견해에 의하면 생활지도 프로그램에서 교사들이 학생에게 도움을 주어야 할 활동은 다음과 같다.

① 학생에 대한 생활지도 활동을 통해 교사들은 학생을 좀 더 잘 이해하고

지도할 수 있도록 해야 한다.

② 교사들에게 체계적인 현직교육의 실시를 통하여 학생의 문제와 행동을 진단, 이해할 수 있도록 도와 주어야 한다.

③ 일반교사들이 자기의 능력으로 감당하기 어려운 학생의 문제는 전문가에게 위탁할 수 있도록 도와 주고 그런 방안을 사전에 마련해 놓아야 한다.

④ 생활지도 프로그램은 연구 활동을 촉진하여 연구 활동에도 도움을 준다.

또한, 학교 행정가가 해야 할 일은 다음과 같다.

① 생활지도 프로그램을 통하여 그들이 발견한 사실을 행정가에게 보고하여 교과활동에 반영시키도록 하여야 한다.

② 생활지도 담당자인 상담자는 학교 행정가들과 지역사회와의 사이에서 교량 역할을 하게 되며 많은 정보와 지역사회의 각계 인사와 교제하고 학교정보를 지역사회에 알려 주어야 하므로 생활지도 프로그램은 이와 같은 유대관계를 갖도록 함으로써 학교 행정가들을 도와 주는 것이다. 또한 생활지도 프로그램은 연구활동에도 많은 도움을 주게 된다. 즉 지역사회 조사를 통해 직업정보를 얻어내고 졸업생에 대한 추후지도를 통하여 학교의 교육과정, 학생활동, 생활지도 프로그램에 대한 문제점을 발견하고 그 개선 방안을 모색하는 등 연구 활동에도 도움을 주고 있다(김태호, 2004).

3. 생활지도의 기본원리

1) 주요 학자들의 견해

(1) Peterson의 입장

① 모든 인간은 삶의 과정에서 자기 자신, 세계 그리고 세계와의 관계 속에

있는 자신을 이해하며 또한 끊임없이 직면하는 여러 가지 전문적인 성격을 지닌 개별적인 원조를 수시로 필요로 하고 있다.

② 모든 개인은 자율적으로 자기결정이 이루어지지 않으면 안 된다. 곧 선택과 결정의 자유는 명백하게 인식되고 존중되어야 한다.

③ 개인은 자신의 문제를 스스로 해결하고 기회가 주어지기만 하면 적합한 선택을 스스로 할 수 있는 능력을 지니고 있다.

(2) Gibson과 Mitchell의 입장

① 학교의 생활지도 프로그램은 모든 학생의 발달과 적응을 돕기 위해서 계획된 것이다.

② 학교 교육과 생활지도는 상호관련되어 있으며 학생의 전 교육수준에 적용되는 지속적인 과정이다.

③ 전문적인 영역의 지도를 위해서 전문적인 훈련을 받은 전문 생활지도 담당자가 필수적이다. 또한 일반교사의 생활지도에 대한 이해와 지지가 생활지도의 성패를 좌우한다.

④ 생활지도는 특별히 효과 있는 프로그램을 계획해서 개발해야 한다.

⑤ 학교의 생활지도 프로그램은 그 학교의 특수성을 반영해야 한다. 학교의 요구와 학교의 환경을 고려해서 독특한 프로그램을 개발하여 학교마다 제각기 다른 생활지도 프로그램을 갖게 된다.

⑥ 생활지도 프로그램은 책임감 있는 성취와 효과에 대한 객관적인 증거를 제시해야 한다.

⑦ 생활지도를 담당하는 상담자는 학생의 문제와 프로그램을 심리학자, 사회사업가, 교사, 행정가 그리고 다른 관계있는 전문가와 같이 상의하는 집단의 일원으로 역할을 함께 해야 한다.

⑧ 생활지도는 학생 스스로 결정하고 계획을 세우는 개인의 권리와 능력을 인정해야 한다.

⑨ 생활지도는 개인의 고유성과 개인의 권리를 인정한다. 즉 개인의 가치와 존엄을 인정하고 존경한다.

⑩ 학교 상담자는 편견 없이 동등하게 취급하는 행동을 보이는 긍정적인 인간관계의 역할모형이 된다(Gibson et al., 1983).

(3) 이재창의 입장

① 생활지도는 모든 학생을 대상으로 한다.

문제를 가진 학생뿐만 아니라 개개인의 성장 · 발달과 잠재력의 계발에 역점을 둔다. 또한 치유나 지도보다는 예방에 중점을 둠으로써 정상적인 전체 학생들을 대상으로 해야 한다는 것이다. 또한 일반적으로 연령에 상관없이 모든 학생을 대상으로 한다.

② 생활지도는 전인적 발달에 초점을 둔다.

개인의 성장 · 발달에는 지적인 면 외에도 신체적 · 정서적 · 사회적 발달 등을 다 포함하는 것이기 때문에 교육은 학생들의 지적인 면만 강조하고 정의적인 면을 결코 소홀히 다루는 등의 문제는 있을 수 없다. 따라서 생활지도는 개인으로 하여금 지적인 발달 외에도 올바른 판단과 사고를 하고 자신의 흥미 · 태도 · 가치관 등을 통해서 건전한 자아상을 확립하고 전인으로 발달할 수 있도록 해야 한다.

③ 생활지도는 치료보다는 예방에 역점을 둔다.

생활지도는 특정한 문제를 가진 학생만 대상으로 하는 활동으로 이해하는 경향이 있다. 그러나 개인의 전인적 발달에 역점을 두어 일반 학생들을 대상으로 하는 예방 프로그램을 개발하도록 촉진되어야 한다.

④ 생활지도는 처벌이나 제지보다 성장을 촉진한다.

생활지도는 문제학생을 처벌하는 것으로 인식하고 있다. 따라서 학생들로 하여금 생활지도를 기피하게 만드는 결과를 가져온다. 개인의 존엄성을 무시하는 처벌을 통해서는 행동변화를 가져오기가 매우 힘들다. 그러므로 학생을 처벌하기보다는 성장을 촉진하는 적극적 활동이 되어야 한다.

⑤ 생활지도는 과학적인 근거에 기초를 둔다.

학생들을 올바르게 이해하고 여러 가지 봉사활동을 제공하기 위해서는 여러 가지 표준화된 검사를 사용하는 것이 바람직하며 정보활동 등도 최신의 자료를 활용해야 한다.

⑥ 생활지도는 학교교육의 통합된 일부이다.

생활지도는 학교의 교과교육에 여유가 생겼을 때 지도하는 것이라고 잘못 인식되어 있다. 학교는 특별활동이나 독립된 과목으로 교육과정에 반영시키는 것이 바람직하며 생활지도를 담당하는 상담자는 학교의 내외 인사들과 협조체제를 형성해서 협동적으로 노력해야 한다.

2) 생활지도의 기본원리와 실천원리

생활지도의 기본원리는 생활지도를 하는데 있어서 기본적으로 유의해야 할 원리이고, 실천원리는 생활지도 활동을 구체적으로 실천해 나가는 데 있어서 준수해야 할 원리라고 할 수 있다. 이에 대하여 차례대로 정리해 보면 다음과 같다(주영흠 · 박진규 · 오만록, 2002).

(1) 기본원리

① 자율성 존중의 원리

학생 자신의 문제를 파악하고 적극적으로 해결하도록 도와 주어야 하며 그러기 위해서 학생 자신이 문제를 파악하고 가능한 해결방안을 탐색하여 최종적인 결정을 내리도록 하는 것이 중요하다.

② 적응의 원리

생활지도는 학생들로 하여금 전반적인 생활에 잘 적응하도록 도와 주는 활동이므로, 여기에서는 자신들의 현실에 순응하게 하는 소극적인 적응보다는 개인의 능력과 특성을 되살려 적극적으로 자신을 이끌어가게 하는 능동적인 적응이 강조되어야 한다.

③ 인간관계의 원리

생활지도에서는 학생들의 생활태도와 가치관의 변화나 인성적 감화와 같은 정의적인 학습이 강조되는데, 이러한 학습은 교사와 학생 사이에 참다운 인간관계, 즉 감성이 교류하는 관계가 성립될 때 가능해지며, 이로 인해서 생활지도가 촉진된다. 생활지도에 있어서 교사와 학생 간에 친밀하고 허용적인 관계(rapport)의 조성이 필요한 것도 이러한 원리에 기인한 것이다.

④ 자아실현의 원리

생활지도의 궁극적인 목적은 모든 개인으로 하여금 자아실현을 하도록 하는 데 있다. 그러므로 생활지도는 개인적인 문제의 해결, 새로운 장래의 설계, 학교생활에 대한 건전한 적응 등을 통하여 모든 학생으로 하여금 자기 나름의 완성을 기하도록 조력하는 것이 되어야 한다.

(2) 실천원리

① 계속과정의 원리

생활지도는 한번으로 끝나는 것이 아니라 계속적인 활동으로 이루어져야 한다. 그러기 위해서 생활지도는 진급 · 진학이나 취업에 대한 정치 활동뿐만 아니라 추후활동으로까지 연결되어야 한다.

② 전인의 원리

생활지도에서는 개인의 특수한 영역이나 기능의 일부만을 다루는 것이 아니며, 전체적인 면을 통합적으로 지도하여야 한다. 그리하여 모든 학생들이 조화로운 인간성을 갖추도록 해야 한다.

③ 균등의 원리

생활지도는 모든 학생을 대상으로 이루어져야 한다. 생활지도는 문제아나 부적응아들의 문제만을 지도하고 해결하는 것이 아니라, 전체 학생들의 잠재력을 최대한으로 계발시키는 것에 중점을 두어야 한다.

④ 과학적 기초의 원리

생활지도는 학생들에 대한 올바른 이해와 지도를 위해 구체적이고 객관적인 자료와 과학적인 이론을 토대로 실천되어야 한다.

⑤ 적극성의 원리

생활지도는 이미 나타난 문제해결이나 그 치료보다는 문제가 근본적으로 일어나지 않도록 하는 예방적인 지도에 중점을 두어야 한다.

4. 생활지도의 주요활동

1) 문제별 영역

학급별에 따라 성별, 지역별, 인문계 및 실업계에 따라 생활지도의 영역은 달라질 수 있으나 이런 요인들을 초월해서 공통적으로 포함되는 대표적인 영역들이 있다. Jones(1970)에 의하면 직업지도, 교과지도, 여가 · 취미 · 교양지도, 사회적 · 도덕적 지도, 지도성 지도 등을 생활지도의 문제영역으로 구분하였으며, 김충기(1983)는 교육지도, 직업지도, 성격지도, 건강지도, 사회성지도, 여가선용지도, 도덕지도, 종교지도 등을 생활지도의 문제별 영역으로 들고 있다.

따라서 생활지도의 활동영역을 확실히 구분짓기는 어려우나 대체로 다음과 같이 분류하여 볼 수 있다(이시용 외, 1990).

(1) 학업지도(Academic Guidance)

학교활동의 중핵적인 영역으로 학생들의 학습을 돕는 활동이다. 학업지도 대상의 문제는 새로운 학교에의 적응문제, 교육과정 선택의 문제, 학업성적 부진의 문제, 특수아동의 문제, 진급이나 진학에 관련된 문제, 학습방법 및 학습습관의 문제 등이다.

그 지도방법으로는 오리엔테이션, 학업 부진아 및 특수아 지도, 학습습관 및 학습방법지도, 진학지도, 각종 검사에 의한 학습행동과 학업성취도의 평가 등이 포함된다.

(2) 진로지도(Vocational Guidance)

진로지도는 각 학생들이 자신의 진로에 대한 의식을 고취하고 자신의 적성에 맞는 진로의 결정과 그 목표달성에 필요한 활동들을 실행할 수 있도록 돕는 영역이다. 진로지도는 개인으로 하여금 중요한 미래의 방향을 선택 · 준비하도록 돕는 의사결정의 과정으로서, 여기에는 크게 진학지도와 직업지도가 포함된다.

올바른 직업관을 가지도록 지도하고 직업선택을 위한 도움을 주려는 교육활동으로서 대상이 되는 문제는 직업적 준비과정에 관한 문제, 직업의 선택과 결정에 관한 문제, 직업의 세계에 대한 정보와 자료의 수집 · 보관 · 제공에 관한 문제, 학생 자신의 직업적 적합성을 이해하는 것에 관련된 문제, 직업적 능력을 발달시키는 것에 관한 문제 등이다.

직업지도가 성공하기 위해서는 학생 개개인의 능력에 대한 올바른 이해, 직업 자체에 대한 정확한 이해, 개인의 적성과 직업간의 상호 관련성에 대한 합리적이고 현실적인 판단이 이루어져야 한다.

(3) 건강지도(Health Guidance)

학교에서의 건강지도는 학교생활 측면(급식, 급수, 채광, 휴식 공간, 학교건물, 정신위생적 건강, 신체적 건강 등), 건강 서비스 측면(건강진단, 신체검사, 질환이나 영양 결함자에 대한 치료 등), 건강교수 측면(건강교육에 필요한 기초적인 원리와 지식을 이해시키고 스스로의 건강을 관리할 수 있도록 하는 것)의 세 영역으로 나누어진다.

또한 건강지도에는 신체적 건강지도와 정신위생에 관한지도, 공중위생지도, 안전지도 등이 포함된다.

(4) 인성지도(Personality Guidance)

인성지도는 성격지도 또는 인격지도라고 하는데 개인의 정서적 안정 및 바람직한 품성을 형성하도록 도움을 주는 교육활동으로서 자기 성격의 긍정적인 특성을 발달시키고 촉진시킨다.

문제가 되는 요인은 정서적 문제, 사회적 행동문제, 가족관계의 문제, 종교나 가치관 등에 관련된 문제 등으로 지나친 내 · 외향성이나 우월감 · 열등감, 정서적 불안, 욕구불만, 신경과민, 정신 불건강, 불건전한 습관과 태도 등이다.

모든 개인적 · 심리적 부적응 문제에는 이에 관한 전문적인 지도가 포함되어야 하며, 이런 문제들은 개인을 대상으로 생활지도를 하는 것이 바람직하기 때문에 개별적인 생활지도 활동이 요구된다.

(5) 사회성지도(Social Guidance)

반사회적 이거나 비사회적인 행동을 예방 치료하고 협동, 관용과 같은 건전한 사회적 행동을 발달 촉진하기 위한 생활지도의 한 영역이다. 공격적이거나 반항적인 행동, 파괴적 행동이나 퇴행적이며 도피적인 행동 등과 같은 사회성 문제에 관련된 행동을 들 수 있다. 지도상의 유의점은 다음과 같다.

① 정서적 안정감이 건전한 사회적 행동의 기초가 된다.
② 안정감 및 소속감 등 기초적인 사회적 욕구를 만족시켜 주도록 유념한다.
③ 집단의 분위기를 우호적이고 자유롭게 조성한다.
④ 많은 사회적 경험의 기회를 갖게 한다.
⑤ 교우관계에 관심을 가지고 지도한다.

(6) 여가선용지도(Leisure-time Guidance)

취미활동이나 창작활동, 감상활동 등으로 개인이 활용할 수 있는 시간을 뜻있고 생산적으로 보낼 수 있도록 하기 위한 영역이다. 여가의 활용은 정신건강의 증진뿐 아니라 공부의 능률 향상을 위해서도 필요한 것이므로 그 중요성이 점진적으로 인식되고 있다.

최근에는 각종 오락시설의 종류가 다양하게 보급됨에 따라 여가시간을 유효적절하게 이용하도록 하는 지도가 더욱 필요하게 되었다. 여가시간을 선용함으로써 개인의 인간성을 높이고, 교양을 풍부하게 할 뿐만 아니라 신체적으로나 정신적으로 새로운 활력을 얻도록 지도해야 한다.

(7) 가정생활지도(Family-living Guidance)

가정생활지도란 학생들이 가족 구성원으로서 원만한 가정생활을 영위해 나갈 수 있도록 지도하는 것을 말한다. 여기에서는 모든 학생으로 하여금 가정에서 자신의 중요성을 인식하게 하고 부모와의 관계에 있어서 원만성을 유지하도록 지도한다. 가정적인 문제로 고민하거나, 가정생활에서의 갈등으로 인하여 부적응 상태에 있는 학생을 대상으로는 가정생활에 적응할 수 있도록 전문적인 상담과 지도를 해야 한다.

(8) 창의성지도(Creativity Guidance)

교사는 교과서 내용을 설명할 때 창의력 증진을 위한 분위기를 마련해야 하며, 나아가서 학습지도안을 작성할 때도 창의적 학습지도안이 되도록 그 내용을 반영하여야 할 것이다. 생활지도(신세호, 1969)를 통해서 창의력을 신장하는데 유의할 점은 다음과 같다(한관일, 2005).

① 상상력을 발휘할 수 있는 자료나 기회를 많이 제공하고, 그것을 풍부하게 하는 데 도움이 되는 물리적 · 심리적 환경을 제공한다.

② 스스로 생각해 보고 꿈꾸어 볼 수 있는 시간을 확보하고 격려해 주어야 한다.

③ 떠오르는 생각을 기록하거나 다른 방법으로 표현하도록 격려해 준다.

④ 학생의 글, 그림, 작품, 아이디어를 살려 주거나 구현시켜 준다.

⑤ 자연스럽게 개성을 살리는 경향으로 기회 있을 때마다 칭찬해 준다.

⑥ 어휘나 역할놀이를 많이 시키되 규칙이나 역할을 자주 바꾸도록 한다.

⑦ 언어나 수 또는 우리가 사는 사회의 조직 원리로 바꾸어 새로운 것을 고안해 내도록 자극한다.

⑧ 기존의 문화 요소에 건설적인 불만이나 의문을 가져 보고, 대안을 고안하도록 격려한다.

⑨ 시, 소설, 극본 같은 것을 자주 써 보도록 하며 목재, 함석, 종이 등을 주어서 무엇인가 자기 스스로 만들어 보도록 한다.

⑩ 주위에서 흔히 보는 물건의 다른 용도를 다양하게 찾아보도록 격려한다.

⑪ 두 개 이상의 어휘, 물건, 개념, 인물을 아무렇게나 선정해서 그들 간의 의미 있는 관계를 찾아보거나 의미가 있도록 그것들의 어떤 면을 변화시켜 보는 경험을 격려한다.

⑫ 항상 학생을 사랑하고 그들로 하여금 그것을 알도록 행동한다.

⑬ 창의적 사고도 학습을 통해서 배워지는 것임을 명심한다.

2) 기능별 영역

생활지도를 효과적으로 이끌기 위해 필요한 제반활동은 다섯 가지 활동으로 나눌 수 있다(Gibson et al., 1983).

① 학생을 이해하기 위한 조사활동

② 학생에게 필요한 정보를 제공하는 활동

③ 학생의 부적응의 문제를 해결하기 위한 상담활동

④ 수집된 정보에 의해 학생 자신이 어느 한 단계에서 다음 단계로 옮겨갈 때 적절한 도움을 주는 정치활동

⑤ 생활지도 프로그램에 의해 도움을 받는 학생을 대상으로 하는 추후활동이 있다.

(1) 조사활동

생활지도 활동의 중추적 역할을 담당하고 있는 생활지도 교사는 학생 개개인과 그를 둘러싸고 있는 인적 · 물적인 환경을 정확하게 그리고 포괄적으로 파악해서 이들 자료를 기초로 학생의 성장 · 발달을 돕기 위한 자료로 활용할 수 있도록 하여야 한다. 학생들의 필요, 흥미문제, 성장 가능성과 생활환경을 바르고 정확하게 이해하는 것은 조직적인 생활지도의 가장 기초적인 단계라고 할 수 있다.

학생 조사활동의 대상으로는 가정환경, 학교성적, 특별활동, 교외활동, 교우관계, 지능, 적성 · 흥미, 성격, 건강, 장래의 희망 등은 물론이고, 현재의 적응 또는 부적응에 관련되는 모든 상황 및 조건이다. 학생 조사활동에서 수집된 자료는 객관적인 신뢰도가 높아야 하며, 문제해결에 필요한 사실과 요인이 포함되어야 할 뿐만 아니라 다양한 방법과 기술에 의하여 정보를 수집하고, 잘 기록 · 보관되어야 한다.

학생을 이해하기 위한 방법으로 가정환경, 개인의 지적 능력, 학업성취도, 적성 및 인성 또는 장래 희망 등의 자료를 수집하여 분석하기 위한 방법과 기술로는 ① 관찰법 ② 질문지법 ③ 면접법 ④ 검사법 ⑤ 사례연구 등의 방법을 쓸 수도 있으며 각종 개인정보를 제시한 생활기록부 또는 각종 누가기록을 적용하여 파악할 수 있다.

(2) 정보제공 활동

학생이 자기의 문제를 해결하거나 장래계획을 세우기 위해서는 자기를 둘러싸고 있는 환경조건을 이해하고 정확히 파악할 수 있어야 한다. 따라서 필요한 정보를 수집하고 제공해 주는 일은 생활지도 프로그램에서 중요한 자리를 차지하게 된다.

C. H. Miller는 정보활동의 목적을 다음과 같이 제시하였다.

① 학생이 현재 직면한 환경을 이해하고 이에 적응하는 것을 돕기 위한 것이다.

② 학생이 미래의 직업이나 장래를 탐색하는데 소용되는 보다 넓은 정보를 마련하는 일이다.

③ 장차 특정한 계획과 직업계획에 필요한 정보를 얻고 해석하는 것을 돕는 것이다.

이러한 목적에 대해 생활지도에서 필요로 하는 정보는 교육적 정보, 직업적 정보, 개인적 · 사회적 정보 등의 세 영역으로 구분할 수 있다.

① 교육적 정보

교육적 정보란 학생들이 학습활동을 해나가는데 관계되는 정보를 말한다. 다시 말해서 학생들이 자기의 교육계획을 합리적으로 세우고 교육과 학습의 기회를 최대한으로 활용하기 위하여 알아두어야 할 정보자료를 말한다. 예를 들면, 상급학교 진학을 위한 교육프로그램에 관한 안내, 장학제도 및 기타 학비

조달에 관한 사항, 학교 내외의 도서관 이용법과 자료 수집법, 학습 습관과 기술에 관한 사항, 특정한 과정의 학습 요령 등이다.

② 직업적 정보

직업적 정보란 직업에 관련된 사항을 합리적으로 계획하고 타당한 직업 선택을 할 수 있도록 도움을 줄 수 있는 유용한 자료를 말한다. 예를 들면, 직업의 분류와 종류, 각종 직업에 취업하기 위한 자격, 취직과 승진에 필요한 지식과 방법, 각종 직업에서의 작업조건, 기술고시 및 기술자 등록에 관한 사항 등을 말한다.

③ 개인적 · 사회적 정보

개인적 · 사회적 정보는 자기 자신과 남을 이해하는데 필요한 정보로서 자신을 보다 잘 이해하고 발전시키는 것을 돕는 인간에 관한 자료를 말한다. 예를 들면, 자기 이해와 자기 통찰에 유용한 자료, 건전한 인성의 발달을 도울 수 있는 자료 등을 말한다.

이상의 정보들은 한데 묶어서 통합적으로 수집하고 제공하는 과정으로 이루어져야 한다. 정보의 수집은 여러 분야에 있어서 전문적인 이해가 있는 교사에 의해서 그 원천을 찾아 여러 정보를 수집, 적절히 분류하고 조직하여 언제나 필요한 정보를 용이하게 사용할 수 있도록 하여야 한다. 또한 수집된 정보를 제공할 때는 학생의 성숙 수준과 필요와 흥미에 맞추어 교육적으로 제공되어야 한다.

(3) 상담활동

상담은 전체 생활지도 활동 가운데 가장 핵심적인 영역을 차지하는 활동으로 간주되고 있다. 학생들은 상담을 통해서 그들이 당면하고 있는 부적응의 문제해결을 위하여 직접 도움을 받을 뿐만 아니라 그들의 장래 계획을 설계하고 자신의 힘으로 건전한 발달을 이룩하는데 도움을 주게 된다.

상담은 모든 학생을 대상으로 그들의 건전한 성장 · 발달을 도와 주기 위한 활동이다. 특히 적응상의 문제를 가지고 있는 학생을 대상으로 그가 당면하고 있는 부적응의 문제를 바르게 이해하고 자신의 힘으로 해결할 수 있도록 도와주는 활동으로 내담자와 상담자와의 일대일의 관계인 대화를 통해서 문제를 해결하는 계획적이고 전문적인 임상적 봉사활동이다(Cottone, 1998). 상담은 인간에 대한 이해와 온정 및 인도주의적 태도를 갖춘 상담자에 의해서만 성공을 거둘 수 있다. 그러므로 성공적인 상담을 위해서는 과학적인 지식이나 기술만이 아니라 인간에 대한 성숙한 태도와 내면세계에 관한 민감한 이해가 필요하다.

(4) 정치(定置)활동

정치활동이란 학생 자신이 적재적소에 적응할 수 있는 능력을 지니도록 도와주는 활동이다. 개인의 성장과 발달은 삶의 장기적인 전망 속에서 선택과 결정을 통하여 이루어지고 있다. 그러므로 인간은 어느 한 가지를 결정짓고 다음 단계로 넘어가 새로운 결정을 내리지 않으면 안 된다. 이 때에 자기선택과 자기결정을 위해서는 보다 많은 객관적인 정보와 제삼자의 도움을 필요로 하게 된다.

정치활동은 크게 교육적 정치활동(학업적 정치활동)과 직업적 정치활동으로 대별된다. 교육적 정치활동은 교과활동의 선택에 대한 지도, 교과 이외의 활동에 대한 선택지도, 진학 · 전과 · 전학 · 중퇴 · 월반에 대한 지도, 실습 · 훈련과정에 대한 지도 등이 포함된다. 직업적 정치활동은 졸업생이나 중도 퇴학자를 대상으로 실시되기도 하지만 경제적으로 어려움을 겪는 학생에게 적절한 직업이나 부직을 알선해 주는 활동도 포함될 수 있다(오만록, 2002).

학생 자신이 건전하고 보다 잘 적응된 생활을 영위하도록 하기 위해서는 학생으로 하여금 일정한 계획을 세우고 그의 능력에 맞게 다음 단계에서 취해야 할 행동과 위치와 자리를 성공적으로 정하도록 도와 주어야 하며 이러한 도움을 주는 활동을 일컬어 정치 활동(placement service)이라고 부른다. 정치활동은 취업, 진학, 진급, 선택과목의 선정, 특별활동 부서의 결정 등과 같이 개인 또는 집단이 어떤 선택적인 결정을 내려야 할 때에 합리적이고 현실적인 의사 결정을 하도록 돕고 의사 결정에 필요한 정보를 제공하고 조정하고 협조하는 일련의 활동을 말한다. 그러므로 정치활동이란 학생들이 자기의 욕구를 충족시키기 위하여 다음 단계의 계획을 세우고 새로운 위치를 정하고 전진하도록 도와 주는 일체의 활동이라고 할 수 있다.

(5) 추후(追後)지도 활동

추후지도 활동은 생활지도 프로그램에 의해 도움을 받은 학생을 대상으로 하여 계속적이며 진보적인 발전을 위해 도움을 주고 동시에 학교의 생활지도 프로그램의 평가와 개선을 위해서 필요한 활동이다.

추후지도 활동의 내용에는 학교를 떠났거나 과거에 지도를 받았던 학생에게 계속해서 그가 당면한 상황에 대하여 필요한 정보를 제공하는 일, 자기를 평가하고 이해할 수 있는 정보를 제공하는 일, 새로운 생활에 적응하고 있는지를 확인하는 일, 졸업생이나 중퇴생들과 계속해서 접촉하여 친화감을 유지하면서 교육적인 영향력을 발휘하는 일이다. 또한 학생 및 학교와 지역 사회간의 유대를 긴밀하게 하는 일, 과거에 지도했던 학생들로부터 학교 교육활동에 도움이 될 만한 정보자료를 제공하는 일, 학교 교육활동에 도움이 되는 건설적인 의견을 청취하는 일, 과거에 지도를 받았던 학생들을 위해 계속적으로 상담활동을 하는 일 등이 포함된다. 추후지도의 대상은 재학생, 중도 퇴학자, 졸업생을 포함한다. 추후지도를 하는 목적은 지도를 받았던 학생의 지속적인 성장 및 발달을 돕고 학교 생활지도 프로그램의 개선점을 찾아 효율적인 생활지도 활동이 되도록 하려는 것이다(Gibson et al., 1983).

학생에게 상담이나 지도를 해 주고 학생들이 좋은 결과를 얻었다는 일회적인 것으로 모든 지도가 끝나는 것이 아니라 그 학생이 얼마나 계속적이고 향상적인 발전을 해나가고 있는가를 알아보고 보살펴 주는 것은 지도의 마지막 완성을 위하여 꼭 필요한 것이다.

제 2 장

생활지도의 발달과 주요활동

1. 생활지도의 발달사
2. 우리 나라 생활지도의 발달과정
3. 21세기의 과제

앞 장에서는 생활지도의 개념 및 기본원리, 그리고 생활지도의 영역을 살펴보았는데, 생활지도는 교과지도와는 매우 다른 양상을 보이지만, 생활지도의 내용과 교과지도의 내용이 별개가 아니며, 교과의 내용들이 생활지도의 프로그램으로 어떻게 구성되어 학생들에게 적절한 도움을 제공할 수 있을지에 대한 교사, 학교, 행정가 등의 연구와 지원활동을 촉진한다는 것을 알 수 있었다. 이러한 생활지도 활동은 학습자에게 도움을 제공하는 것에만 그치는 것이 아니다. 따라서 우리는 교육자로서 생활지도에 대해 학습하고 학습한 내용을 실천하기 위해서는 생활지도자로서의 정체성을 정립하는 것이 주요과업이라고 할 수 있다. 그와 같은 정체성을 정립하기 위해서는 생활지도의 역사를 이해하는 것은 기본적인 과제라고 할 수 있다. 따라서 본 장에서는 세계적인 생활지도의 발달사를 각 단계별로 살펴보고 우리 나라의 발전과정을 이해할 수 있도록 제시해 보고자 한다.

1. 생활지도의 발달사

역사적으로 볼 때 어린이와 청소년을 키우고 교육시키는 곳에서는 어디서나 생활지도가 존재했으므로 생활지도는 인류의 역사와 같이 해 왔다고 해도 과언이 아닐 것이다. 인류의 발생 이래로 인간은 새로운 문제에 직면하여 생활하면서 자기 자신과 사회, 자연에 대한 이해를 위하여 끊임없이 연구하였으며 이로 인하여 시작된 철학, 심리학, 과학, 사회학, 종교학 등의 학문은 생활지도 발달에 공헌을 한 학문일 것이다. 하지만 구체적인 학문의 형태로 나타난 것은 미국에서 생활지도를 시작한 것이 기초가 되어 해를 거듭함에 따라 발전을 가져왔으므로 Shertzer와 Stone이 미국을 중심으로 생활지도의 역사적 · 이론적 근거에 기초하여 정리한 것을 살펴보고자 한다.

1) 초기단계

(1) 직업지도 운동

1895년 샌프란시스코에 소재하고 있는 캘리포니아 기술학교에 근무하는 George Merrill의 노력에 의해 직업지도(vocational guidance)의 실험적 연구가 시작되었다. Brewer는 이 연구에서 실시한 학생지도 훈련활동이 교육적 견지에서 학생들을 위한 생활지도 봉사를 제공하기 위한 최초의 조직적인 시도였다고 보고하고 있다. Merrill의 훈련은 학교의 학생에게 탐색적인 경험을 제공하고 상담과 직업배치가 뒤따랐으며 먼저 실시한 학생들의 추후지도도 하였다.

Jesse B. Davis는 교장(1898~1907)으로 재임하는 동안 학생들의 상담을 위하여 '직업 및 도덕지도'를 하였으며 학생과 상담하는데 많은 시간을 보냈다. 그는 생활지도의 원조인 미국의 Frank Parsons와 1908년에 보스턴에 직업보도국을 세워 직업지도 발달에서 공헌한 것으로 언급되고 있으며, 이 보도국은 나중에 하버드 대학의 일부로 편입되었다.

Parsons는 1908년 보스턴 시에 직업보도국(Boston Vocational Bureau)을 세워서 청소년들의 직업지도를 실시하고 직업상담을 할 수 있도록 교사들을 훈련시켰다. Parsons는 그의 저서 「직업선택(Choosing a Vocation)」에서 직업선택은 과학적인 방법으로 지도되어야 한다고 강조했으며, 학교가 학생들이 학교를 졸업하고 직업생활을 시작하는 과정을 도와야 한다고 강조하며, 학교에서의 이러한 노력과 역할 중에서 학생 자신들에게 가장 적합한 직업선택을 돕고, 그 직업에서 요구되는 능력을 함양하며 준비하도록 지도하여 졸업 후에는 그 직업세계로 나아가도록 돕는 일보다 더 중요한 일은 없다고 강조하였다. 그래서 보스톤의 학교운영위원회가 공립학교의 직업지도를 Parsons의 직업사무소의 자문을 받아 실시하기에 이르렀다. 1909년 보스턴의 모든 공립학교에서 학교장이 임명한 6명의 직업지도위원들로 구성된 위원회가 이 직업사무소와 협력하여 직업지도 프로그램을 만들어 초 · 중등학교의 상담교사들에 의해서 실시하도록 지시하게 하였으며, 이러한 운동은 곧이어 미국전역의 거의 모든 학교에 확산되었다 (Gysbers & Handerson, 2000). 따라서 직업활동 지도를 진정한 의미의 생활지도의 출발이라고 할 수 있으며, Parsons를 생활지도의 아버지라고 하며 생활지도의 개척자라고 부른다.

보스톤의 공립학교들에서 시작한 직업지도의 목표를 언급한다면 다음의 세 가지 목표로 구성된다. 첫째는 삶과 직업의 중요성을 학생, 학부모, 교사들에게 주지시키는 것이며, 둘째는 학생들이 학교를 졸업할 때 그들에게 적합한 직장에서 일할 수 있도록 가능한 모든 방법을 활용하여 돕는 것이다. 마지막으로는 졸업 후에도 학생들이 직업생활에 적응하며 발전할 수 있도록 지도를 계속하는 것이었다.

한편, Parsons는 1909년 출판된 「직업선택」이라는 최초의 생활지도서에서 상담자의 역할과 직업상담에 활용할 수 있는 기법을 다루었다. Parsons는 개인이 자기의 장단점을 이해하여 직업의 기회를 선택하도록 하는데 관심을 두었다. 그는 특히 현명한 직업선택을 위해서 각 개인은 다음과 같은 이해가 있어야 한다고 믿었다. 첫째, 자기 자신에 대한 이해 둘째, 여러 가지 직업에 있어서의 성공에 필요한 조건과 자격에 대한 이해 셋째, 자기 자신에 관한 여러 가지 사실과 장차 선택하게 될 직업적 조건과의 합리적 의사결정으로 환경에 관한 사실과의 관계를 추리할 수 있는 능력 등이다.

19세기 말부터 급진적인 산업의 발달은 여러 가지 특수한 기술을 필요로 하는 직업이 많이 분화되었고, 세분화된 직업에 따라 어떤 인력을 어떻게 배치하는 것이 효과적인 가에 따라 직업지도 운동이 필요하게 되었다. Parsons에 의하여 시작된 보스턴 시의 직업지도 운동을 계기로 미국 각 지역으로 확대되어 나갔다. 1911년 Frank P. Goodwin은 오하이오 주 신시내티에서, J. B. Davis 미시건주 디트로이트에서, 1913년에는 그랜드래피드에서, E. W. Weaver는 뉴욕에서 각각 확대되어 나갔다. 이러한 기관은 주로 학교가 아닌 사회기관에서 주도적인 역할을 하여 직업지도에 관심을 가졌다는 것이다. 미국에서는 1920년대 이후 직업지도 운동이 전국으로 확산되고 그 효율성과 전문성에 관심을 가지기 시작하면서 장래의 직업선택을 위한 지도에서 생활지도로서의 교육에 보다 비중을 두게 되었다. 이러한 변화는 교육을 직업교육과 직업생활을 준비하도록 돕는 교육의 본래 성격에 대한 인식의 차이에서 비롯되기도 했다.

(2) 정신위생활동의 공헌

1930년대에 와서는 학교생활지도가 Gesell의 심리측정과 정신위생에 관련된 연구업적에 힘입어 생활지도의 임상활동과 개인상담 활동이 두드러지게 나타났다. 그 당시의 생활지도는 종교, 여가활동, 가족과 친구, 학교와 직장에서의 적응문제의 형태로 나타났다. 1930년대 후반부터는 미국연방정부가 국가교육자문위원회를 운영하여 직업정보의 제공과 산업인력의 적절한 직장배치를 강화한 형태로 생활지도 활동이 전개되었다. 특히 이 무렵 정신위생에 관한 관심이 급증하여 생활지도에 정신위생과 관련된 내용을 다루고자 하는 노력들이 활발하게 전개되었다.

우선적으로 정신위생 문제에 관심을 지닌 Clifford Beers는 1909년 정신위원회 발족에 도움을 주었다. 이 위원회는 정신적으로 병든 사람에게 서비스를 개선하기 위하여 조직된 것이다. 1922년에는 예일대학에 최초로 고등교육기관에 정신위생과를 설립하게 되었다. 정신위생에 관한 관심은 1940년대에 들어와서 크게 확대되었다.

이때 Carl Rogers의 저서인 「상담과 심리치료(1942)」가 학교에서의 생활지도에 중요한 영향을 미치기 시작하였으며, Rogers의 저서로 인해서 생활지도활동이 심리측정보다는 심리치료 과정에 더 많은 비중을 두게 되면서 학교생활지도 활동뿐만 아니라 심리치료 과정에 관한 연구활동도 활발해졌다.

더욱이 임상심리학의 발전, 인성심리와 정신요법 기술의 발달로 정신건강에의 관심을 더욱 크게 하였다. 뿐만 아니라 학교에서의 임상상담도 여기에서 영향을 많이 받았다. 그리하여 학생생활지도 담당자가 될 사람들의 훈련과정에도 인성심리, 정신위생 등이 강조되고, 인접 직업지도 분야인 임상심리학의 성장과 전문화의 속도는 2차대전을 전후하여 더욱더 증가되었다. 따라서 정신위생운동에 뒤이어 2차 세계대전을 상담심리학의 발전에 크게 영향을 끼친 사건 중의 하나로 생각하게 되었다.

(3) 아동지도 운동

아동지도 운동(child guidance movement)은 1909년 일리노이 주 시카고에서 W. Healy 의사부부에 의하여 시작되었다. 이 병원은 시카고 슬럼지역에 살고 있는 아동(다수의 아동은 결손가정에서 왔음)들의 신체적인 병을 치료하는데 경험을 얻어 성장되었다. Healy 부부는 모든 문제와 관련하여 아동들의 신체적 · 심리적 문제를 치료할 수 있는 진료소가 필요함을 느꼈다. 어떤 부호의 재정적인 후원으로 그들은 진료소를 개설하였고, 수년 후에 일리노이 주가 인계를 하여 일리노이 청소년 조사기관으로 변경되었다. 1914년에는 백여 개가 넘는 아동지도 진료소가 설치되는 정도로 발전하였다.

(4) 산업체 내의 인사업무의 공헌

현재 생활지도 운동의 발전에 영향을 끼친 또 다른 요인은 사업체 내의 인사업무의 시작을 통해서 이루어졌다. 하버드대학 뮌스터베르크 박사는 보스턴 전차회사와의 작업을 기초로 하여 산업체에서 직무분석(job-analysis) 기술을 소개하는데 선봉을 달렸다. 그 운동에 대한 영향은 집단 지능검사의 발달을 가져오게 하였다. '원더릭 개인조사(Wonderlic Personnel Inventory)'라는 간략한 형태의 질문지는 새로운 고용인을 선발하는데 최소한의 시간을 들여 실시할 수 있도록 하여 기업체에서 사용하도록 하였다.

이와 같이 기업체 내에서 종업원들의 일의 능률 향상을 도모하기 위해 직무분석을 통하여 적재적소에 알맞은 직업선택과 배정 또는 재배치로써 만족한 생활과 능률을 꾀하였다.

(5) 심리측정 운동의 발달

19세기 말에서 20세기 초에 이르기까지 심리학은 급격하게 발달 했다. 이러한 심리학은 1차 세계대전을 겪으면서 심리측정운동(testing movement)으로 번져 사람의 속성을 객관적이며 공평한 방법으로 측정하게 되었다.

표준화 검사의 성장과 발달은 또한 생활지도 운동의 중요한 자료로 간주될 수 있다. 지능의 과학적 측정의 근원은 프랑스 심리학자 Binet의 시도에 의해서 일반적으로 공헌하게 되었다. 그의 초기 검사는 정신적으로 침체된 아동을 분류하고 돕기 위한 필요에 따라 만들어진 것이었다. 이 검사를 토대로 하여 이후에 만들어진 지능검사와 1916년에 미국인을 대상으로 Terman이 보완한 지능검사로 인하여 측정기술 발달에 크게 이바지하였다. 1920년대의 조직적인 직업지도 운동이 측정기술을 바탕으로 개인에게 주어진 적성에 맞는 직업을 찾아주는 것으로서 본격적으로 발달하였다. 이러한 심리측정 운동은 계속 발달하여 상담에 쓰여질 여러 가지 도구로 지능, 적성, 흥미, 학력, 인성, 직업적성 검사 등을 낳게 하였으며, 통계학의 적용은 더욱 세련된 심리측정을 가능케 하였다.

(6) 사회적 변화와 연방정부의 지원

1차와 2차 세계대전의 영향으로 실업, 경제공황의 위기와 함께 기술 발전을 위해 아동근로법, 의무교육의 독려 등의 사회적 압력은 학생인구의 증가를 가져왔으며 이는 교육과정 제공의 팽창을 가져오게 하였다. 학교생활과 학교 밖의 복잡한 환경으로 인하여 개인이 그들의 진로를 찾기 위하여 개인 자신에 대한 관심을 갖기 시작하였고 그들에게 도움이 필요함을 인정하고 받아들였다. 따라서 사람들은 상담자들이 이러한 종류의 도움을 학생들에게 제공할 것을 기대하고 있다. 즉, 폭발적인 학생인구의 증가현상이 사회변화를 일으켰고 의무교육 현상이 확대되어 학생들의 생활지도가 절실함을 느끼게 된 것이라고 볼 수 있다.

연방정부의 지원은 생활지도 운동을 적극적으로 수행할 수 있도록 도왔다. 1938년 Harry Jaeger가 직업정보와 생활지도 활동국을 설립하였으며, 이 분야의 저서의 출판과 조사연구의 노력으로 끊임없이 학교생활지도의 필요를 강조하였다(김충기, 1998).

2) 성장단계

1960년대는 생활지도의 급성장기라고 할 수 있다. 2차대전 이후의 시대를 지배하던 공포, 불만, 불확실, 폭력 등이 미래에 관한 막연한 기대와 어우러져서 많은 사회문제를 야기시켰고, 이에 따른 연방정부의 재정적 지원이 생활지도의 발달에 큰 영향을 미치게 되었다. 특히 두 가지 사조가 1960년대의 생활지도 발달에 공헌을 하였다.

① 개인의 개성을 무시한 몰개성적인 풍조가 이 시기에 만연하게 되었다. 이 때문에 개인은 자신으로부터 또는 사회로부터 소외되어 개인의 정체(identity)를 찾으려는 노력을 하게 되었고, 이러한 노력은 필연적으로 상담자를 필요로 하게 되었다.

② 1957년 소련에서 최초로 'Sputnik' 인공위성의 발사는 세계에 큰 충격을 주어 우주시대로 변화시켰고, 미국은 종래의 교육방법에 심각한 반성을 일으켜 교육방법이 소련에 뒤지고 있다는 것을 실감하여 1958년 John F. Kennedy 대통령 시기에 통과된 국방교육법(National Defense Education Act)은 생활지도 영역에 커다란 자극을 불러일으켰다. 그 법안 5항에서 밝히고 있는 것은 중등학교의 생활지도 프로그램 개선과 중등학교에서 상담에 종사할 수 있는 인적 자원의 자격을 개선할 목적으로 대학에 상담기관을 세우도록 허가하였다.

1960년대 중반 '교육'에 대한 개념은 사회를 재구성하는 도구로 인식하게 되었다. 이와 같은 교육 개념의 변혁은 생활지도 활동을 확산시키는 원동력이 되었다. 이 시기에 상담자의 수가 급격히 증가했는데, 이는 상담가의 양성과정에도 많은 변화를 가져왔다. 1968년 수정된 직업교육법안과 교육전문개발 법안은 카운슬러 양성과 고용에 대한 연방정부의 기금을 제공하는 것이었다(신윤호 외, 2005).

3) 발달단계

1970년대에 생활지도와 상담을 대표하는 기구가 미연방정부의 교육부 내에 설립되었다. 베트남전에 참전했던 병사들이 원호병원에서 상담을 받게 되었고, 또 이 병원에서 근무하는 상담심리학자들로 하여금 1980년 말까지 상담심리 자격증을 취득하도록 하였다. 이 시기에는 각 주마다 상담자들의 자격인정, 면허문제 등에 관심을 갖게 되었고, 각 대학의 상담자 양성과정에 대한 자격 기준도 강화되었으며 진로교육의 상담자 역할에 대한 관심이 고조되었다. 또한 미국생활지도협회(The American Personnel and Guidance Association : APGA)는 미국 가이던스 · 카운슬링 지부와 협동으로 생활지도 분야에 관해서 전국적인 조사를 실시하여 생활지도의 미래에 대한 전망을 제시하였다.

1970년대에 있어서 상담자의 고용을 위한 연방재정 지원이 진로교육 또는 생애교육(career education), 직업교육, 청소년 비행예방, 종합적인 훈련과 고용, 고등교육 등과 같은 분야를 총괄하는 법안을 만들 수 있게 되었다.

위와 같은 많은 영향의 결과로 학교 상담자는 1917년의 50명에서 1958년에는 12,000여 명으로 불어났고, 1979년에는 5만여 명으로 증가되었다. 상담자 훈련기관만 하더라도 1910년에 보스턴에 오직 1개의 훈련기관이 있었는데, 1957년에는 212개 대학에 상담자 교육기관이 생겼으며, 1980년에는 약 475개 교육기관에서 상담자 훈련에 필요한 학위과정을 두고 양성하고 있다.

1920년 경에는 상담자 자격을 하나도 주지 않았는데, 1952년에는 37개 주에서 자격증을 주기 시작하였고, 1979년에는 53개주에서 최소한의 자격기준을 설치하고 있다. APGA의 지부인 상담자 교육과 장학협의회에서는 상담자 양성계획의 프로젝트의 일환으로 학교가 아닌 지역사회, 병원, 산업체 등의 다른 기관에까지 스며들 수 있게 했다. 이 시기의 또 다른 획기적인 변혁은 진로교육이 진로교육 활성화법안(Career Education Incentive Act)을 통하여 국가에서 우선권을 가진 교육으로 부각되었고, 평생 동안 진로상담의 중요성을 인정받게 되었다. 1980년대 이후 미국의 생활지도협회는 명칭을 바꾸어 AACD(American Association for Career Development)로 부르고 있다.

생활지도 발달의 결과는 수적인 증가에만 국한된 것이 아니고 생활지도의 개념과 기능이 변화한 것이다. 생활지도는 더 이상 직업지도에 국한된 것이 아니고 모든 청소년들의 발달상의 문제를 다루는 것으로 인식되었다. 생활지도의 프로그램 실시 활동에도 변화를 가져와 정규학교 프로그램에 부수된 활동에서부터 전체 학교 교육과정에 통합된 부분으로 기능하는 생활지도 프로그램으로의 변모를 가져왔다.

생활지도의 다른 변화는 상담자 단독으로 행하는 것이 아니라 교사, 행정가, 학부모들의 합동으로 행해지는 것이며 또한 중등학교에 국한되는 것이 아니고 유치원에서부터 대학에 이르기까지 전 학교 수준에서 실시되어야 한다는 것이다. 아울러 위기를 경험하는 성인, 진로 결정과 변경을 위해서 도움이 필요한 성인, 퇴직을 하고 장래가 불확실해서 고민하는 사람들을 위해서도 생활지도를 실시하게 되었다.

생활지도의 발달은 우연의 일이 아니다. 모두가 사회적인 시대적 요청이며 교육의 문제점을 인식하고 이에 대응하기 위한 방법으로 학생들의 미래의 문제에 대한 관심과 방향 결정에 도움을 줄 수 있는 획기적인 지원이 국가에서부터 관심을 기울인 것으로 그 중요성을 깊이 인식한데서 출발된 것이라고 할 수 있다.

2. 우리 나라 생활지도의 발달과정

한국의 학교상담 발달은 도입기, 정착기, 성장기의 세 단계로 나누어 볼 수 있다(연문희 외, 2003).

1) 도입기

한국에서의 체계적이고 과학적인 학교상담의 효시는, 1945년 일제로부터 광복이 되고 미군정 시대 말까지가 현대적인 의미에서의 학교상담의 도입기라고 할 수 있다.

학교상담의 도입기에는 John Dewey의 진보주의에 영향을 받은 아동중심 교육사상이 유입되었고, Carl R. Rogers의 비지시적 상담방법이 소개되었으며, 과학적인 심리검사 방법이 도입되었다.

1950년대 중반을 지나면서 상담에 대한 관심이 점점 확대되면서 많은 교육자들이 주목을 하게 되었으며 대한교련 내에 중앙교육 상담소를 설치하고 교육심리와 정신위생에 입각한 교육상담을 실시하였다. 이 시기의 괄목한 만한 일은 교도 교사제를 실시한 것이다.

6.25 전쟁 이후 학생들의 부적응 행동과 범죄의 증가가 사회문제로 대두되면서 도덕성 교육이 당시 학교 교육의 주요 과제로 떠올랐다. 전담 교도 교사제도가 실시되고, 또한 서구로부터 인간행동의 이해를 위한 과학적인 심리측정 기법들이 소개되면서 교도교사에게 분명한 일거리를 제공하여 그들의 역할을 보다 분명하게 정립하는 데 크게 기여하였다. 도덕적 생활지도 교육의 일환으로 생활지도와 상담이 자연스럽게 학교교육에 자리 잡으면서 교도교사 제도가 1967년 서울특별시 교육위원회 교육 정책 요강에 처음으로 언급되었다.

2) 정착기

학교상담의 정착기는 1950년 후반부터 1970년 후반까지의 약 20여 년간으로써, 광복과 함께 시작된 새교육 운동이 군사 독재정권 하에서 민주주의 의식의 결여로 인해 시작 초기에 비해 퇴색되는 조짐을 보인 시기이다. 이 시기에는 각종 검사가 표준화되고 비지시적 상담이론에 대한 교육계의 관심이 지속적으로 고조되었다.

1960년대에 들어서면서 전문적인 상담과 체계적인 생활지도 활동의 정착을 위한 노력이 대학의 전문가들과 중 · 고등학교의 일부 교도교사들로부터 일기 시작했다. 그리고 학교 상담의 정착기에는 다음과 같이 일이 진행되었다.

① 대학 내에 학생생활연구소가 설치되었다.
② 한국 최초의 상담 관련 학회인 한국 카운슬러협회가 창립되었다.
③ 중등학교 전담 교도교사제가 시행되었다.
④ 비지시적 상담방법 외에 다양한 상담이론들이 국내에 소개되었다.

3) 성장기

학교상담의 성장기는 1980년대부터 오늘에 이르기까지를 말한다. 이 시기에는 상담에 대한 국민의 인식 변화와 관심의 증가로 상담관련 학회가 속속 창립되었고 전문 상담자의 수가 급증한 시기이다. 1980년대에 들어서면서 우리 사회는 정치, 경제, 사회, 문화 모든 면에서 큰 변화의 필요성을 절감하게 된 시기이다. 이 시기에는 학생지도와 상담을 담당하는 상담교사의 수요가 급증하게 되면서 전문 상담교사 양성제도가 시행된 시기였다.

3. 21세기의 과제

Gysbers와 Handerson(2000)은 20세기 초 학생들의 직업지도로 시작되었던 생활지도 활동은 이제는 종합적인 생활지도 프로그램의 형태로 이루어져야 하므로 임상적인 모델을 거쳐 조직적이며 종합적인 생활지도 프로그램으로 발전했다고 주장한다. 그들은 학생생활지도의 발전과정을 이해하는 것이 매우 중요하다고 주장하였다. 이와 같은 발전과정의 이해는 우리로 하여금 전통적인 생활지도 활동이 종합적인 교육 프로그램 활동으로 왜, 그리고 어떻게 발전되어 왔는지를 이해할 수 있고, 이는 학생 생활지도의 완전한 이해를 돕기 때문이다. 그들은 현재 학교에서의 생활지도 프로그램을 계획하고 운영하기 위하여 생활지도의 발전과정에 기초한 세 가지 전제를 다음과 같이 요약한다.

첫째, 생활지도는 학생들의 능력을 함양하도록 돕고, 자격을 갖춘 전문가에 의해 충분한 지도자료와 자원을 종합적으로 활용하는 프로그램이다.

둘째, 생활지도 프로그램은 학생들의 발달을 돕는 종합적인 학생지원 활동이다. 즉, 생활지도는 학생들의 능력을 높이기 위하여 정규적이며 체계적으로 계획된 학생 지원 활동이다. 비록 위기에 처한 학생들을 돕는 활동을 포함할지라도, 모든 학생들이 발달하고 성장하도록 지원하는 활동이다. 따라서 학생들의 심리측정, 정보제공, 자문과 상담, 의뢰, 취업준비, 추후지도 활동 등 종합적으로 학생들의 성장과 발달을 돕는 활동이다.

셋째, 생활지도는 학교의 모든 교사들 뿐만 아니라 학교의 행정직원이나 학부모 그리고 지역사회의 인사들과 협력하는 가운데 자격을 갖춘 전문 상담교사들에 의하여 이루어지는 팀 활동이다(Gysbers & Henderson, 2000).

최근 학교폭력은 모든 학교의 공통적인 문제로 부각되고 있다. Morrissey (1998)는 2000년 미국 교육목표 중 일곱 번째 목표는 미국 전역의 모든 학교에서 약물남용, 폭력, 총기사건 등의 문제가 완전히 근절되는 것이라고 소개한다. 그러나 현실은 이러한 목표에 아주 미달되어 있는 실정이라고 소개하였다.

한 조사보고에 따르면 학교상담교사들은 학생지도를 할 때 혼자의 힘으로만 지도하는데 있어 어려움을 느끼고 있다고 했는데 이것은 지역사회의 유익한 인적 · 물적 자원들을 활용하지 못하고 있는 데 기인된다고 하였다(김태호 외, 2004).

학교에서는 학생들의 비사회적 혹은 반사회적 행동을 방지하기 위하여 모든 인적 자원을 활용하여야 하며, 학교에서 사용하는 학생범죄 예방 방법은 갈등완화와 인간관계 향상기법, 학생 범죄 예방을 위한 상담기법, 심리치료 기법, 학교

밖 지역사회와의 협력증진 방법 등이 있다.

우리 나라의 경우 최근 학생폭력과 범죄가 급증하고 있다. 10대 청소년들의 일탈행위를 부추기는 유흥문화가 발달하여 학생 생활지도를 더욱 어렵게 만들고 있다. 여가시간이나 휴가에 서클모임 등으로 유흥가를 배회하여 교사가 지도를 하려고 하여도 또래들에게 따돌림을 당할까봐 분별없이 지도교사에게 반항하는 사례가 많아 교사들은 학생지도를 꺼리는 실정이다. 효율적인 학생 생활지도를 위해 문제학생들의 처벌위주의 지도에서 벗어나 예방차원에서 상담교사를 중심으로 부모와 청소년 관련 단체와 협력해야 한다.

학교에서 우선적으로 해야 할 일은 학생폭력과 범죄를 예방할 수 있는 학교와 지역사회의 온갖 자원들에는 어떤 것이 있는지 파악하고 그 자원들을 효율적으로 활용하는 것이다. 학교에서의 생활지도는 학생들의 성장과 발전을 위하여 신뢰와 인권 존중과 적극적이고 낙관적인 차원에서 학생지도를 하여야 한다. 그러기 위하여 학교를 즐겁고 만족스러우며 학생과 교사가 서로를 신뢰하며 풍부한 경험을 할 수 있는 장소가 되도록 만드는 것이 중요할 것이다(김태호 외, 2004).

제 3 장

학생이해활동

1. 학생이해활동의 개념
2. 학생이해의 원리
3. 학생이해의 방법

생활지도는 다섯 가지의 영역(학생이해활동, 정보제공활동, 상담활동, 정치활동, 추후활동)으로 나눌 수 있다. 생활지도의 기초가 되는 것은 학생이해활동이라고 한다. 학생이해가 우선되지 않는 상황에서는 생활지도자가 도움을 주기는 불가능하다. 따라서 학생이해에 대한 구체적인 이해가 이루어져야 비로소 상담활동, 정보제공활동, 정치활동, 추후활동을 무리 없이 실행할 수 있을 것이다. 본 장에서는 학생에 관한 전반적인 활동을 이해하는 것이 필요하다고 본다. 먼저 학생이해의 방법적인 측면을 구체적으로 살펴보고자 한다.

1. 학생이해활동의 개념

학생이해활동(student appraisal services)은 학생조사(student assessment) 혹은 학생평가(student evaluation)활동이라고도 하고, 영어의 appraisal을 그대로 직역해서 학생사정(査定)활동이라고도 한다. 학생이해활동이란 학생에 관한 자료를 수집하여 이를 기록, 조직, 해석하는 활동으로 생활지도 활동에서 가장 기초가 되며 상담의 기초 자료로 쓰인다(Baker, 2000).

모든 학생들을 대상으로 하는 학교 상담이 조직적이고 체계적인 활동을 전개하기 위해서는 학생들의 여러 가지 인적사항, 학업성취, 가정환경과 교우관계, 성격, 행동발달 사항, 흥미, 적성, 장래의 진로 등을 정확히 알아야 한다. 이를 위해서는 올바른 조사 · 평가 · 이해 활동을 통해 바르게 지도할 수 있는 방법을 찾아야 한다. 즉, 생활지도의 목적을 달성하기 위하여 지도 대상인 학생들을 정확히 이해하려면 무엇을, 어떤 방법으로 이해하고 정보를 수집하느냐 하는 것이다.

학생을 이해하기 위해서는 능력, 인성, 건강 상태, 교육적 · 직업적 흥미, 가정환경, 장래에 대한 희망과 계획이 포함되어야 한다. 이러한 이해의 측면은 모두가 중요한 의미를 지니며 여기서 얻어진 정보는 학생들의 개인적인 문제해결과

건전한 성장 · 발달을 촉진시키기 위한 지도에 필요한 자료가 된다.

학생이해활동 혹은 개인조사활동의 기본적인 전제는, 각 개인은 유사성이 있는 반면에 상이성이 있다는 것이다. 따라서 학생이해활동은 각 학생의 개별성(individuality)을 밝혀 주는 자료 제공에 관심을 갖게 된다. 즉, 다른 학생과 비교해서 개인의 뚜렷한 특징을 형성하도록 하는 것이다. 조사 자료는 한 학생이 얼마나 다른 학생과 비슷한지 또는 다른지를 설명해 준다.

학생이해활동의 주요 목적은 학생이 자신을 이해하고 의미있는 의사결정을 내릴 수 있도록 하기 위해서 학생에 관한 정보를 수집하는 것이다. 사실, 학생들은 자신의 능력이나 자질 및 장 · 단점 등을 알지 못하고 있는 경우가 많다. 학생 자신에 관한 바른 정보를 제공함으로써 학생이 자신을 이해하고, 자신을 위한 결정을 스스로 내리고, 이에 따라 행동을 하게 하는 것이 바람직한 일이다(이재창, 1988).

학생조사활동이 보다 학생들의 과학적인 자기이해와 문제해결을 돕기 위해서는 다음과 같은 사항을 유의해야 할 것이다(김충기, 1996).

① 학생에 관한 정보는 객관적이고 신뢰도가 높은 것이어야 한다.

② 학생의 문제해결을 위하여 꼭 필요한 사실과 정보를 수집해야 한다.

③ 학생조사활동은 여러 가지 가능한 방법이나 기술을 종합적으로 수집하여 활용해야 한다.

④ 학생조사활동은 조사 결과를 기록, 정리, 보관하여 실제 지도에 유용하게 활용될 수 있도록 해야 한다.

2. 학생이해의 원리

학생의 특성을 파악하기 위해서는 몇 가지 원리가 적용되어야 한다. 원리나 지침은 개인적인 특성을 효과적으로 판단하도록 하며 객관성을 유지할 수 있도록 해 주기 때문이다. 학생의 특성을 파악하기 위한 원리를 이재창(1988)은 9가지로 제시하고 있다.

① 사정(査定, assessment)은 학생 개인의 궁극적인 이익을 위해서 수행되어야 한다.

학생에 관한 조사나 평가활동은 교사나 학교당국을 위해서 실시하는 것이 아니고 학생 자신을 위해서 실시하는 것이다. 조사활동은 학생이 우선되어야 한다.

② 각 개인은 독특하며, 이러한 독특성은 인정되어야 한다.

상담자가 학생에 관한 정보를 수집하는 것은 학생들의 공통점을 찾기보다는, 학생을 다른 사람과 구별하게 하는 고유성을 찾는데 있다. 모든 인간은 자신만의 개성이 있으므로 개성을 찾아내어 이를 계발시키도록 조력하는 것이 상담자의 임무라고 할 수 있다.

③ 모든 학생들에게 같은 시기에 같은 양이나 정도의 조사를 할 필요는 없다.

학생마다 능력과 특성이 다르기 때문에 조사를 필요로 하는 유형과 정도에서 차이가 있을 수 있다. 따라서 조사활동은 모든 학생을 대상으로 일괄적으로 시행하는 것보다는 학생의 필요에 따라서 실시하는 것이 바람직하다.

④ 모든 상황에 적합한 하나의 조사방법이나 절차는 없다.

조사 대상 학생이나 조사 내용의 성격에 따라서 질문지법이 더 효과적일 수도 있고, 면접법이 더 효과적일 수도 있다. 조사를 실시하기 전에 조사대상과 대상이 처해 있는 상황을 철저히 파악해서 가장 적절한 방법과 절차를 사용해야 한다. 부적합한 조사방법을 사용하게 되면 조사 자체에 대한 남용이 되고 학생에게는 피해를 줄 수 있다.

⑤ 정확한 인간사정은 도구와 인력에 의해서 제한을 받는다.

이는 검사의 한계를 말하는 것이다. 여기에는 두 가지 이유가 있다. 하나는, 인간은 기계와 달리 복잡하고 변화무쌍하다. 인간의 특성은 워낙 다양하고 복잡하기 때문에 이를 정확하게 밝혀내는 데는 한계가 있다는 점이다. 다른 하나는 아직까지 개발된 도구들은 인간의 속성이나 특성을 정확하게 밝혀 낼 수 있을 정도로 완벽하지 못하다. 따라서 상담자는 이러한 한계를 염두에 두고 조사에 임해야 하고 결과를 해석해야 한다.

⑥ 학생이해활동은 개인의 긍정적인 면을 수용한다.

인간 차원에 관한 사정의 목표는 각 개인의 잠재력을 발견해 내는 것이다. 따라서 상담자는 부정적인 면 보다는 긍정적인 면을 인지하여 개인의 잠재력을 발전시키도록 노력해야 할 것이다.

⑦ 학생이해활동의 근본적인 목적은 학생들의 자기이해(self-understanding)와 현명한 의사결정을 증진하는 것이다.

체계적인 조사와 분석을 통해서 학생들은 자신을 더 잘 이해하게 되고, 자신에 관한 정확한 사실에 기초해서 결정을 내리기 때문에 현명한 의사결정을 내릴 수 있다. 상담자는 수집된 정보의 해석에 신중을 기해서 학생의 각 자료가 의미하는 것이 무엇인가를 정확하게 이해할 수 있도록 해야 한다.

⑧ 학생이해활동은 학생 자신과 학생이 속해 있는 환경을 다같이 고려해야 한다.

예를 들면, 학생의 능력에 관한 자료를 수집하거나 활용할 때 그 자료만 고집해서 사용되어서는 안 된다. 그의 능력에 관한 환경의 영향도 함께 고려하여 조사의 범위를 학생이 속한 전반적인 환경적 배경까지 확대시켜야 한다.

⑨ 인간사정은 전문적인 윤리적 지침을 준수해야 한다.

학생조사활동에 참여하는 모든 사람들은 인간의 존엄성을 유지하기 위한 여러 가지 윤리강령들을 준수해야 한다. 이에는 적절한 조사방법과 절차를 따르도록 요구하고 있으며, 아울러 내담자의 권익을 보호하기 위한 사생활과 비밀보장에 대해서도 각별히 유의해야 함을 의미한다.

3. 학생이해 방법

학생이해 방법에는 표준화검사법과 일반화된 조사 연구법이 있다. 표준화검사에는 심리검사법이 있으며 조사 연구에는 관찰법, 평정법, 질문지법, 면접법, 사례연구법, 사회성 측정법, 투사법 등이 있다(Baker, 2000).

1) 심리검사법

표준화검사(standardized test)는 평가도구, 실시절차, 채점 및 해석방법 등이 일정하게 표준화되어 있어 어느 때, 어디서나 똑같이 실시할 수 있는 검사를 말한다. 따라서 표준화검사에 있어서 평가도구의 표준화, 실시절차의 표준화, 채점 및 해석방법의 표준화는 중요한 조건이 된다(오만록, 2002).

(1) 평가도구의 표준화

인간의 행동특성 또는 행동경향성을 정확하게 파악하기 위해서는 검사도구가 행동특성이나 행동경향성을 타당하게 측정할 수 있는 문항들로 구성되어야 한다. 그러나 전체학생을 대상으로 모든 행동의 특성을 파악한다는 것은 현실적으로 어려움이 있으므로 개개인 행동의 일부분을 표집하여 연구한 다음, 그 결과를 토대로 전체의 행동을 미루어 추리할 수밖에 없다. 모든 평가도구가 행동의 표집을 다루는 것이기는 하지만 표준화검사에서는 특히 행동의 표집이 객관적인 입장에서 보다 체계적이고 포괄적으로 이루어져야 한다. 이러한 과정을 통하여 해당 행동특성을 측정하는 데 필요한 평가도구가 일정하게 규정되어 있다.

(2) 실시절차의 표준화

표준화검사에서는 그 실시절차 역시 일정하게 규정되어 있다. 즉, 검사실시의 시간과 순서 및 주의사항 등이 세밀히 제시되어 있다. 실제 검사 실시에 있어서 이러한 절차가 그대로 지켜지지 않으면, 그 검사의 결과는 타당성과 신뢰성을 잃게 되며, 그 결과의 해석과 활용에 있어서도 문제가 야기된다.

(3) 채점 및 해석방법의 표준화

표준화검사에서는 그 채점 및 해석 방법도 세부적으로 규정되어 있다. 특히, 표준화검사 결과는 전국적인 수준에서 개개인의 위치 뿐만 아니라 전국적인 수준에 비추어 특정집단의 능력도 알아낼 수 있다. 표준화검사의 우수성은 이러한 개인 또는 집단의 특성을 규준에 비추어 비교할 수 있다는 데 있다.

표준화검사는 생활지도활동 뿐만 아니라 동질집단의 특성을 진단 및 교정하거나 학습, 성적의 판정, 특수아의 발견과 지도, 학교와 지역사회의 개선, 교사의 자질 향상, 교육연구 등에 활용될 수 있다. 표준화검사의 종류는 매우 많고 분류하는 기준도 다양하지만 대체로 검사내용 · 검사목적 · 문항구성형식 · 측정양식 · 실시방식 등에 따라 분류한다.

표준화검사는 먼저 검사내용에 따라 지능검사, 학력검사, 적성검사, 성격검사, 자아개념검사, 흥미검사, 태도검사 등으로 분류할 수 있다. 이 중 지능검사는 개별지능검사와 집단지능검사로 구분된다.

또한 표준화검사는 검사목적에 따라 개관검사, 분석검사, 진단검사 등으로 구분되고, 문항 구성형식에 따라 언어성 검사, 비언어성 검사(숫자, 도형 등), 동작검사 등으로 나눠지며, 측정양식에 따라 속도검사(speed test), 역량검사(power test) 등으로 구분된다.

학생조사 방법에는 이러한 표준화검사법 이외에도 일반화된 조사연구법으로 임상적 방법이 있는데, 여기에는 관찰법, 평정법, 질문지법, 면접법, 사례연구법, 사회성 측정법, 투사법 등이 포함된다. 표준화검사가 객관적인 척도에 의한 것이라면, 임상적 방법은 어느 정도 주관적인 척도에 의한 것이다. 객관적 척도에 의한 표준화검사로 복잡한 인간의 특성을 얼마나 정확하게 판단할 수 있느냐에 대하여 많은 의문이 제기됨에 따라 그 보완적 방법으로서 개개인의 주관적인 특성을 판단해야 할 필요성이 요구되기도 한다.

그 이유는 첫째, 인간의 특성을 측정함에 있어서 아직도 객관적인 척도를 적용할 수 없는 부분이 있기 때문이며, 둘째, 객관적인 척도 그 자체가 측정상에 일어나는 오차가 크기 때문이며, 셋째, 측정의 결과로서 얻어진 양적인 자료를 통계적 및 기계적으로 해석하고 판단하는 데서 일어나는 오차가 있을 수 있기 때문이다. 따라서 이 두 방법은 상호보완적인 관계에 있기 때문에, 표준화검사 방법은 임상적 방법의 보완과 함께 보다 나은 정확성을 기대할 수 있을 것이다.

2) 관찰법

인간의 행동이나 특성을 이해하는 가장 기본적인 방법으로, 실제상황에서 학생의 행동을 관찰하여, 그의 행동적 특성을 파악하고자 하는 방법을 말한다.

관찰이 객관적이고 체계적으로 이루어지기 위해서는 치밀한 절차에 의해 실행되어야 한다(Bloom, Fischer, & Orme, 2003).

분 류 기 준	유	무
관찰자에 대한 지시의 유무	조직적 관찰	비조직적 관찰
피관찰자의 관찰의식의 유무	직접적 관찰	간접적 관찰
처치의 유무	실험적 관찰	자연적 관찰
관찰계획의 유무	구조적 관찰	비구조적 관찰
통제의 유무	통제적 관찰	비통제적 관찰
관찰자의 대상참여의 유무	참여관찰	비참여 관찰

* 자료출처 : 오만록(2002). 학교교육의 이론과 실제. p. 511.

① 관찰의 목적을 확인한 다음, 관찰하고자 하는 행동을 결정하고, 이를 구체적인 용어로 진술하여야 한다.

② 관찰하고자 하는 행동이 나타날 수 있는 장면을 선정한다. 관찰은 자연스러운 실제 장면에서 이루어지는 것이 가장 바람직하나, 그것이 불가능할 때는 인위적으로 장면을 조성하여 관찰하여야 한다.

③ 관찰방법을 결정하여야 한다. 관찰방법은 그 목적과 대상행동 및 상황적 여건에 따라 달라질 수 있다. 관찰의 방법은 그 분류기준에 따라 여러 가지로 분류된다.

④ 관찰자를 결정해야 한다. 관찰자는 관찰에 관한 요령과 역량을 충분히 가지고 있어야 하며, 필요할 경우 관찰에 관한 사전 교육을 통하여 관찰에 대한 요령과 역량을 키우도록 지도할 필요도 있다.

⑤ 관찰시기와 장소 및 횟수 등을 결정하고, 이어 관찰을 실시한다. 관찰에서 피관찰자의 행동을 발생빈도로 측정할 것인가, 또는 그 지속시간으로 측정할 것인가는 관찰목적과 그 행동의 특성에 따라 결정되어야 한다.

⑥ 관찰의 결과를 유효적절하게 활용하기 위해서는 관찰내용을 적절한 방법으로 기록하고 정리해야 한다. 관찰결과를 기록하는 방법에는 관찰표(observation schedule)에 의한 방법, 관찰일지에 의한 방법, 일화기록(anecdotal record)에 의한 방법, 체크리스트(checklist)에 의한 방법 등이 있다.

3) 평정법

평정법은 주어진 특성의 존재 유무를 확인하는 것이 아니라 그 정도나 수준을 변별하여 평가하고자 할 때 사용되는 방법이다. 다시 말하면, 이는 평정자 혹은 관찰자가 평정하는 대상의 특성을 그 정도나 수준에 따라 유목이나 숫자의 연속선상 위에 옮겨 놓는 방법이다.

평정법은 비교적 객관적으로 명확하게 재기 어려운 성격, 태도, 감정 등의 행동특성을 알아보기 위해 사용된다. 행동특성을 어떤 일정범위의 평정등급으로 나누어 각 등급에 적절한 평점을 주어 수량화하는 기법이다. 평정등급의 범위는 보통 기수(奇數)등급으로 나누는 경우가 많다. 평정법은 그 평정범위 내의 평정간의 답지가 동질등간성(同質等間性)이 보증되어야 한다. 제작하기 쉽고 사용하기 간편하며, 평정자의 훈련이 어렵지 않기 때문에 그 대중성 · 보편성 · 간편성으로 인하여 여러 분야에서 널리 사용되고 있는 편이다. 그러나 평정자는 실제 관찰한 행동이 아닌 기억된 행동 혹은 편견이나 고정관념에 의해 지각된 행동에 근거하여 평정할 수 있으므로, 예측하지 못했던 오류가 발생할 가능성이 있기 때문에 자칫 잘못된 자료를 수집할 수도 있다.

평정척의 분류는 다양하게 이루어질 수 있다. Guilford는 숫자 평정척, 도식 평정척, 누가 평정척, 강제선택 평정척의 네 가지로 나누었고, Kerlinger는 유목 평정척, 숫자 평정척, 도식 평정척, 체크리스트 평정척, 강제선택 평정척으로 나누었다.

4) 질문지법

질문지법은 수집할 정보에 대한 문항을 사전에 서면으로 준비한 다음, 그에 대하여 피험자로 하여금 반응하도록 하여 그의 특성을 조사 · 이해하려는 방법이다. 이 방법은 일반적인 정보를 얻기 위해 실시되는 조사방법으로, 많은 대상으로부터 필요한 자료를 일시에 얻고자 할 때 주로 사용된다.

질문지에 나타나는 질문의 양식에는 크게 두 가지가 있는데 첫째는, 사실(fact)을 묻는 질문으로서, 주로 학생(응답자)의 생활배경에 관한 사실을 묻는 것이 중심이 된다. 예컨대, 부모의 직업, 가족수, 수입, 주거지, 문화시설, 생활사 등이다. 둘째는, 태도(attitude)를 묻는 질문으로, 학업이나 교사에 대한 태도, 의견, 감정, 판단, 흥미, 생활관 등을 묻는 것이 그 예이다. 질문지에는 이와 같은 두 질문이 동시에 사용되기도 한다.

질문지의 형식에는 자유 기술형이나 찬반형, 선다형, 평정척도형, 순위형 등이 있다. 질문지를 작성할 때는 문항 하나하나에 대한 주의가 필요하다. 어법과 명료성 등은 물론이며 하나의 문항은 한 개 이상의 질문내용을 포함하지 않아야 하며 질문내용은 간단하고 명료해야 하고 편견이 들어가도 안 되며 응답자가 대답할 수 있는 종류의 정보를 질문해야 한다는 것이다.

문항의 배열과 수에 있어서도 문항수에 따라 응답에 소요되는 시간이 달라지므로 응답자가 부담을 느끼지 않고 대답할 수 있는 분량인가를 고려해야 한다. 또한 전체적 체제 면에서 보기 좋고 시각적으로 매력이 있어 응답자가 동기유발을 할 수 있도록 하여 효과적인 도구가 되도록 노력해야 한다.

질문지법을 실시할 때 유의할 점은 예비조사를 해야 한다는 것이다. 예비조사란 본 조사를 실시하기에 앞서 질문문항의 적절성을 검토하고, 본 조사 실시에 필요한 제반 유의사항을 미리 알아보기 위한 절차이다. 일반적으로 질문내용이나 문항수가 적절하고 논리적인가를 알아보기 위한 것으로 타당도와 신뢰도를 밝히기 위한 것이다. 따라서 예비조사의 목적은 응답 결과를 일반화하는 것에 있는 것이 아니라 본 조사를 위한 사전준비를 위한 것이며 흔히 본 조사의 대상보다 작은 규모의 대상에게 실시된다.

질문지법의 장점으로는 많은 사람들로부터 유익한 정보를 짧은 시간 내에 얻을 수 있어 시간과 노력이 절약되는 경제적인 이점이 있다. 그러나 응답자의 동기수준을 알 수 없으며 조사상황의 통제가 어렵고 복잡한 내용은 적합하지 않다는 점 등을 고려하여 질문지의 작성과 실시에 유의하여야 한다.

5) 면접법

면접법(interview method)이란 조사자(면접자)가 피조사자(피면접자)와 면담을 함으로써 필요한 자료를 수집하는 방법이다. 즉, 조사자가 피조사자와의 대면적 접촉(face to face contact)에 의해 피조사자에 대한 자료를 수집하는 방법을 말한다. 면접이 단순히 상대방으로부터 어떤 정보나 자료를 얻기 위한 면담만이 아니라 보통 면접상담(interview counseling)이라고 부르는 치료적인 면까지를 포함하고 있다.

면접의 형태에는 기준에 따라 다양하게 구분해 볼 수 있다. 먼저, 면접은 기능별로 보면 진단적 면접, 처치적 면접, 연구적 면접으로 나누어진다. 면접 방식에 따라 구분하면 개별면접과 집단면접으로 나눌 수 있으며 접촉의 길이에 따라서 단기면접과 장기면접으로 나눌 수 있다. 면접은 응답방식에 따라 자유기술식(open-end type)면접과 선택(checking type)면접으로 나눌 수 있으며, 면접에서 적용하는 대상에 따라 대면면접과 전화면접 및 컴퓨터 메일 이용 면접으로 나눌 수 있다(박도순, 2001). 또한 면접의 형식에 따라 구조화된 면접(표준화된 면접)과 반구조화된 면접 및 구조화 되지 않은 면접으로 구분되기도 한다(Cornier & Nurius, 2003).

면접을 성공적으로 이끌기 위해서는 먼저 경계심을 풀고 신뢰할 수 있는 분위기가 선행되어야 한다. 무엇보다도 면접자와 피면접자간의 인간관계, 즉 래포(rapport)형성이 중요한 역할을 한다. 면접을 할 때 몇 가지 유의사항을 들어보면 다음과 같다.

① 면접자와 피면접자 사이에 친밀한 인간관계가 형성되어야 한다. 피면접자가 심리적 압박감을 느끼지 않고 신뢰감을 조성하도록 해 주어야 하며 분위기를 부드럽게 하여 긴장을 풀 수 있도록 해야 한다.

② 면접의 목적을 충분히 이해하고 있어야 하며 질문할 내용, 순서, 표현도 잘 정리해 두는 것이 좋다.

③ 면접의 절차와 내용을 사전에 철저히 계획하고 확인해 본다.

④ 피면접자가 적개심이나 저항을 일으킬 우려가 있는 지나치게 감정적인 어구나 심문하는 등의 어조는 피하여야 한다.

⑤ 회답을 유도하는 질문 또는 단순히 '예'와 '아니오'로 대답할 수 있는 질문은 피하는 것이 좋다.

⑥ 진술한 내용보다 그 뒤에 숨어있는 느낌이나 생각에 더 많은 관심을 두어야 한다.

⑦ 피면접자의 진술내용을 확실히 파악하고 있어야 하며 정확히 기록해 두는

것이 좋다.

6) 사례연구법

문제행동을 가진 특정학생의 생활사와 가정환경 등에서 유발할 수 있는 제반 요인을 확인하기 위해 체계적인 조사나 연구를 통하여 문제의 원인을 진단하고, 그에 따른 적절한 개입 · 치료 · 지도 활동을 실시하여 문제행동을 해결하는 일련의 과정을 사례연구법(case study method)이라고 한다. 따라서 사례 연구의 목적은 곤란이나 부적응의 본질 및 원인을 발견하여 그것을 제거하기 위한 구체적인 처치방법에 대한 계획을 세워 효과적인 해결방법을 발견하고 실천하는데 있다. 사례연구법은 다음과 같은 특징을 가지고 있다.

(1) 통합성의 특징을 갖는다.

사례연구는 개개인의 능력이나 기능을 연구하는 것이 아니고 대상이 되는 개인의 전체, 즉 개인의 신체적 · 심리적 · 환경적인 모든 요인을 조사하여 그 개인이 당면하고 있는 문제와 관련된 것을 포괄적으로 통합하여 고찰한다.

(2) 방법의 다양성을 추구한다.

사례연구는 문제의 해결에 유효하다고 생각되는 모든 방법을 총동원한다. 여기에는 실험, 관찰, 질문지, 표준화검사, 일화기록법 등의 연구방법을 동원할 뿐만 아니라 그 학생의 유전이나 환경을 조사하기 위해서는 부모 · 근친자 · 의사에게 면접도 청하고 필요하면 지역사회에 대한 조사도 한다.

(3) 발달적 측면을 강조한다.

한 학생의 생활사를 종단적으로 접근하여 밝히는 방법이다. 사례연구는 특정 개인의 문제를 발달사적 맥락에서 파악하고자 하며, 이를 합리적으로 해결함으로써 원만한 성장 · 발달이 이루어지도록 하는 데 초점을 둔다.

(4) 사례의 개별성이다.

연구의 대상이 되는 것은 개개의 사례(case)이며, 한 개인이 당면하고 있는 문제이다. 대개의 다른 연구방법들은 집단간의 차이에 관심이 집중되는데 비해, 사례연구법은 개인에게 초점을 둔다.

(5) 교육적 및 치료적 의의를 갖는다.

사례연구의 대상이 되는 학생은 단지 학문적인 연구의 대상이나 실험의 대상이 아니라, 그 개인이 당면한 곤란이나 부적응을 교육적이고 심리적으로 치료해 주려는 것을 일차적인 목적으로 한다. 그러므로 사례연구 과정에는 언제나 연구자(교사)의 치료적 · 교육적 · 인간적 이해의 태도가 요구된다.

사례연구에 필요한 자료는 각종 심리검사, 면접, 누가기록, 생육사, 자서전적 자료, 관찰, 일화기록, 평정척도 등을 통하여 얻고, 특히 인적 자료는 학생 자신, 가족, 이웃, 교사, 의사, 기타 관계자들에게서 얻는다.

사례연구의 과정은 대체로 연구문제의 명료화, 각종 자료의 수집, 학생의 현재상황에 대한 종합적 조사, 문제행동의 진단과 치료계획, 치료활동의 실천과 결과의 확인, 평가 및 반성 등의 순서로 진행되나, 사례연구를 진행하는 과정은 연구 목적이나 상황에 따라 달라질 수 있다.

7) 사회성 측정법

사회성 측정법(sociometry)은 모레노(Moreno)에 의해 고안된 수용성 검사 혹은 교우관계 조사법이라고도 부른다. 이는 집단 내의 구성원들 간의 호의, 혐오, 무관심 등의 관계를 조사하여 각 개인의 집단 내에서의 상태와 집단자체의 역동적 구조를 알아보기 위한 방법이다. 따라서 이 방법은 집단 내에서 개인 상호간의 매력, 배척, 무관심의 정도 등의 역동적인 관계를 파악함으로써 학생들의 사회적 구조나 교우관계 또는 집단 내에서의 위치를 확인하여 개인이 사회적으로 수용되어지는 정도를 평가하고, 집단의 응집력을 알아보고자 할 때 이용한다(박도순, 2001).

학생들이 그들 상호간에서 어느 정도 인정되고 수용되고 있느냐에 따라 그들의 사회성 발달뿐만 아니라 정서적 · 인지적 발달에 많은 영향을 받는다. 이러한 사회성 측정법은 학급에서 집단 따돌림(왕따)이 발생하고 있는지를 알아보는데 가장 유용한 방법이 될 수 있다.

사회성 측정법은 다음의 세 단계를 거쳐 실시되는데, 첫 번째의 단계에서는 사회성 측정 검사도구를 제작한다. 즉, 한 집단 내에서 누가 누구를 좋아하며, 싫어하는가를 조사하기 위한 검사도구(문항)를 제작한다. 그런데 이러한 질문은 직접적인 질문형식 보다는 간접적인 질문형식으로 하는 것이 좋다. 즉, '너의 생일잔치에 누구를 데려 가고 싶니?', '그 친구의 어떤 면이 좋니?', '소풍갈 때 같이 짝하고 싶지 않은 친구는 누구니?', '그 친구의 어떤 점이 안좋니?' 등의 형식이 적절하다.

분석결과는 세 가지 방법인 사회구조도(sociogram), 사회성 측정 행렬표(sociomatric matrix) 및 사회측정 지수(sociomatric index)에 의한 분석을 들 수 있다.

이 방법은 집단의 구조를 단시일 내에 파악할 수 있다는 좋은 점이 있으나 신뢰도, 타당도가 문제될 경우가 있다.

예를 들면, 친구들 간에 싸움이 일어난 직후에 좋아하는 사람을 고르라고 한다면 구성원 간에 그때그때 상황의 영향을 많이 받게 되기도 하며 때로는 피검사자들이 소망하는 것이 다양한 현실적인 관계에 의해 일치하지 않은 경우도 많이 있다.

8) 투사법

투사법은 개인의 무의식적 충동이나 욕구를 확인하고자 할 때 활용하는 방법으로, 피험자에게 특정 자극이나 표현재료를 제시하여 그에 대해 자유로운 반응을 하게 하여 심층적인 욕구 · 감정 · 성격 등을 측정할 것을 목적으로 활용된다.

이러한 투사법은 다른 방법과 비교해 볼 때 첫째, 모호하거나 불완전한 자극이나 표현을 위한 자극이 주어진다. 여기에서는 이러한 자극이나 재료에 의한 피험자의 자유로운 반응이나 표현활동이 허용되는 동시에, 종래의 다른 검사법보다 성격(personality)의 전체구조나 다면성을 파악할 수 있고, 개인의 심리적 문제를 야기시키는 원인을 비교적 쉽게 진단할 수 있다. 둘째, 무의식적인 심리적 특성, 즉 심층적인 구조와 특성을 파악할 수 있다.

투사법은 문제를 지닌 개인의 내면세계에 대한 통찰을 얻고자 하는데 있으므로 이것은 표준화검사가 갖는 단점을 보완해 주며, 심층심리를 통찰할 수 있게 해 준다.

투사법의 종류에는 ① 시각자극을 사용하는 방법으로 잉크반점 검사, 주제통각검사, 아동용 회화 통각검사, 존디검사, 그림 좌절검사 등이 있으며, ② 언어자극을 사용하는 방법으로 단어연상 검사와 문장완성 검사 등이 있으며, ③ 구성 재료에 의한 방법으로 인물화 검사, 자유화 검사, 심리극 및 사회극 등이 있다.

제 4 장

정 보 활 동

앞 장에서는 생활지도를 함에 있어서 기초가 되는 사항인 학생이해활동에 대해서 살펴보았다. 학생을 이해하는 방법은 다양하나 좀더 객관적인 자료 조사 활동을 통한 이해활동의 중요성과 검사활동에 대하여 제시하였다. 이에 대해서 보다 정확하고 체계적인 이해를 돕기 위해서 검사의 활용을 통한 학생이해의 중요성을 되새기는 것이다. 그런데 이러한 기초적인 이해가 이루어지면, 생활지도자는 학습자가 필요로 하는 정보를 제공해야 하는 부분들에 대한 파악이 있어야 한다. 정보제공의 측면에 대한 구체적인 파악이 이루어지게 되면, 대부분의 경우에 문제를 예방하거나 문제를 해결하는 과정에 이르게 된다. 따라서 본 장에서는 정보활동에 대한 의의와 정보활동의 형태, 정보제공의 방법 및 절차에 필요한 내용을 살펴보고자 한다.

1. 정보활동의 의의

학생들이 필요로 하는 각종 교육 및 직업정보 그리고 자료를 수집하고 정리하고 제공하는 활동으로 학교의 규칙이나 교육과정, 기타 학교활동 및 프로그램, 각종 직업에 관한 업무와 조건, 장래의 전망, 신체 및 정신건강에 관한 정보, 종교 등에 관한 정보를 제공하게 된다.

정보(information)란 개인을 둘러싸고 있는 환경에 관한 구체적인 내용으로서 자기 자신을 비롯한 가정, 학교, 사회, 국가 또는 세계에 관한 사항이다. 특히 생활지도에 있어서의 정보는 학생들이 성장해 나가는 과정에서 자신의 주변 환경을 이해하기 위한 자료와 장래 계획을 세우는데 필요한 자료를 제공해 주는 활동이다. 즉, 모든 일을 결정하는 주어진 환경에 대한 여건을 정확히 파악하여 미래에 나타날 사태를 전망해야 한다. 이때 필요한 것이 정보로서 미래를 준비하는 학생들은 자신의 문제를 해결하며 장래의 계획을 세우기 위해서 필수적인 자료가 된다(윤운성 외, 2001).

2. 정보활동의 필요성

현대사회는 정보화 시대이다. 인간은 정보에 어두우면 그만큼 개인의 발전에 큰 손해가 온다. 정보에 민감하고 적응이 빨라야 기회를 놓치지 않는다. 따라서 전형적인 학교 프로그램이나 생활지도 프로그램은 활성화된 각종의 정보제공 활동을 강화하여야 한다. 학생을 이해하고 연구하는 활동에서 많은 정보를 얻게 되고, 그 정보가 상담활동에 많이 이용된다. 정보를 수집해서 제공하는 활동은 생활지도에 있어서 중요한 위치를 차지하는 것이다. 학생들이 현재에 부딪히고 있고 앞으로 경험하게 될 뜻하지 않은 일들을 이해하고 그에 대처해서 원만하게 적응해 나가자면 그에 관련된 사실들을 객관적으로 알아야 하고 그의 용도나 가치에 대하여 판단할 수 있어야 한다(황응연 외, 1983).

특히, 중등학교에서 강조해야 할 정보활동의 목표로는 다음과 같은 사항을 들 수 있다.

① 직업에 관련된 넓은 분야의 이해를 돕는다.

② 학생들이 몇 개의 선정된 직업이나 교육시설을 중점적으로 연구할 수 있는 수단을 발전시킨다.

③ 지역사회에서 직업 및 교육계획을 세우도록 한다.

④ 자기연구(self-study)를 통해서 잠정적인 직업 및 교육계획을 세우도록 한다.

⑤ 학교를 중퇴하거나 떠난 학생들, 즉 취직하거나 진학하거나 가정을 갖는 사람들이 당면한 욕구를 충족시킬 수 있는 특정한 기술을 제시한다.

요즈음 현대사회는 전자 매체를 활용한 자동화, 우주탐색, 과학의 발전, 시민권의 쟁취, 각종 분야의 전문화 추세, 고급 노동력의 증가, 직업 성질의 변화 등으로 복잡하고 다변화된 세계이다. 이러한 시대에 맞는 정보활동은 구체적으로 어떤 정보를 제공하여 활용할 수 있도록 해야 할 것인지가 관건이다. 그래서 정보가 어떤 목적을 위하여 어떻게 쓰여지는가에 따라서 정보활동의 실제적 성격이 규정된다.

Shertzer와 Stone(1981)은 정보의 사용을 다음과 같이 분류하여 설명하였다(박성수, 1991).

① **확신을 위한 활용**(assurance use) : 의사결정이나 계획 등이 적절하게 이루어진 것에 대해 학생들이 자신감을 가지도록 하기 위하여 정보 자료를 활용하는 것을 가리킨다.

② **평가적 활용**(evaluation use) : 학생의 지식이나 이해가 얼마나 정확하며 또한 적합한가를 확인하기 위하여 정보 자료를 활용하는 것이다.

③ **탐색적 활용**(exploratory use) : 학생들이 가능한 선택이나 결정의 모든 대안들을 탐색하고 연구하도록 돕기 위하여 정보 자료를 활용하는 것이다.

④ **정보적 활용**(information use) : 직업, 선택, 삶의 조건 등에 관련된 학생들의 지식을 증가시키기 위하여 정보 자료를 활용하는 것이다.

⑤ **재적응적 활용**(readjustive use) : 현저하게 부적합한 목적을 세우거나 선택을 한 학생을 위하여 목적과 선택의 수준과 방향을 다른 수준으로 다시 정립시키는데 정보 자료를 활용하는 것이다.

⑥ **종합적 활용**(synthesis use) : 정보 자료의 검사 결과를 다른 자료와 함께 활용하여 학생 행동의 유형을 종합적으로 이해할 수 있도록 활용하는 것을 가리킨다.

⑦ **검증적 활용**(verification use) : 선택, 기회, 결정 등을 명백하게 하고 검증하기 위하여 학생들이 정보 자료를 활용하는 것을 가리킨다.

3. 정보활동의 형태

정보의 영역은 ① 교육적 정보(educational information), ② 직업적 정보(vocational information), ③ 개인적 · 사회적 정보(personal-social information)로 크게 세 가지로 구분될 수 있다.

1) 교육정보

교육정보(educational information)란 교육적 기회에 관한 모든 정보, 이를테면 새로 입학한 학교에 관한 여러 가지 정보, 학생들이 선택한 여러 교과에 관한 정보, 장학금 및 기타 재정적 보조에 관한 정보, 상급학교 및 학과에 관한 정보 등을 의미한다. 그 밖에도 효과적인 학습방법에 관한 정보, 도서관 사용법에 관한 정보 등 직접적으로 학생들의 학습활동에 도움이 되는 정보도 교육정보에 포함된다(이영덕 · 정원식, 1982). 학생들에게 교육 정보를 제공해 주는 이유는 무엇보다도 교육정보를 토대로 하여 자신의 교육계획을 수립하여 학습의 기회를 최대한 활용하기 위한 계획을 세우게 하기 위해서이다.

이러한 정보들은 일반교사를 비롯하여 상담교사와 학부모들도 알아두어야 할 사항들이다(신윤호 외, 2005).

① 학교생활에 관련된 제반규칙을 이해하고 제시한다.

② 교과 및 교육과정을 알려 준다.

③ 학교 내에 존재하는 클럽과 사회적 활동을 안내하고 활성화시킨다.

④ 해당 학교에서 중시하는 교육목적 및 목표, 교육방침을 제시하여 지키도록 한다.

⑤ 상급학교 진학자를 위한 과정과 비진학자를 위한 과정으로 분류하여 지도한다.

⑥ 진학에 필요한 비용을 안내한다.

⑦ 학교의 면학을 위한 시설과 설비를 갖춘다.

⑧ 학습습관과 기술에 관한 사항을 알려 준다.

⑨ 특정과목 및 과정의 학습방법을 알려 준다.

⑩ 학교 도서관의 이용법과 기타 시설의 이용법을 알려 준다.

⑪ 장학제도 및 기타 학비조달에 관한 사항을 익히고 안내한다.

⑫ 학교와의 통신방법을 알려준다.

⑬ 졸업 후의 계속교육에 관한 사항을 알고 있어야 한다.

⑭ 실습 및 훈련에 대한 기회와 계획을 수립한다.

⑮ 상급학교 교육프로그램에 관한 안내 등을 알고 있으며 활용해야 한다.

2) 직업정보

직업정보란 직무(jobs), 직위(position), 직업(occupations)에 관한 타당하고 유용한 자료를 말한다. 여기에는 취업에 필요한 자격요건, 의무, 직업조건, 보수, 승진, 현재 또는 앞으로의 채용 및 증원계획, 그리고 더 필요한 정보의 원천 등이 포함된다. 이와 관련된 정보들에 대해서 Shertzer와 Stone(1981)은 직업정보가 필요로 하는 구체적 자료를 다음에 제시하고 있다.

① 인력에 관한 자료 : 인원, 지역별 · 성별 분석, 인종, 연령의 분포, 직종별 분석

② 직업구조와 주요 직업집단

③ 인력 수급, 인구 변화, 기술 변화 등을 포함하는 직업 변화 추세

④ 노동에 대한 법규

⑤ 직업 연구에 필요한 정보원

⑥ 직업분류와 직종

⑦ 특정 직업의 직무와 작업의 성격

⑧ 각종 취업에 필요한 자격 요건

⑨ 각종 직업에 필요한 준비 과정

⑩ 승진방법

⑪ 각종 직업의 임금과 사례금

⑫ 각종 직업의 작업 요건

⑬ 직업 정보 자료의 평가기준

⑭ 취업을 담당하는 기관

⑮ 일의 의미

3) 개인적 · 사회적 정보

자기 자신과 타인의 이해를 위해서 다루는 정보가 개인 · 사회적 정보(personal-social information)이다. 다시 말해서 개인과 대인관계에 작용하는 인간적 · 물리적 환경의 기회와 영향에 관한 타당하고 유용한 자료이다. 이는 학생들로 하여금 자기이해와 타인과의 관계를 증진시키는 인간에 관한 정보를 의미한다. 자기 자신의 이해와 남과 잘 어울리는 것뿐만 아니라 남녀간의 이성관계, 예의범절, 여가활동, 개인의 용모, 사교술, 가족관계, 재정적 계획, 건강한 생활 등과 같은 광범위한 영역의 정보를 포함한다.

이러한 의미에서 개인 · 사회적 정보는 다음과 같은 조건과 요인을 다루는 정보의 사용과 자료의 수집을 포함하게 된다(이재창, 1988).

① 자기통찰과 자기이해의 성취

② 동성과 이성과의 성숙된 관계 확립

③ 남성적 · 여성적 역할의 이해

④ 건강한 성격의 발달

⑤ 개인의 행동과 특성의 이해

⑥ 가정의 조건과 부모의 기대에 대한 이해와 적응

⑦ 이성관계, 성, 결혼에 대한 이해

⑧ 정신적 · 신체적 건강과 발달의 성취

⑨ 예의, 에티켓

⑩ 사회적 기술, 여가 생활의 건전한 활용, 용돈의 조달

4) 정보의 수집

현대와 같은 정보화 시대에는 수없이 많은 정보들 중에서 필요한 정보를 얼마

나 효과적으로 빨리 수집하느냐가 관건이 된다.

필요한 정보를 효과적으로 빨리 수집하기 위해서는 필요한 정보가 어떤 기관이나 단체 또는 개인에 의해서 제공하느냐를 파악하는 것이 중요하다. 특히 현대사회에서는 컴퓨터의 발달로 인하여 개인이나 단체 또는 기관에서 인터넷 홈페이지를 개설하여 자신들의 정보를 제공하고 있다.

또한 인터넷 통신 관련 회사에서는 필요한 정보를 쉽게 검색할 수 있는 서비스를 제공하고 있기 때문에 많은 정보를 짧은 시간 내에 수집할 수 있다.

(1) 교육정보

학교 교육 전반에 걸친 교육계획에 관한 정보는 직접 그 교육기관에 가서 얻을 수 있는 것이 사실이나 다음과 같은 자료에서도 얻을 수 있다.

① 정부에서 발간한 각종 간행물
② 각급 학교의 교육 계획서, 학교 경영안
③ 각 대학에서 발간한 안내서, 대학 요람 및 교육과정 해설서
④ 각급 학교에서 발간한 교지 및 학보
⑤ 대학 및 전문기관에서 발간한 연구지, 논문집
⑥ 교육 전문가 및 교육심리학자들이 저술한 전문 지침서
⑦ 일반 사회의 정기 간행물, 신문 및 잡지

(2) 직업정보

직업정보를 얻을 수 있는 원천도 다양하다. 보다 정확한 정보를 얻기 위해서는 직접 직업 세계에 들어가서 수집하는 것이 바람직하다. 그러나 자주 활용될 수 있는 원천 자료들을 들어 보면 다음과 같다.

① 각종 전문 단체나 기업체에서 발간한 간행물
② 정부기관, 특히 노동부와 경제기획원에서 공표한 자료
③ 직업에 관계되는 단행본, 연감류(직업 사진 포함)

④ 지역사회 조사물 및 연구보고
⑤ 기타 생활지도를 위해 특별히 준비된 사례 및 연구보고

(3) 개인 · 사회적 정보

개인은 물론 개인과 개인, 개인과 집단 간의 인간관계에 대한 보다 깊은 이해를 위하여 소요되는 정보는 어디에서 얻게 되는가? 이것은 인간관계의 경험 가운데서 그리고 보다 체계적인 정보는 전문서적을 통해서 얻을 수밖에 없다. 그 중에서도 특히 심리학에 관계되는 서적들이 가장 중요한 원천이 되는 자료를 소개하여 보면 다음과 같다(황응연 · 윤희준, 1983).

① 학생의 건강 및 신체발달 기록
② 발달심리 및 인성심리에 관한 서적(일반 심리학의 해당 부분도 가함)
③ 집단역학 및 집단 과정의 기술에 관한 서적
④ 정신위생에 관한 서적
⑤ 성교육에 관계되는 서적
⑥ 청소년 발달에 관한 연구물
⑦ 위인들의 전기 및 자서전
⑧ 전기문 및 성공사례집

4. 정보제공의 실제

1) 교육정보 제공

(1) 교과학습을 돕기 위한 교육정보

학교의 교육과정을 학교가 마련해 주던 학생들이 선택하던 간에, 그리고 이것

이 교과서 중심이든 경험중심이든 간에, 학생들에게 보다 알찬 교육 계획에 따라 효과적인 학습을 하도록 하기 위하여 사전에 교육과정에 대해서 자세하게 알도록 해야 한다. 즉, 다음과 같은 정보를 알아두는 것이 필요하다.

① 해당 학교의 교육과정의 종류

② 각 교과목의 성격과 그 중요성

③ 다음 학기에 과해지는 교과목

④ 해당 학교가 중핵으로 삼고 있는 과정

⑤ 학교 소정 과정 및 각 교과목과 개인의 교육적, 직업적인 경험, 이와 같은 교육과정

⑥ 해당 학교가 특별히 마련하고 있는 특색 있는 교육적 · 직업적 경험

이와 같은 교육과정에 대한 정보에 이어서 해당 과정을 이수하는 데 필요한 학습방법, 기초기능과 기술 등에 관한 정보도 필요하게 된다. 그 내용은 각 과정을 학습하는데 필요한 기초기능, 각 과정을 학습하는데 필요한 학습 습관 및 방법, 실험 실습에 필요한 과정의 사전 준비, 각 과정을 학습하는 데 필요한 참고서와 자료, 각 과정을 학습하는데 필요한 지역사회 인사와 자원의 이용 등이다.

이와 같은 교육과정과 학습방법에 관한 정보를 제공하는 데 있어서 사용되는 일반적인 방법으로는 ① 학교 안내서 요람의 제공 ② 집단활동(오리엔테이션 포함) ③ 개인 상담 ④ 정규 수업시간 ⑤ 학교 신문 ⑥ 교육과정과 관계되는 직접적 경험 등을 들 수 있다.

(2) 진학정보

많은 학생들이 상급학교로 진학하고 있고, 또 실질적으로 진학에 대한 학부모들의 관심도 대단히 높다. 그런 까닭에 실업계 고등학교에서까지 진학지도에 노력을 기울이고 있는 실정이다. 이와 같이 진학지도가 생활지도의 중요한 과업으로 대두되고 있는 까닭에 이에 대한 합리적인 대책이 강구되어야 하겠다.

더욱이 최근에 각 대학에서 조사한 바에 따르면 많은 대학생들이 전공 교과를 잘못 선택하여 진학한 학과에 적응하지 못하고 있다고 한다. 전과를 희망하는 학생들도 상당수에 이르고 있다. 진학정보에 포함되어야 할 항목으로는 다음과 같은 것들이 있다.

① 진학할 대학과 학과의 성질
② 학과에서 배우게 될 학문의 성질
③ 개인의 적성과 능력
④ 진학할 학과에 소요되는 학비
⑤ 졸업 후의 전망
⑥ 진학할 학과에서 요구하는 입학 조건과 의무
⑦ 개인의 경제사정과 가정형편

(3) 오리엔테이션

오리엔테이션(orientation)이 전적으로 교육정보 제공활동이라고 할 수 없고, 또 교육정보 제공활동이 오리엔테이션에만 국한된 것은 아니지만, 학교의 경우 오리엔테이션이 대표적인 교육정보 제공 활동이라고 할 수 있기 때문에 여기에서는 교육정보 제공활동의 하나로 다루고자 한다.

오리엔테이션을 우리말로 방향지도 또는 출발점 지도라고 한다. 오리엔테이션의 목적은 그 말이 표시하듯이 새로운 환경이나 일의 출발에 앞서서 방향을 옳게 잡고 그 과업에 적절한 행동을 취하도록 하는 것이다. 오리엔테이션은 새로운 과업이나 환경에 대하여 자세한 정보를 제공해서 그 환경에 익숙하게 하는 측면과 자기 스스로를 변화시켜 환경에 적합하도록 도와 주는 측면의 두 가지가 포함된다. 첫째는 새 환경이나 과업에 대하여 익숙하게 하는 것이며, 둘째는 자기 태도를 변화시키는 일이다.

학교의 오리엔테이션 프로그램이 특정 교과나 교육과정에 관한 것이냐 아니면 학교생활 전반에 관한 것이냐에 따라 그 내용도 달라진다. 일반적으로 학교의 책임 하에 이루어지는 오리엔테이션은 신입생에 대한 것이 대표적이다. 신입생 오리엔테이션 프로그램에 포함되는 내용을 들어 보면 다음과 같다.

① 학교의 역사와 전통
② 학교의 건물과 시설
③ 학교에서 마련한 교육과정과 교과활동
④ 학생들의 생활준칙
⑤ 학생 실태에 관한 자료
⑥ 학교의 행정조직과 운영방침
⑦ 학생들의 일과 생활계획 등이다.

이 밖에도 오리엔테이션에 활용되는 정보는 다양하다. 그 프로그램의 목적과 실시 대상에 따라 정보의 질과 양은 달라진다. 오리엔테이션 프로그램의 내용 선정과 계획의 책임은 상담교사나 생활지도 전담교사가 맡는 것이 바람직하다.

(4) 교육정보의 제공방법

교육정보를 제공하는 방법은 개인을 대상으로 하는 경우와 집단을 대상으로 하는 경우를 나누어 실시된다. 두 경우를 분류하여 설명하면 다음과 같다.

① 개별적인 정보제공

개인의 필요에 의한 정보제공을 말하는데, 상담자가 상담 면접 중에 직업, 교육기회, 개인 및 사회적인 관계에 관한 정보를 제공해 줄 필요가 있을 경우이다. 이 때의 정보는 학생들로 하여금 자기탐색을 할 수 있는 기회를 마련해 주며, 자기 탐색을 통해서 자신의 문제에 대한 해결이 즉각적으로 이루어지는 경우가 많다.

② 집단적인 정보제공

집단적인 정보의 제공은 학생들의 발달상의 정보 등을 보다 원활하게 돕는다. Shertzer와 Stone(1981)은 집단을 통한 정보제공의 이점을 다음과 같이 들고 있다.

첫째, 시간, 인적자원, 시설 면에서 경제적이다.

둘째, 특정한 종류의 정보는 동료들과의 토론을 통해서 정보를 더 의미있게 함으로 다른 방법보다 더 효과적이다.

셋째, 학생에 따라서는 자신들의 문제를 동료들과 논의하는 것이 더 편하게 느껴짐으로 학생 간에 긍정적인 관계를 형성하도록 한다.

넷째, 학생과 상담자 간에 관계개선과 앞으로의 생활지도 활동의 활용에 초석이 된다.

2) 직업정보 제공

급격한 산업의 발달, 급증하는 인구, 사회변천에 따라 놀라울 만큼 직업의 세계도 다양하고 분화되었다. 다시 말하면, 직업의 양상이 복잡하고 그 수에 있어서 다양하게 불어났다. 1957년 생활지도의 도입이 이루어졌던 때만 해도 불과 2,300여 종에 불과했고, 1969년 인력개발연구소에서 출판한 한국직업사전에는 대표적인 직업 3,600여 종이 수록되어 있다. 이것이 1980년에 이르러서는 더욱 확장되어 약 1만여 종에 이른다고 한다. 이와 같은 직업의 수가 증가한 것은 그만큼 직업이 분화되었고, 새로운 직업이 생겨 산업의 발달에 따른 변화로 생각할 수 있다. 선진국인 미국의 경우, 고도의 산업화, 기계화, 자동화 시대에 따라서 직업의 수는 우리 나라보다 많은 4만 여 종이며 계속 증가일로에 있다.

우리 나라의 경우에는 1999년 노동부 중앙고용정보관리소의 발표에 따르면 13,000여 종에 이르고 있다고 보고되었다. 「2005 한국직업전망」에서는 우리 나라를 대표하는 14개 분야의 218개의 직업에 대한 상세정보를 수록하고 있으며, 진로와 직업을 결정해야 하는 사람들은 자신의 능력, 적성에 맞는 직업을 선택하여 원하는 직업에 대한 다양하고 풍부한 정보를 얻을 수 있도록 기획되었다. 「2005 한국직업전망」을 통해서 향후 5년간 각 직업에 대한 고용전망을 비롯해 하는 일, 근무환경, 되는 길 등에 대한 상세정보를 얻음으로써 자신이 희망하는 직업에 한 발 더 가까이 다가갈 수 있을 것이다. 또한 진로를 고민하고 있는 청소년, 적성에 맞는 일자리를 찾고자 하는 구직자, 경력개발을 원하는 직장인 뿐만 아니라 학부모, 교사, 취업알선기관 담당자, 그 외 직업과 고용에 관심이 있는 연구자들에게도 유용한 직업정보 자료로서의 역할을 할 것이다(한국산업인력공단 중앙고용정보원, 2004).

Prediger(1976, 1981)는 미국 노동부 발간 직업사전(Dictionary of Occupation Titles)에 수록된 약 1천 5백여 종의 직업 특성과 각 직업 종사자들이 하는 일의 기능을 분석한 결과 비교적 상호 독립적인 두 개의 차원으로 직업세계를 구별할 수 있음을 발견하였다.

'자료'와 밀접한 관련이 있는 직업, 예컨대 회계업무, 항공관제, 사무실 관리 등의 업무는 '아이디어'를 적게 요구하는 경향이 있는가 하면, 반대로 창작활동이나 사회심리학, 생물학 연구 등 '아이디어'가 많이 관여되는 직업은 '자료'와는 비교적 관련이 적다. 한편, '사람'과 밀접히 관계를 맺는 일은 '사물'과는 비교적 관련이 적고, 그 반대로 '사물'과 밀접한 관련이 있는 직업은 '사람'과는 관련이 적다. 이와 같은 경향성에 입각하여 Prediger는 우리 일상생활에서 관여하고 있는 여러 가지 직업세계는 기본적으로 '자료-아이디어'차원과 '사람-사물'차원의 두 개 축으로 나타낼 수 있다고 하여 직업 분류를 위한 두 개의 차원에 대한 언어적 의미는 다음과 같다.

(1) '자료-아이디어' 차원

① 자료(data)

자료를 활용하여 기록하기, 확인하기, 전달하기, 조작하기 등을 수행하는 것으로서 경리 사무원, 물품 구매인, 항공 통제사 등은 주로 자료를 가지고 일한다.

② 아이디어(idea)

아이디어를 활용하는 것은 창작, 발견, 해석, 추상의 종합화 또는 추상의 응용화 등 개인 내적 정신과정을 포함한다. 과학자, 음악가, 철학자 등은 주로 아이디어를 가지고 일한다.

(2) '사람-사물' 차원

① 사람(people)

인간을 대상으로 하는 활동'은 주로 다른 사람들을 가르치고, 도와 주고, 위로하고, 설득하고, 동기를 유발시키고, 지시하는 등의 대인적 과정을 포함하며, 일반적으로 인간행동의 변화를 가져오는 과제와 관련이 많다. 교사, 판매원, 간호원, 언어 치료사 등은 주로 사람과 더불어 일을 한다.

② 사물(thing)

기계, 도구, 생물, 식품이나 목재 혹은 금속류 등의 재료로서, '사물을 활용하는 활동'은 생산, 운송, 공급, 수리 등의 비인간적인 과정을 포함한다. 벽돌공, 농부, 엔지니어 등은 주로 사물을 가지고 일을 한다.

모든 직업에는 정도의 차이는 있지만 어느 직업이나 자료, 아이디어, 사람, 사물이 모두 관여된다. 따라서 위에 설명한 것은 각 직업활동의 일차적 특징을 강조할 목적으로 예시했을 뿐이다. 예컨대, 과학자는 주로 아이디어를 가지고 일하는 직종으로 분류하지만, 과학자가 자료를 가지고 일할 때도 많다. 그러나 과학자의 일차적 목적은 단순히 자료를 취급하는데 있는 것이 아니라 과학적 지식을 생성하거나 적용하는 데 있기 때문에 아이디어를 가지고 일하는 직업으로 분류한 것이다. 마찬가지로, 경리사무원도 아이디어를 필요로 하지만 기본적으로 아이디어를 창출해 내는 데 주요 목적이 있는 것이 아니라 체계적인 방식으로 주어진 자료를 조직하고, 기록하고, 확인하는데 있다고 판단하여 주로 자료를 가지고 일하는 직업으로 분류한 것이다.

직업정보를 제공하는 대표적인 방법은 진로정보자료실(career resource center)이나 게시판을 통한 정보 제시, 각종 집회활동 및 홈룸(homeroom)활동을 통한 정보제공, 특별교육활동반을 통한 정보제공, 생활지도에 직결된 단원활동을 통한 정보제공(이영덕 · 정원식, 1978) 등과 최근에 널리 사용되고 있는 컴퓨터 활용방법 등이 있다.

① 진로정보자료실(career resource center)은 학교 단위로 설치될 수도 있고, 지역에 따라서 교육구 단위로 설치될 수 있다. 여기에는 진로와 직업에 관한 전반적인 정보 자료를 비치하고 있어야 하며, 적성이나 흥미와 같은 진로계획에 필요한 검사 등을 비치하고 학생의 상담에 응할 전문적인 상담자가 있어야 한다.

Meerbach(1978)는 자료정보실 운영에 관해서 다음과 같은 제안을 하고 있다. 첫째, 학생들에게 필요한 정보를 제공해 주고 필요하면 개인상담이나 집단상담을 해줄 수 있는 상담자가 있어야 한다. 둘째, 학생들의 흥미를 끌기 위해서 교과서적인 것은 지양해야 한다. 셋째, 게시판, 카세트 녹음기 등 필요한 기구와 충분한 공간이 마련되어야 한다. 넷째, 충분한 재정적 지원이 있어야 한다.

② 가장 보편화된 직업정보 제공 활동 중의 하나가 홈룸(home-room)을 통한 활동이라고 할 수 있다. 즉, 학생들의 동기 유발과 흥미를 끌 수 있도록 하기 위하여 홈룸시간을 이용하여 학생들에게 필요한 정보의 문제나 논쟁점을 집단토론하게 할 수 있다. 토의뿐만 아니라 역할연극 같은 것을 홈룸시간을 통해서 할 수 있다.

③ '생업의 날'(career day) 행사를 통해서 직업에 관한 정보를 제공할 수 있다. 이는 학교의 연중행사 계획의 하나로, 특정한 날을 정해 지역사회에서 여러 종류의 직업에 종사하는 사람들을 초청하여 자신이 종사하고 있는 직업에 관해서 학생들에게 여러 가지 정보를 제공하고 서로 의견을 교환해서 학생들로 하여금 자신있게 적합한 생업에 관해서 생각하도록 하는 행사이다.

④ 직업정보를 하나의 교과로 만들고, 수업을 통하여 진로상담교사(career

counselor)와 같은 전문가가 일의 세계, 직업정보, 진로 계획과 결정 등에 관한 진로와 직업에 관한 전반적인 내용을 가르치는 것이다. 이는 직업정보 뿐만 아니라 진로교육 전반을 다루는 것이기 때문에 초등학교 1학년 때부터 기존의 단원을 이용할 수도 있고, 새로운 교과 내용을 삽입할 수도 있다. 미국에서는 대개의 경우 학교에 진로교사가 따로 배치되어 있어서 1주일에 1~2시간 정도 진로교육을 실시하고 있다.

앞으로 우리 나라에는 학교에서 진학과 직업정보를 제공하는 과정이나 교육을 위해 수업 시간을 활용하여 이 분야를 적극 지도하고 담당할 만한 자격 교사를 훈련하여 전문적으로 담당할 교사를 양성해야 한다.

⑤ 최근에 진로지도에서 가장 두드러진 현상은 컴퓨터를 활용하는 방법이다. 이 방법은 미국과 같은 선진국에서 많이 사용하고 있는 경향인 것 같은데 우리 나라에서도 전자산업과 아울러 정보산업이 급속도로 발전하고 있는 현상으로 보아 앞으로 전자 기계를 활용하여 정보제공 방법을 확대해 나가야 할 것이다.

Rayman, Bryson, 그리고 Bowlsley(1978) 등에 의하면 지난 15년 동안에 10종 정도의 컴퓨터 진로지도 시스템이 개발되었다고 하고 이들은 다음과 같은 3단계에 걸쳐서 발달해 왔다고 한다. 즉, 정보의 저장과 재생을 하는 제 1단계, 온라인을 이용한 정보 저장과 재생을 하는 제 2단계, 그리고 끝으로 상호작용하는 제 3단계로 설명하고 있는데, 오늘날 사용되는 대부분의 프로그램은 상호작용 시스템(interactive system)이라고 할 수 있다. 대표적인 컴퓨터 시스템으로는 System of Interactive Guidance and Information(SIGI), Career Information System(CIS), Guidance Information System(GIS), Experimental Education and Career Exploration System(ECES), Compu-terized Vocational Information System(CVIS) 등이 있다(이재창, 1988).

3) 개인 · 사회적 정보제공

인간은 사회적 동물이기 때문에 이 세상을 외롭게 혼자서 살아갈 수 없다.

그리고 사회생활을 영위해 나가는 동안에 부딪히는 적응문제는 이루 헤아릴 수 없을 정도로 많다. 바로 적응에 관한 문제로서 대인관계를 원만히 이루어 나가도록 정보를 제공하여 원만한 행동과 문제해결에 도움을 주는 활동이 필요하다.

인간관계에 필요한 기초 상식, 정신위생, 적응기제(adjustment mechanism) 또는 적응심리, 자기와 환경과의 관계, 객관적 자아를 이해하도록 일상생활에서 필요한 지식을 제공해 줌으로써 원만한 적응이 잘 이루어지게 될 것이다. 개인 · 사회적 정보를 지도하는 방법에는 다음과 같은 것이 있다.

① 신체 발달에 관한 정보
② 기본적 욕구 및 행동에 관한 정보
③ 개인 정서에 관한 정보
④ 인성 및 정신위생에 관한 정보
⑤ 사회관계에 관한 정보
⑥ 남녀의 역할 및 성에 관한 정보

이 밖에도 교과활동의 부진으로 인한 성적 불량에서 오는 고민, 성취동기 유발에 관한 정보, 가정생활의 원만한 인간관계, 불굴의 정신 노력, 자기 암시의 미래학, 심령 개발, 처세술, 교훈 등도 아울러 지도의 대상으로 넣고 제공해야 할 것이다(김충기, 1996).

개인 · 사회적 정보를 제공하는 활동도 교육이나 직업정보를 제공하는 활동과 방법에 있어서는 별 차이가 없다. 다만 내용에 있어서 약간의 차이가 있을 뿐이다. 개인 · 사회적 정보도 홈룸활동, 정규교과 또는 특별단원으로, 클럽활동 등과 같은 집단활동으로 제공할 수 있다. 특히 Ivy와 Alschuler(1973) 등이 주장하는 '심리교육(psychological education)'은 학급 담임과 상담자가 협력해서 정규 수업활동을 통하여 학생들로 하여금 자아의 발견과 타인의 이해를 통한 원만한 대인관계를 형성하는 방법을, 체험을 통해서 학습할 수 있는 방법들이다. 이와 유사한 많은 심성 계발 프로그램 등도 효과적이라고 할 수 있다(이재창, 1988).

학생들에게 정보를 효율적으로 제공하기 위하여 직업지도소나 진로 자료실 등을 학교나 교육구별로 설치하는 방안이 미국에서는 많이 활용되고 있다. 또한 이런 곳에서 진로문제에 관련된 워크숍을 실시하여 학생들에게 진로의식을 발전시키고 진로에 관한 태도와 가치를 건전하게 형성하도록 돕기도 한다.

컴퓨터의 보급으로 인하여 정보 자료의 제공이나 생애 상담에서 컴퓨터를 활용하는 방안도 널리 강구되고 있다. 하나의 예를 들면, 교육 및 생애탐색체제(Education and Career Exploration System : ECES)는 세 가지 단계로 활용될 수 있도록 마련된 컴퓨터 정보활동 프로그램이다.

① 학생들이 관심을 가지고 탐구하는 직업정보들로 이루어져 있다.

② 학생들의 직업적 목적과 관련있는 교육 프로그램 등에 관련된 교육정보를 다루고 있다.

③ 학생들이 고등학교를 졸업한 뒤에 주어지는 교육과 직업의 기회나 자기 자신에 관한 정보 등을 주로 다룬다.

상담자는 학생들이 이 세 단계 중 어떤 한 단계에서 시작할 수 있도록 도움을 준다. 그러면 학생은 컴퓨터 터미널에 앉아서 질문을 타이핑하고 그에 대한 대답을 컴퓨터 스크린이나 터미널에 연결된 영사 프로젝터를 통해서 반응을 읽을 수 있게 된다. 이 경우 학생이 컴퓨터로 하는 활동의 논리와 진행과정을 점검하고 전체적 해석을 할 수 있는 리포트를 컴퓨터가 작성해 준다.

이 밖에도 시뮬레이션(simulation)이나 게임(game)의 기법을 적용하여 선택과 결정의 능력을 향상시키는 방법들이 쓰이고 있다. 이러한 것들은 정보활동이 앞으로 실제 여러 기술과 기법을 다양하게 활용할 수 있는 가능성을 열어 놓은 것이라고 하겠다(박성수, 1991).

제 5 장

상 담 활 동

1. 상담의 정의
2. 생활지도 · 상담 · 심리치료의 차이
3. 상담의 목표
4. 상담의 기본원리
5. 상담의 필수조건
6. 내담자에 대한 평가
7. 상담면접의 진행과정
8. 상담면접의 기본방법
9. 상담자의 역할과 자질
10. 집단상담

지금까지는 생활지도에서 필요로 하는 기본적인 특성에 대한 파악으로 학생을 이해하기 위한 방법과 필요로 하는 정보제공은 어떻게 하는가 등을 살펴보았다. 이제 이러한 활동을 보다 적극적이고 촉진적으로 어떻게 접근할 것인가에 대한 탐색이 요구된다. 그리고 학생들은 그들의 적응과정에서 행동의 변화와 더불어 내적 태도의 변화를 가져오는 과정이 있다. 이때 학습자는 자신의 감정, 사고, 행동 등을 제대로 잘 이해하여 적응을 잘 할 수도 있지만 자신이 스스로 해결하지 못할 때는 상담을 통해서 도움을 제공하는 것이 필요하다.

생활지도의 핵심활동은 상담활동이라고 할 수 있는데, 이는 인간관계를 통해서 이루어지는 하나의 삶의 적응 과정이라고 한다. 따라서 본 장에서는 상담에 대한 개념, 상담의 유형, 상담의 진행과정에서 다루어져야 할 내용들에 대해서 좀더 자세하게 살펴보고자 한다.

1. 상담의 정의

상담을 한 마디로 정의하는 것은 결코 쉽지 않은 일이다. 왜냐하면 상담은 인간을 대상으로 하는 것이며, 다루어지는 내용도 각 사람에 따라서 천차만별이고 그들의 경험도 또한 다양하다. 그래서 상담이라는 것이 보편적인 특징에 따라서 다루어진다기 보다는 각 개인의 독특한 특성과 특징을 고려하고 개인이 가진 자원을 토대로 구성되어지는 일련의 과정 속에서 일어나는 매우 독특하고 창조적인 작업으로 이루어진다. 그렇기 때문에 상담은 매우 자연스럽게 인간적인 만남을 가꾸어가는 과정에서 개인의 문제해결이나 성장과 개발을 위한 일련의 작업으로서 전문성의 정도에 따라서 도움을 줄 수 있는 여부도 달라진다. 즉 상담은 한 마디로 변화라고 할 수 있다. 변화의 과정 속에 한 개인의 적응양식의 새로운 태도를 정립하여 전인적인 성장을 가져오는 것이다.

일반적으로 상담이란 도움을 줄 사람과 도움을 필요로 하는 사람 간에 서로 대화를 통해 문제를 해결한다는 의미로 널리 사용하고 있다. 상담이란 말은 원래 라틴어의 counsurere에서 유래한 것으로 고려한다(consider), 반성한다(reflect), 숙고하다(deliberate), 조언한다(counsel), 상담한다(consult) 등의 뜻을 지니고 있다. 이러한 여러 가지 의미는 영어에 counsel이란 형태로 바뀌어 쓰여 왔으나 그 뜻은 법률, 경제, 종교 등의 영역에 있어서 변호사, 고문, 조언자란 뜻으로 사용되었다. 현재와 같은 뜻으로 counseling이 해석된 것은 Williamson E. G.,의 How to Counsel Students (1939)에서 비롯되었다.

상담의 의미에 관해서 몇몇 학자들의 정의를 살펴보기로 한다. Williamson (1950)에 의하면 상담이란 일시적으로 각 개인의 적응을 도울 뿐만 아니라 장래 적응을 준비하도록 돕는 것이며, Erickson(1958)에 따르면 문제를 가진 개인과 문제를 해결하도록 도울 수 있는 사람과의 1 : 1의 관계라고 정의한다. Rogers (1952)는 상담은 개인이 행동과 태도를 변화하는데 도움이 될 목적을 가진 개인과의 일련의 직접적인 접촉이라고 하였다.

정원식과 박성수(1978)는 상담이란 도움을 필요로 하는 사람과 도움을 줄 수 있는 사람 사이의 개별적인 관계를 통해서 새로운 학습이 이루어지는 과정이라고 정의하였고, 이장호(1986)도 상담이란 도움을 필요로 하는 사람이 전문적 훈련을 받은 사람과의 대인관계에서 생활과제의 해결과 사고, 행동 및 감정측면의 인간적 성장을 위해 노력하는 학습과정이라면서 이 학습과정을 강조하고 있다.

이상의 여러 학자들의 상담에 관한 정의를 정리해 보면 적응상의 문제에 직면하여 조력을 필요로 하는 개인과 심리학적 훈련이나 지식과 풍부한 경험으로 타인을 조력할 수 있는 자질을 가진 전문가와 면 대 면(face-to-face)의 관계에서 대화를 통해서 행해지는 적절한 원조의 과정이다.

2. 생활지도 · 상담 · 심리치료의 차이

상담과 유사하게 사용하는 개념으로 생활지도(guidance)와 심리치료(psycho-therapy)가 있다. 많은 전문가들은 이 문제에 관한 그들의 견해를 말하고는 있지만 이것들 사이에 큰 차이를 두지 않으려고 하는 것이 일반적인 경향이라고 보여진다. 생활지도, 상담 및 심리치료의 차이를 분명하게 구분하기 어려운 것은 사실이겠지만, 이들 사이에서 제각기 특징이 조금씩은 다를 수 있기 때문에 그 차이를 다음과 같이 제시하였다.

생활지도는 교육의 목적을 달성하기 위한 방법 중의 하나로서 학생이 저마다 독특하게 지니고 있는 발달 가능성을 발견하여 이를 최대한으로 개발할 수 있도록 도와 주고, 사회적으로는 현명한 선택과 적응, 가치판단과 자기지도를 할 수 있도록 돕는 활동이라고 볼 수 있다.

이처럼 생활지도는 문제를 해결하여 적응과 선택을 함에 있어서 교육적이고, 직업적인 계획에 대하여 돕는 과정으로 상담보다는 비교적 포괄적이며 단순한 문제를 다루는 활동으로 볼 수 있고, 상담은 이 생활지도 영역 중에 대화를 통해 보다 치료적인 의미를 지니고 있는 것으로 구별할 수 있겠다.

생활지도는 단순한 정보와 기술적 정보를 필요로 하는 문제를 다루는 경향이고, 상담은 기술적 정보를 필요로 하는 문제와 태도상의 문제, 심리적 갈등의 문제를 다루며, 심리치료는 심리적 갈등의 문제와 정신질환의 문제를 다룬다. 따라서 생활지도는 학교 장면에서 절대적으로 필요하고 포괄적인 교육지도의 한 부분으로서, 담당자는 학교에서의 일반교사, 상담교사(교도교사), 교감 및 교장 등 전체 교직원이 동원되어 지도할 수 있는 영역이며 분야라고 할 수 있다.

생활지도		상 담	심리치료	
1. 단순한 정보를 필요로 하는 문제	2. 기술적 정보를 필요로 하는 문제	3. 태도상의 문 제	4. 심리적 갈등의 문 제	5. 정신질환의 문 제

한편 정원식과 박성수(1982)에 의하면 상담과 심리치료와의 차이점은 다음과 같이 구별된다.

① 내담자 또는 학생의 문제의 정도에 따라서 구별하려는 관점이다.

단순한 정보를 제공하는 것에서 만족스러운 해결을 얻을 수 있는 문제에 가까울 때는 상담, 그리고 정신질환의 문제 쪽으로 기울어질 때는 심리치료라고 보는 견해이다. 그러나 상담활동에서는 정상의 문제를 다루는 편이고, 심리치료에서는 비정상의 문제를 다루는 것으로 실제로는 명확하게 구분하기 어렵다. 왜냐하면 정상적인 문제도 이상 심리적인 경향이 어느 정도 개입되어 있고, 비정상적인 문제도 정상적인 심리상태가 있기 때문에 내담자 또는 학생의 문제를 정상과 비정상의 기준으로 나누어 생각하는 것은 무리가 있다.

② 다루어지는 문제나 내용에 따라서 다르다고 보는 관점이다.

상담이란 내담자가 직면하는 현실적인 문제나 내담자가 의식하고 있는 문제를 주로 다루는데 반해 심리치료는 성격적인 문제나 무의식의 문제를 다룬다. 또한 상담은 교육, 직업, 결혼 등의 선택과 결정의 문제를 다루는데 반해 심리치료는 지속적이고 반복적인 정서적 갈등을 다룬다.

③ 상담과 심리치료는 목표가 다르다고 보는 관점이다.

상담은 성장과 발달을 촉진하며 예방에, 심리치료는 장애를 제거하거나 완화시키는 것으로 치료와 교정에 역점을 둔다.

④ 상담과 심리치료를 적용하는 기법이나 방법의 차이로 구별하려는 경향이 있다.

상담은 무의식의 세계를 표현하지 않고 은폐하는 방법을 사용하고 심리치료는 무의식의 세계를 파고들어 심리적 갈등을 해결하는 비은폐적 방법을 사용한다. 또한 상담은 생각과 의견을 주로 다루는 인지적인 방법을 적용하는데 반해 심리치료는 증오, 애정, 충동 등과 같은 감정이나 본능을 주로 다루는 정서적인 방법에 의존한다.

⑤ 실시되어지는 장소에 따라서 다르다고 보는 관점이다.

상담은 학교, 기업, 상담소 같은 곳에서 상담자가 수행하며 심리치료는 의학이나 임상심리 분야에서 훈련받은 심리 치료자가 병원에서 수행하고 있다.

위에서 살펴본 상담과 심리치료는 명확히 구별하기보다는 같이 중첩하여 사용하는 것이 좋을 것 같다. 상담과 심리치료 모두 내담자의 문제를 해결하고 나아가 개인의 성장과 발전을 촉진한다. 그러나 내담자를 다루는 모형을 교육적 모형과 의학적 모형으로 구별한다면 교육상황에서 이루어지는 상담은 의학적 모형에 근거하는 것보다 교육적 모형에 근거하는 것이 바람직하다고 하겠다.

3. 상담의 목표

상담의 궁극적인 목표는 내담자의 성장과 발달을 촉진하는 과정으로 볼 수 있다. 이것을 보다 구체적인 목표로 다섯 가지를 제시하였다.

1) 행동변화의 촉진

상담의 목표는 내담자를 보다 생산적이고 만족한 삶을 영위할 수 있는 행동의 변화를 가져오는데 있다고 제시한다. 그리고 변화가 필요한 행동이 어떠한 것인가를 구체적으로 표현할 수도 있다. 한편 Rogers는 상담의 결과로 위협을 덜 느끼고 불안을 덜 느끼며 이상적인 자아와 지각된 자아 사이에 조화를 이루는 것이라고 하였다.

2) 적극적인 정신건강의 증진

상담은 정신질환의 원인이 되는 여러 가지 병리적인 요소를 제거하거나 정상적인 방향으로 치료해 줌으로써 적극적인 정신건강을 유지하는데 초점을 둔다. 정신적으로 건강한 사람은 책임감이 있고 독립적이며, 인격적으로 성숙하다. 그러므로 상담에서는 정신질환의 원인이 되는 여러 가지 병리적인 요소를 제거하거나 수정해야 할 필요를 강조하는 경향이 있다. 모든 사람이 성격적으로 좀더 현실적이고 합리적이고 생산적이 되도록 하는 것이 결국 정신건강을 증진하는 것이라고 할 수 있다.

3) 문제의 해결

상담의 목표는 내담자가 가져오는 문제가 무엇이건 이를 해결하는 것에 있다고 본다. 상담자를 찾아오는 내담자는 무엇보다도 자신의 문제를 해결함에 있어서 상담자가 자기에게 무엇인가 도움을 줄 수 있다고 믿기 때문에 상담자와 마주 앉아서 자신의 문제를 이야기한다. 즉, 상담이란 내담자의 문제해결을 목표로 해야 된다는 것이다. 문제해결을 자아의 실현과 동일시하는 것도 가능하며 자아실현은 궁극적으로 개인의 행복을 가져와 참된 삶을 추구할 수 있으므로 상담은 무엇이든 학생들이 당면한 문제를 체계적이고 과학적인 방법을 통해서 해결해 나가는데 초점을 둔다. 문제해결을 상담의 목표로 하는 경우 가족 또는 가정문제, 학교문제, 교우관계문제, 경제적인 문제, 행동이나 습관의 문제, 심리적인 문제 등으로 구분하여 생각할 수도 있다. 문제해결을 상담의 목표로 규정할 경우, 상담은 학생이 지니고 있는 문제를 우선 해결하는 것에 중점을 두어야 한다.

4) 내담자의 잠재력 촉진과 개인의 효율성 증진

상담이 내담자의 능력과 흥미를 이용하여 극대화할 수 있는 방법을 터득할 수 있는 기회를 제공함으로써 내담자의 성장과 발달을 증진한다는 것이다. 이와 같은 목표는 개인의 효율성을 증진하는 것 중의 하나로 간주할 수 있다. 이에 대해서 Blocher는 상담의 목표를 첫째는 내담자 자신과 환경에 제공된 범위 내에서 개인의 가능한 자유를 극대화시키는 것이며, 둘째는 내담자가 환경을 극복함으로써 개인의 효율성을 확대하는데 있다고 제시하였다.

효율적인 인간은 경제적, 심리적, 신체적 모형을 구성하고 이를 위해 시간과 정력을 투자하기 위해 자신을 헌신할 수 있으며, 문제를 인지하고 해결할 수 있고, 좌절, 적개심 그리고 애매성에 대해 적합한 반응을 할 수 있다고 한다. 이러한 견해는 결국 생산적 사고를 증진하고 적응적인 인간관계를 형성하고 다양한 문제 상황을 효과적으로 대처하는 능력을 기르는데 있다.

5) 의사결정의 증진

상담의 목표란 내담자 자신의 신중한 의사결정을 하도록 돕는데 있다고 본다. 상담자는 스스로 어떠한 결정을 내리지 않으며 결정은 어디까지나 내담자 자신이 해야 한다는 점을 밝혀 둔다. 또한 의사결정이 이루어질 때 왜 그러한 결정을 하는 것이며, 그러한 결정을 어떻게 수행할 수 있는지에 관해서도 내담자 스스로가 명백하게 알고 있어야 한다. 내담자는 상황에 관련된 가치의 범주를 탐색하고 이와 같은 가치들을 의사결정 과정에 충분히 의식하도록 해야 한다.

또한 상담에서는 개인이 선택하고 결정하기 위해 필요한 정보를 제공하고 의사결정에 개입하는 정서적인 문제나 심리적인 특성을 확보하고 분석하며 장애가 되는 측면을 극복하도록 한다. 이러한 관점에서 상담은 의사결정이 효율적이고 합리적으로 이루어질 수 있도록 원조하는 것을 목표로 하는 것이다.

Reaver와 Reaver는 상담의 주요한 목표를 개인이 자기 선택을 위해 평가하고 실행하고 수용하며 받아들일 수 있도록 자극하는 행위라고 언급하고 있다. 결과적으로 상담은 전반적인 의사결정 과정을 배우도록 도와 주는 과정으로 잠정적으로는 자신의 의사결정을 돕는데 있다. 이와 같은 방법을 통해서 내담자는 독립할 수 있고 상담자에 대한 계속적인 의존을 피할 수 있게 된다.

4. 상담의 기본원리

상담은 개인이 가진 문제를 해결하고 적응활동을 증진시킴으로써 건전한 자아형성을 통한 성장을 돕는 것이다. 전문적 소양을 가진 상담자가 상담을 전개할 때 반드시 일정한 기본적인 원리에 바탕을 두고 실시하는 것이 좋다. 그러기 위해서는 인간의 기본적 욕구를 정확히 이해하고 있어야 한다. 또한 상담자로서 지녀야 할 기본적인 태도와 기술을 지니고 상담에 응해야 한다. 여기서는 김흥규(1984)가 제시한 Biestek 이론을 요약 및 정리해 보고자 한다.

1) 개별화의 원리

개별화는 내담자의 독특한 성질을 알고 이해하는 일이며, 적응을 잘 할 수 있도록 각 개인을 원조함에 있어서 상이한 원리나 방법을 활용하는 것이다. 즉 개별화란 인간을 개별적 차이를 지닌 특정한 인간으로서 취급해야 한다는 것이므로 소위 내담자의 권리와 욕구로서의 개별화라고 표현함으로 더 실감나게 된다.

2) 의도적 감정표현의 원리

내담자가 그의 감정 특히 부정적 감정을 자유롭게 표현할 수 있어야 한다.

이처럼 자신이 의도한 생각이나 감정을 표현할 수 있도록 보장받아야 하며, 또한 온화한 분위기를 조성해 주어야 한다.

3) 통제된 정서관여의 원리

상담은 주로 정서적인 면에 관련되어 있으므로 상담자는 내담자에게 그 감정을 말로 표현하도록 권고하여야 한다. 내담자의 감정에 대해 상담자는 민감해야 하고 감정의 의미를 이해해야 한다. 그런데 정서는 통제되어 있는 것이므로 개별적인 상담의 목적과 내담자의 욕구변화에 따라 또는 상담자의 전진적, 진단적인 사고에 따라 그 방향이 결정된다. 즉 상담자는 내담자의 정서변화에 민감하게 반응하고 이해해야 하며, 적절한 대응책을 마련할 태세를 갖추고 적극적인 관여가 필요하다.

4) 수용의 원리

내담자의 장 · 단점, 바람직한 성격과 그렇지 못한 성격, 긍정적인 감정과 부정적인 감정, 건설적 · 파괴적 태도나 행동 등을 있는 그대로 이해하고 그의 존엄성과 인격의 가치에 대한 관념을 유지해 나가는 행동상의 원칙을 말한다. 따라서 수용의 대상은 선한 것이나 옳은 것, 좋은 것만이 아니고 진정한 것, 있는 그대로의 것, 일관성 있는 것으로 현실 그 자체이어야 한다. 상담자가 권위적이거나 강압적인 자세로 하면 상담관계는 깨어지기 때문에 내담자 중심으로 욕구나 원리를 존중하며 감정이나 태도를 이해할 수 있어야 한다.

5) 비심판적 태도의 원리

내담자의 잘못이나 문제에 대해 결과를 나무라거나 책임을 추궁하거나 잘못을 질책해서는 안 된다. 그들은 죄책감, 열등감, 불만감, 고독감 등을 가지고 있기 때문에 타인의 비판에 예민하고 그들 자신을 방어하여 안전을 추구하려고 하는 것은 당연한 일이다. 따라서 상담자는 내담자를 객관적으로 그의 행동, 태도, 가치관 등을 평가하여야 하며, 어떠한 문제에 대해서 '나쁘다', '책임져야 한다'는 등의 과격한 표현을 해서는 안 될 것이다. 그러므로 비심판적 태도, 즉 상담자가 선입관을 배제하고, 내담자의 보조에 따르며, 하나의 전인적인 인간으로 경험하는 것을 필요로 한다.

6) 자기결정의 원리

내담자 스스로 자기가 나아갈 방향을 결정하고 선택하려는 결정을 존중하며 그 같은 욕구를 결정할 수 있는 잠재적 힘을 자극하여 활동하게 할 수 있도록 지도해야 한다. 이를 위해서 상담자는 내담자의 자기수용, 잠재능력 개발을 도와 자기결정에 따라 행동할 수 있도록 돕는다.

7) 비밀보장의 원리

비밀보장은 상담자에 있어서 직업적, 윤리적인 의무라고 할 수 있으며, 내담자의 명예가 훼손되거나 누를 끼치는 일을 이야기해서는 상담자로서의 자질에 의심의 여지가 있을 만큼 중요한 점이다. 따라서 어떠한 경우라도 내담자의 개인적 권리는 존중되어야 하고 지켜져야 하므로 상담자는 비밀을 꼭 보장해 주어야 한다.

5. 상담의 필수조건

상담활동은 1대1의 만남에서 이루어지는 것으로 만남의 기본적인 조건은 지식이나 기술의 문제라고 하기보다는 인간관계를 형성하는 태도라고 학자들은 주장하고 있다. 인지적인 영역을 강조한 Ellis는 상담자와 내담자 사이에 성공적인 관계를 유지하기 위해서는 충분한 수용 및 관용이 필요하다고 하며, Rogers는 무조건적 긍정적 존중, 공감적 이해, 일치성 등이 상담관계에서 없어서는 안된다고 한다. Tyler는 상담자가 자신의 말이나 몸짓, 표정 및 동작 등으로 수용, 공감적 이해, 진솔성 등으로 내담자에게 전달되지 않으면 도움을 주기가 어렵다고 하였다. 대부분의 상담자들이 상담을 성공시키는데 다음과 같은 사항을 중요하게 고려해야 할 것이다(Brems, 2001).

1) 수 용

수용이란 상담자가 편견이나 판단 없이 내담자의 견해, 태도, 존재 가치를 인정하고 하나의 존귀한 인간으로서 내담자를 받아주고 인정하는 것을 말한다. 수용은 인간의 가치와 존엄에 대한 인식에서 출발된다. 내담자를 수용한다는 것은 첫째, 존재 그 자체를 수용하고 둘째, 인간의 제 특성을 수용하며 셋째, 인간의 구체적인 행동을 수용하는 것이다. 모든 인간의 경험은 인지, 정의, 행동 등의 복잡한 유형이 뒤얽혀져 있다는 사실을 도덕적 평가와 사회적 판단 없이 받아들여야 된다는 것이다(정원식 · 박성수, 1982).

상담자의 수용적 태도는 상담의 성패를 가늠하는 중요한 관건이 된다. 상담의 전 과정을 통해서 편파적인 감정이나 태도 없이 일관된 자세를 가져야 내담자는 확신을 가지고 상담에 응할 자세를 갖게 되는 것이다.

2) 공감적 이해

공감적 이해를 감정이입적 이해 또는 내적 준거체제의 이해라고도 한다. 공감적 이해는 인간이 심리적인 세계에서 주관적으로 움직이는 내면세계를 이해하는 것과 관련되는 것이다. 개인의 인지, 정의, 행동의 과정이나 특징 그리고

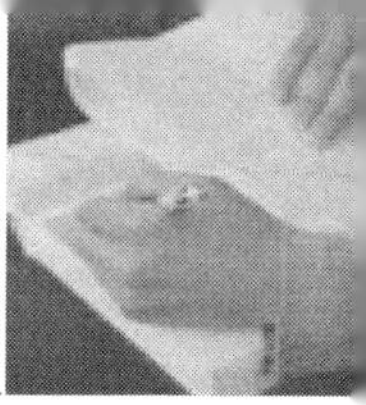

그 개인이 관계하고 있는 물리적, 사회적, 과업적 환경의 과정과 특징을 개념화하고 내면화하는 것을 가리켜 공감적 이해라고 할 수 있다. 그러므로 상담자는 그 언어적 표현의 이면에 있는 왜곡되고 음폐된 의미를 이해하여야 한다. 내담자를 이해하기 위해서 상담자는 내담자의 입장에 서서 내담자가 뜻하는 감정을 느끼고 사고하고 행동을 상상적으로라도 해보는 인지적 측면과 감정의 영역을 강조하는 것으로 내담자가 경험하는 것을 충분히 이해할 수 있어야 한다. 이러한 것을 공감적 이해라고 한다.

상담자는 내담자의 입장이 되어 그의 의사결정에 관한 문제, 불안, 좌절, 환경적 압력 등을 이해해야 한다. 동시에 상담자 자신은 내담자가 아니고 그러한 압력이나 문제가 내담자의 것임을 명심해야 한다. 공감하는 상담자는 내담자가 표현한 말뿐 아니라 그 밑에 깔려 있는 중요한 감정, 태도, 신념 및 가치기준을 포착하여야 하며, 또한 이러한 것들에 관해서 내담자와의 의사소통이 잘되도록 노력해야 한다.

공감적 이해는 지금 여기에서 나타나는 내담자의 감정과 경험을 상담자가 민감하고 정확하게 이해하는 것을 뜻한다. 즉 내담자의 현재의 내면적 감정을 마치 상담자 자신의 감정인 것처럼 느끼는 것이다. 공감적 이해는 내담자가 자신에 대한 진정한 경험과 접촉을 확대시켜 나가도록 하는데 도움이 된다.

상담자의 진정한 의미에서의 공감적 이해를 한 마디로 정리하면, 내담자의 주관적 감정 세계를 경험하되 자신의 사사로운 의견이나 감정을 덧붙이지 않고, 내담자의 감정에 동참하되 거기에 함몰되지 않는 것을 의미한다. 더해서 내담자가 자신의 경험에 대한 접촉과 이해를 넓혀감으로써 진정한 자기를 있는 그대로 발견할 수 있도록 성장지향적인 방향성을 유지해야 한다. 이러한 경험을 통해서 내담자는 자유로운 자기 탐색과 이해, 자기수용과 성장의 길로 나갈 수 있다.

3) 진솔성

진솔성은 일치성(congruence) 또는 성실성(genuineness)이라고도 하는데, 상담자가 말하고 행동하는 것이 그의 내면세계의 실제와 일치하는 것을 가리킨다. 다시 말하면 진솔성이란 상담자가 내담자를 심리적으로 조력하는 과정에서 정직하고 성실한 태도를 지니는 것이라고 한다. 상담관계에서 진지하고 자발적인 언어 표현이 이루어질 때 의도적이고 꾸며서 하는 역할놀이의 함정에서 벗어날 수 있게 된다는 것이다.

일치란 경험과 인식을 정확하게 합치시키는 것이다. 넓은 의미에서 일치는 경험, 인식, 의사소통이 모두 합치되는 것을 말한다. 이러한 일치 정도가 증가되면 그만큼 상호 의사소통이 증가될 것이며, 서로 상대방의 표현을 더 정확히 이해하고 두 사람 모두의 심리적 적응과 기능이 향상될 것이며, 그 관계는 서로 만족하게 될 것이다.

진솔성이란 상담자가 내담자를 대함에 있어서 가식이나 왜곡, 겉치레가 없는 것, 즉 진실하고 솔직함을 말한다. 상담자의 진솔함에서는 내담자를 대함에 있어서 상담자에게 무엇이 경험되는가와 내담자에게 무엇을 표현하는가이다. 즉 진솔성이란 자기와 경험간의 불일치를 줄여나가는데 밑거름이 된다는 점에서는 매우 중요하다. 따라서 상담자의 진솔성은 내담자 자신의 경험에의 개방과 접촉을 촉진하는 것으로 작용한다는 것이다. 결국 상담자의 진솔성은 어느 정도 상담자의 인격적 성숙을 전제로 하며, 상담자 자신이 왜곡되고 비뚤어진 미성숙 상태로부터 자유로워지게 되면, 내담자에 대해 무엇이 느껴지건 그리고 무엇을 표현하건 그것은 모두 내담자의 진실한 경험에의 접촉을 촉진할 수 있게 된다.

4) 신 뢰

상담과정이 원활하게 진행되려면, 무엇보다도 내담자가 상담자의 모든 면을 믿고 의지해야 하는데 이것이 바로 신뢰인 것이다. 내담자가 상담자를 불신하면 내담자는 자신의 감정, 사고, 문제와 갈등, 의견교환이 솔직하게 전달될 수 없으므로 효과적인 상담을 기대할 수 없다. 따라서 상담자는 솔직하고 믿음직한 감정과 태도를 보이고 인내와 협동으로 명랑하고 온순한 태도와 감정을 솔직히

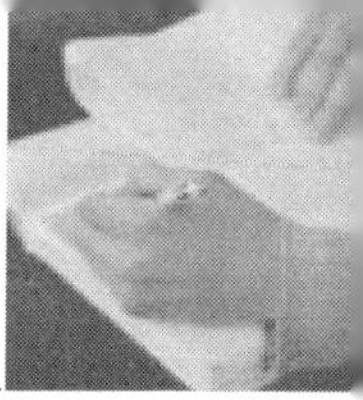

털어놓고 개방적이어야 내담자도 신뢰하여 자신을 개방하고 적극적인 상담이 가능해진다.

5) 긍정적 존중

상담자가 진정으로 내담자를 돌보려면, 무조건적으로 긍정적 지각을 유지해야 한다. 그러기 위해서 상담자는 내담자를 판단하거나 내담자의 행동, 태도에 대해서 찬성 혹은 반대하지 말아야 하며 따뜻한 수용을 해 주어야 한다. 상담자는 내담자의 자기이해와 긍정적 변화를 위해 내담자가 지니고 있는 자원을 전적으로 믿어야 한다. 상담자가 내담자를 진지하게 신뢰하면 할수록 내담자는 더 자유스럽게 자기탐색을 할 수 있다. 그러한 관계를 통해서 내담자는 그의 자아개념이 일치하지 않는 내적 경험과 그가 강하게 방어해 왔던 부분이 그의 의식과 행동으로 점차 받아들여 질 수 있다. 내담자가 이전에는 허용할 수 없는 느낌을 말로 표현할 때 그는 변화하는 새로운 자아의 긍정적 수용을 받게 된다.

6. 내담자에 대한 평가

상담의 효율적인 기대를 고려하기 위해서는 내담자의 문제를 관찰하고 평가할 뿐만 아니라 내담자의 심리적 특성의 기본적인 측면을 평가하고 상담의 향후 방향을 설정하는 것이 요구되어진다. 내담자에 대한 평가를 위해서 요구되어지는 상담자의 임무는 내담자가 처음 상담자에게 가져온 문제의 해결방법을 함께 찾아가는 것인데, 무엇보다도 상담자는 내담자가 자신의 문제를 어떤 식으로 이해하고 있는지를 평가해야 함을 의미한다. 그리고 지속적인 만남을 통해서 상담자는 내담자가 자신의 문제를 이해하는 방식과 진전과정을 모니터해야 한다.

내담자에 대한 심도있는 평가를 위해서는 다음과 같은 구체적인 내용이 파악되어야 한다(Heaton, 1998; 김창대 역, 2006).

1) 호소문제의 파악

상담자는 내담자를 만나서 대화를 시작하면서 주의해서 경청해야 한다. 왜냐하면 내담자는 상담에 와서 호소문제를 이야기하게 되는데 그때 상담자는 내담자의 이야기를 경청하면서 지금 상담받기로 결정했는지를 이해해야 하며, 또한 내담자의 정신적, 정서적 에너지를 지배하는 것이 무엇인가에 대한 파악이 상담자의 할 일이다.

이는 보통 내담자의 마음에서 무엇이 가장 중요한가, 무엇이 마음을 차지하고 있는가, 그의 주관심은 무엇인가, 무엇이 그의 감정을 자극하는가를 찾아내는 것을 의미한다. 이것을 알아내기 위한 가장 좋은 방법은 내담자에게 왜 상담받기로 결정했는지를 말하게 하는 것이다. 상담자는 적절한 질문으로 내담자에게 자신이 하는 이야기의 초점을 맞추도록 도와줄 수 있다.

왜 지금 상담받기를 결정했는지를 듣는 질문은 상담자가 내담자를 평가하기 위한 가장 핵심적인 질문이며, 내담자의 동기와 핵심 주제에 대한 정보를 제공받을 수 있다. 그리고 현재 내담자가 어떤 종류의 증상을 경험하는지 알아야 하고, 그러한 증상이 내담자의 일상적인 기능에 어떤 영향을 미치는가에 대해 명확히 이해해야 한다. 상담자는 내담자의 문제가 어떻게 작용하는지 알아야 하며, 상담자는 누가, 무엇을, 어디서, 언제, 어떻게 등에 초점을 맞추어 명료한 질문을 던져야 한다. 나아가서 그 문제가 내담자를 괴롭히지 않을 때는 무슨일이 있는가를 이해하고 있어야 한다.

상담자는 내담자가 왜 상담받으려고 하는지를 결정했는지, 현재 증상이 무엇인지, 이 증상이 어떻게 문제를 야기하는지를 이해했다면, 이제 내담자가 무엇에 대해 작업하도록 동기화시킬지에 대해 이해해야 한다.

상담자가 수행해야 할 평가 중 가장 도움이 되는 것 중 하나는 변화에 대한 내담자의 준비도를 파악하는 것이다. 변화를 위해서 내담자는 어디에 서 있는지를 미리 평가하는 것은 중요한 일이며, 이에 대한 파악으로 상담자는 적절한 전략을 세울 수 있다.

효율적인 도움을 제공하기 위해서 상담자는 내담자가 변화를 시도할 때 보이는 동요와 혼란을 함께 견디고 머물 준비가 되어 있어야 하며, 내담자가 실제로 준비되기 전에 행동계획부터 착수하는 범하기 쉬운 실수를 하지 않도록 조심해야 한다. 내담자가 준비되었을 때 행동전략을 계획하고 실행할 수 있다.

그리고 내담자가 진정으로 염려하는 핵심문제를 평가하는 능력은 질높은 상담을 제공하는데 중요한 부분이며, 이는 특히 초기회기에 매우 중요하다. 하지만 회기가 지나면서 상담자는 내담자가 진정으로 염려하는 핵심문제의 변화에 대해 유의해야 하며, 이러한 일반적인 기능수준을 평가하기 위해서 상담자는 내담자의 정신상태를 평가한다.

2) 정신적 상태 평가

상담자는 내담자의 기능과 능력이 상담자에게서 도움을 받을 수 있는지에 대한 총괄적인 평가의 한 부분으로서 내담자의 정신적 상태를 평가한다. 이러한 평가는 즉각적인 조치가 필요한지, 다른 기관에 의뢰가 필요한지, 좀더 면밀한 전문가의 평가가 필요한지 등을 알려주는 요인 등에 초점을 맞추도록 되어 있다.

상담자는 내담자의 외모, 태도, 운동기능 및 활동수준, 의식기능의 수준, 정서상태, 기분, 언어, 사고과정, 사고내용, 자기인식, 감각기관, 기억력, 인지적 기능, 판단능력, 통찰기능, 약물사용, 자기나 타인을 해칠 수 있는 위험 등을 면밀하게 관찰함으로써 정신적 상태를 평가한다. 상담자는 이 변인 모두에 대해 항상 평가하는 것이 아니라 내담자의 문제와 상담 장면에 맞는 특성들을 평가하는 것이다.

3) 전체적인 모습

눈에 띄는 외양으로 단정하지 않거나 기괴하거나 부적절하게 차려 입은 경우를 유념해야 하고, 내담자가 비협조적인 태도로 상담에 임할 때 주목해야 한다. 그리고 내담자의 운동기능 및 활동수준을 통해서 내담자의 정신적 상태를 보여주는 중요한 부분으로 기억해야 한다. 또한 내담자의 의식이 깨어있지 않다면 상담은 이루어지기 어려운데, 내담자의 호흡, 눈맞춤, 정서에 대한 반응성, 언어화하는 능력 등을 관찰하므로써 내담자가 상담할 수 있을 정도로 의식이 충분히 깨어있는지를 알아낼 수 있다.

4) 현 상황에 대한 자각

현 상황에 대한 자각이란 주변 환경에 대한 개인의 일반적인 자각 수준을 의미하며, 내담자가 사람, 장소, 시간에 대해 자각할 때, 내담자의 자각은 '선명하다'라고 말한다. 이는 내담자가 자신이 누구인지 알고, 자신이 어디에 있는지 알고, 날짜와 시간을 정확히 알고 있고 무슨 일이 일어나고 있는지에 대한 일반적인 정보를 갖고 있다는 것을 의미한다. 이러한 경향을 모르고 있는 내담자들의 경우, 신경증, 뇌손상, 약물남용 등을 겪고 있음을 시사한다. 현 상황에 대한 내담자의 자각 수준은 대부분 질문을 하지 않더라도 관찰이 가능하다.

5) 감정과 기분

감정은 정서가 밖으로 표현되는 것인데, 이는 다른 사람이 관찰할 수 있는 것이며, 상담자는 감정의 네 가지 주요 특성인 적절성, 강도, 유동성, 범위를 평가할 수 있다.

적절성은 내담자의 감정이 그의 이야기 내용과 얼마나 상응하는가를 보는

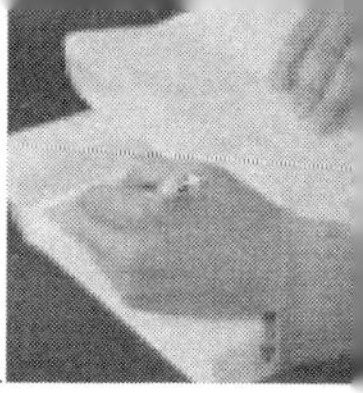

것이며 강도는 반응의 강한 정도를 말하는데, 다른 사람이라면 매우 전형적으로 격렬한 감정을 보이는 상황에서 내담자가 아주 최소한의 반응만 보인다면, 상담자는 그의 감정을 '무디다', '단조롭다'고 기술한다.

유동성은 내담자가 한 감정에서 다른 감정으로 이동하는 방식을 말하는데, 매우 느리게 이동하는 내담자는 '제한되었다', '반응이 느리다'라고 기술된다. 감정이 매우 빨리 예기치 못하게 오르락내리락하는 내담자의 감정변화는 불안정하다라고 기술되고 기분이 변하는 시간을 기록한다.

범위란 정서 표현의 복잡성과 다양성을 의미하는데, 우리는 대부분의 사람의 감정 범위를 표현할 수 있다고 기대한다. 즉, 다양한 상황에서 적절한 감정을 표현할 수 있으리라 기대하는데, 내담자의 감정이 항상, 분노, 슬픔, 의기양양 중 하나뿐이라면 상담자는 이를 제한된 정서의 범위라고 기록할 수 있다. 또한 내담자의 정서에는 강도가 있다. 그리고 기분은 어떻게 느끼는가, 즉 한 개인이 정서를 체험하는 방식을 말하는데, 내담자의 기분을 평가할 때 어떤 말을 하는지 본다. 그리고 비언어적 단서를 관찰하며, 정상적인 기분이란 사건과 생각을 적절하게 반응하는 것이다.

6) 사고의 내용과 과정

상담자는 사고의 특성을 3가지로 평가하는데, 사고의 내용이 얼마나 실제에 가까운가, 사고를 얼마나 조절할 수 있다고 가정하는가, 사고가 얼마나 조직적인가 등을 말한다. 매우 유별난 생각은 망상의 가능성을 의미한데 내담자의 생각이 비합리적이면서 융통성이 없고 그의 지능이나 문화적 배경과 조화되지 않는다면 상담자는 망상이 있을 수 있다고 평가한다. 대부분의 성인은 때로 자신의 사고방식 때문에 어려움을 겪기도 하지만, 기본적으로 자신을 통제할 수 있다고 생각한다. 그러나 어떤 알 수 없는 힘이 자신의 생각을 조종하고 있다는 망상을 가지는데, 내담자가 통제의 망상에 대해 어떤 말을 했다면, 그 의미를 명확하게 드러내야 한다.

그리고 내담자의 사고가 얼마나 조직적인가를 파악하는데 생각 사이의 관계가 매우 느슨하여 말한 것이 비논리적이거나 순서에 맞지 않는 경우가 있다. 내담자가 연관성이 거의 없는 비조직적인 형태로 생각하고 말을 할 때, 상담자는 내담자가 다른 사람이 의미를 이해할 수 있는 형태로 사고를 조직하는데 문제가 있다고 판단할 수 있다. 때로 여러 생각이 너무 빨리 연결되어 사고의 비약현상이 나타날 때가 있다. 이런 내담자는 순서나 듣는 이의 이해를 고려하지 않고 생각의 고리를 연결시킨다. 내담자는 한 생각에서 다른 생각으로 뛰어넘는다. 이런 상태에 대해서 질문할 여지를 허용하지 않고, 상담자가 질문한다고 해도 내담자는 상관없이 계속 진행한다. 이는 조증이나 암페타민 복용의 결과로 나타날 수 있으며 발작이나 합병증을 의미할 수도 있다.

만약 내담자가 자신의 생각을 명료화할 수 있거나 상담자가 그의 유별난 사고유형을 매우 드물게 발생하는 일이라고 생각한다면, 이것을 기록해 두고 다른 문제로 넘어갈 수 있다. 반면에 상담자가 관찰하기에 내담자의 일반적인 기능이 상당히 손상되었다면, 이는 확실히 정신과 의사, 신경학자, 자격 있는 다른 전문가 등의 심도 있는 평가가 필요함을 의미한다.

7) 지각

청각이나 시각적 환각은 매우 드물지만, 상담자는 환상이 있는지 유의해야 하며, 내담자가 직접적으로 환각에 대해서 얘기하는 경우는 명백한 단서를 잡기가 쉽다. 그리고 상담자는 사고하는데 장애가 있는 내담자라도 여전히 정상적인 방식으로 기능할 수 있음을 기억해야 한다. 따라서 상담자는 내담자의 사고가 내담자의 일반적인 기능에 어떻게 영향을 미치는지에 대해서 탐색해야 한다.

8) 지적 기능

지적 기능의 손상이나 결핍은 그것이 신체적인 문제(뇌손상, 발작, 지체 등)가 있음을 의미할 수도 있기 때문에 매우 중요하게 파악되어야 한다. 지적 기능의 손상은 내담자가 기본적인 생활을 유지하는데 필요한 능력에 영향을 줄 수도 있고, 주지 않을 수도 있다. 그러나 상담자는 이것이 상담의 개입전략에 영향을 주기 때문에 지능과 적응 행동을 모두 평가해야 한다. 지적 기능을 평가할 때 상담자는 어느 정도 수준의 지적 기능을 보이는 내담자를 자신이 다룰 수 있는지에 대해 미리 알아야 한다. 기억력 문제, 은유나 추상화 등에 대한 이해 능력 부족, 낮은 언어 능력 등은 지적 기능의 손상을 나타내는 중요한 지표이다.

9) 자기인식

효과적인 상담을 위해서는 내담자가 어느 정도의 자기정체감이나 자기인식을 가져야 한다. 어떤 내담자는 자기 자신에게서 단절된 것처럼 느끼는 이인증을 경험하기도 하고 자신의 이름과 과거를 알지만 자신이 누구인지 확신하지 못하는 느낌을 경험하기도 한다.

정체감 혼란은 청소년기의 위기 또는 변화의 시기에 나타나는 정상적인 현상이기도 하며, 정상적인 성인의 경우에는 자신이 누구인지, 자신의 역할이 무엇인지, 자신의 책임이 무엇인지를 알고 있을 것이다. 내담자가 자신이 다른 사람이나 다른 무엇에 의해 통제된다고 가정하거나 자신 안에 다중인격이 있다고 생각하거나 자신의 신체가 자신에게 속한 것이 아니라는 기괴한 느낌을 가지고 있을 때 상담자는 그가 심각한 정체감 혼란을 겪는다고 평가할 수 있다.

10) 통찰능력과 판단력

통찰은 내담자가 자기 자신, 자신의 상황 그리고 곤경에 처하게 된 자신의 책임을 얼마나 잘 이해하는가와 관련된다. 자기 이해능력은 대부분의 상담에서 가장 필수적인 요소이다. 통찰수준을 평가하려면 상담자는 내담자가 자신의 문제를 얼마나 포괄적으로 이해할 수 있게 설명하는지에 유의해야 한다.

판단이란 선택 시에 거치게 되는 과정이다. 우리는 무엇을 할지, 누구와 할지, 언제 먹을지, 얼마나 많이 먹을지, 언제 잘지, 누구와 함께 있을지, 어떤 환경에 있을지, 뭐라고 말해야 할지, 어디를 가야할지 등 끊임없이 선택을 한다. 그런데 어떤 사람은 여러 가지 대안을 계속해서 비교하지만 결정을 하지 못하는 반면, 어떤 사람은 충동적으로 행동한다.

보통 우리는 중요한 결정을 하기 전에 적어도 선택할 수 있는 여러 대안이 초래할 결과를 미리 비교해 본다. 상담자는 내담자 자신의 행동과 특정 행동을 선택한 이유를 잘 듣고 내담자의 판단력에 대해서 평가를 하며, 때때로 내담자는 어느 영역에서 아주 잘 판단하면서도 다른 영역에서는 그렇지 못한 경우가 있다. 정신적 상태에 대한 평가는 약물사용과 남용의 결과로 자신에게 위험한 일을 할 가능성, 타인에게 위험한 일을 할 가능성에 대한 평가를 포함한다.

7. 상담면접의 진행과정

상담은 상담자와 내담자가 만나는 첫 번째 접촉이며 만남은 대화를 통해서 이루어진다. 상담자는 내담자의 조력자로써 내담자의 필요를 제공할 수 있어야 하므로 그에 따라 갖추어야 할 조건이 많이 있다. 면접의 진행과정에서 지켜야 할 사항을 구체적으로 알아보고자 한다.

1) 상담면접의 초기단계

상담을 신청해 오면 상담자는 상담에 필요한 각종자료, 즉 내담자의 인적사항, 생활기록부와 같은 성적기록, 사례사, 각종 검사결과 등을 준비한다. 또한 내담자로 하여금 상담신청 카드를 기록하게 함으로써 상담자는 내담자의 일반적인 배경을 알아볼 수 있게 된다.

상담초기에는 먼저 상담의 성격이나 절차를 이야기함으로써 상담의 방향을 잡아준다. 상담자가 내담자와의 만남을 통해서 처음에 주어지는 과제는 신뢰감을 형성하는 일이다. 상담자는 수용적이고 온화한 태도로서 내담자에 대한 깊은 관심과 친화감의 형성은 면접을 계속해 나가는데 중심적인 역할을 한다. 상담관계에서 자연스럽게 대화가 잘 진행되려면 우선 상담실의 물리적 조건이 갖추어져야 한다. 아늑한 분위기, 편안한 의자, 채광 등을 들 수 있다. 또한 상담에 임하는 태도, 비밀보장의 확인 등 상황구성을 잘 설정해야 하고, 상담을 진행하기 전에 시간제한, 내담자의 행동제한, 상담자의 역할의 구조화, 상담진행 과정 및 목표를 설정하여야 한다.

무엇보다도 첫 회 상담에서는 할 일 많기 때문에 구조화를 해야 하는 것이 매우 중요하다. 내담자가 상담관계를 도움이 되는 것으로 받아들일 때 상담의 효과가 가장 크기에 정보를 수집하고 진단하고 상담계획에 대해 논의하면서 동시에 신속하게 친밀한 관계를 형성해야 한다. 초기단계에서 이루어져야 하는 과제를 구체적으로 살펴보고자 한다.

(1) 분위기 조성

일반적으로 상담자가 내담자를 어떻게 대해야 하는가에 대해서는 인간중심적인 상담자의 태도가 암묵적으로 요구되고 있지만, 상담자 스스로 공감적이고 무비판적이며 내담자에 대한 태도가 우호적이고 수용적이어야 함이 상담자의 주요과제이다. 상담자는 자신이 어떤 방식으로 말하고 그것이 상담분위기에 미치는 영향에 대해 지속적으로 주의를 기울여야 한다. 그리고 상담초기에는 특히 공감, 따뜻함, 수용적인 태도를 전달하는데 주력해야 한다. 왜냐하면 상담자의 낙관적이고 희망적인 태도를 통해서 내담자는 희망을 발견할 수 있기 때문이다.

초기 면접에서 상담자는 중립적인 태도를 유지하며, 상담자는 친구나 연인, 부모의 역할은 하지 않아야 한다. 즉, 상담과정을 촉진시키는 일은 상담자의 책무인 반면 상담적 작업 자체에 대한 책임은 내담자에게 있다. 특히 첫만남에서는 개인적인 스타일이나 언제, 어디에서 첫만남이 이루어지든지 간에 상담자는 말하는 방식에 항상 주의해야 한다. 상담자의 태도를 통해서 내담자는 자신의 어려움이 얼마나 중요하고 상담자가 자신과 함께 하려는 의지가 있다는 것을 파악하게 되기 때문이다. 그래서 상담자의 비언어적인 행동 즉, 적절한 눈맞춤, 미소, 악수 등은 상담자가 말하는 내용과 일치해야 한다.

(2) 상담자가 내담자에게 무엇을 기대하는지 알려주기

상담자는 내담자에게 첫회기에서 무엇을 할 계획인지 바로 설명하는 것이 가장 좋은데, 상담자가 어떤 역할을 하는지 알려 줄 때 상담자의 질문과 관련한 여러 가지 추측으로 내담자가 받을 수 있는 스트레스를 줄일 수 있다.

(3) 문제의 영역을 구체화하기

상담자는 내담자가 왜 지금 상담실을 방문했는지, 어떤 증상을 보이는지, 내담자가 어떤 문제로 작업을 원하는지 등을 이해할 필요가 있다. 첫회기 동안 상담자는 내담자의 문제에 초점을 맞추어 구체화 한다. 즉 상담자는 내담자가 말한 사소한 것을 조합해 상담자가 작업할 수 있는 문제로 재구성해야 한다. 그리고 상담자는 내담자가 자신의 문제를 이해하는 방식과 상응하는 언어를 사용할 필요가 있다.

그리고 내담자의 이야기 내용을 요약할 때는 내담자의 느낌을 배제해서는 안된다. 실제 상담에서는 상담자가 내담자에게 말할 때 발생한 사건과 그 경험에 관련된 감정을 상담자도 이해하고 동시에 내담자도 이해할 수 있게 도와 주어야 한다.

(4) 감정을 탐색하기

첫 만남에서는 내담자에게 감정표현의 기회를 주는 것이 중요한데, 어떤 내담자는 이미 마음의 준비가 되어 있어 상담을 시작하자마자 그들의 감정을 명료하게 표현하기도 하지만, 다른 내담자는 자신의 감정을 기술하지 못해 다소 어려운 시간을 보내기도 한다. 특히 첫 회기에서 상담자는 내담자의 고통스러운 감정이나 경험을 탐색할 때 공감적이며 온정적인 태도를 유지해야 한다. 공감한 내용에 대해서 적극적으로 표현하여야 하며, 상담자가 이해하는 바를 기술하고 전달하는 중에 놓친 것이 있다면 내담자에게 상담자의 반응을 수정할 기회를 주는 것이다.

(5) 무엇이 이루어져야 하는지에 대해 서로 합의하기

초기 면접에서 시간을 염두에 두는 것이 중요한데, 이유는 문제에 대해서 상담자가 내담자의 동의를 끌어내고 그 다음 회기에 무엇을 할지 논의할 충분한 시간이 필요하기 때문이다. 대부분의 경우 첫 면접의 마지막 부분을 다루기 위해서는 10분에서 15분이 필요하다. 이 시점에서 상담자는 자신의 판단 기준에 따라 내담자의 문제를 간략히 요약하고 나서 내담자에게 내담자의 관점에 따른 피드백을 받는 것이 좋다.

(6) 해결책이 될 수 있는 대안을 탐색하고, 상담을 계속하는 것이 대안 중 하나가 될 수 있음을 명심하기

상담에서 대안을 모색하게 되는 경우가 많은데, 대안을 선택하는 방안은 모두 포괄적이며 일반적이다. 상담자가 포괄적인 제안을 함으로써 그 이후 내담자가 어떤 결정을 할지에 대해 좀 더 분명한 아이디어를 얻을 수 있다. 반면에 더 많은 시간이 필요하거나 상담보다는 약물복용을 더 원한다면 상담자는 내담자의 그러한 결정과 의견을 지지해 주는 것도 필요하다. 내담자에게 상담을 받으라고 강요하는 것은 좋은 방법이 아니며, 이는 성공하지 못할뿐더러 그 대안에 내담자가 순응하더라도 싫어할 경우 오히려 부작용을 초래한다.

(7) 진단내리기

상담자가 어떤 방법을 사용하든지 간에 기본적으로 DSM-Ⅳ를 기준으로 진단을 내릴 줄 알아야 하며, 내담자에게 도움이 되도록 그러한 진단을 사용하는 방법 또한 습득해야 한다.

(8) 상담계획의 수립

상담계획은 상담의 전개방향에 대한 청사진을 제공한다. 내담자가 건설적이고 성취할 수 있는 목표를 세우도록 내담자를 돕는 것은 상담자의 몫이며, 그렇게 하기 위해서는 목표는 기대하는 결과가 분명하게 드러나는 방식으로 진술되고, 상담자와 내담자의 동의하에 설정되고, 현실적인 것이며, 달성이 가능한 것이어야 한다.

상담계획을 얼마나 성공적으로 수립하는지의 여부는 내담자를 상담과정에 개입시키는데 얼마나 성공적일 수 있는지를 좌우한다. 따라서 상담자는 조절과 관리가 가능한 방식으로 상담계획을 수립해야 하는데, 이유는 구체적이고 측정 가능한 단계를 설정함으로써 가능하기 때문이다.

(9) 마무리

첫 회기의 마지막에 상담자는 첫 회기에서 무엇을 했는지 검토하고 앞으로 할 일을 계획하며 질문이 없는지를 탐색한다. 이를 통해서 상담자는 상담에서 두 가지 중요한 과제를 성취할 수 있다. 이것은 상담에서 하는 일과 목표에

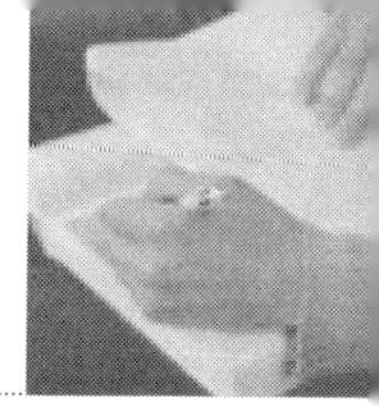

대해 내담자가 좀 더 분명하게 알 수 있는 기회를 제공할 뿐만 아니라 내담자의 무력감을 감소시킬 수 있다. 상담자는 내담자가 자신의 문제에 대해 스스로 무엇인가를 할 수 있다는 점을 알도록 도와야 하며, 내담자가 상담 초기에 스스로 계획을 세우게 함으로써 상담목표를 공략하는 과정에서 더 큰 해결책을 기대할 수 있다는 희망을 가지게 할 수 있다. 그리고 상담회기의 마지막에 내담자에게 질문할 기회를 주는 것은 반드시 필요하다. 왜냐하면 상담자와 내담자는 첫 회기를 한 후에 남아 있을 모호함을 제거할 기회를 가질 수 있고 앞으로의 회기에 대한 그 어떤 염려나 두려움을 사라지게 함으로써 보다 신뢰롭고 친밀한 관계형성을 가져올 수 있기 때문이다.

2) 상담의 중기단계

이 단계에서는 초기단계에서 평가된 내담자의 정보를 통해서 내담자가 당면하고 있는 문제를 해결해나갈 수 있도록 돕는 적극적인 원조의 과정이라고 할 수 있다. 이 과정에서는 내담자가 자신에 대한 통찰과 이해를 촉진시킴으로써 문제해결의 실마리를 찾아내는 것이 요구되어진다. 특히 문제해결과정의 단계로서 상담자는 초기단계에서 평가된 내용을 어떻게 효율적으로 도울 수 있을지에 대하여 적합한 상담이론에 근거해서 구체적인 전략과 기술을 준비하고 상담에 임해야 한다. 인간의 문제는 나름대로의 적응과 균형을 이루는 삶의 과정에서 나타나는 하나의 현상이라고 할 수 있으며, 이러한 증상에 대한 내담자의 이해가 있어야만 생산적이고 보다 균형있는 태도를 갖추고 내담자 자신의 경험에 바탕을 두고 문제해결 능력을 기를 수 있기 때문이다.

상담자는 내담자의 변화를 위해서 내담자의 잠정적인 자원, 강점, 단점 등을 문제해결과정에 적극적으로 활용해야 한다. 그리고 이 과정에서는 매회기 마다 상담의 목표가 설정되어야 하며, 매 회기마다 적절한 문제해결 방안을 모색하고 실제에 적용할 수 있어야 한다. 그리고 다음 상담에 올 때까지 적용하고 적용되어진 성과에 대한 부분을 다지도록 하는 것이 요구된다. 내담자가 상담에 가져온 문제는 특별한 계기에 특별한 기술이 필요하다기 보다는 일상생활에서 지속적으로 문제해결을 회피했던 경우들이 많다. 그렇기 때문에 내담자가 상담에 가져온 문제를 해결하기 위해서는 일상생활에서 적절하게 기능하고 있는 부분들과 그렇지 못한 부분들을 파악하여 내담자가 가지고 있는 근접영역의 문제를 해결해 나가면서 당면하고 있는 문제를 해결할 수 있는 능력향상을 도모해야 한다. 따라서 상담의 전반적인 목표를 달성하기 위해서는 매 회기마다의 목표를 설정하고 목표달성을 이루어내야 하는 과제가 뒤따르는 과정이라고 할 수 있다.

3) 상담의 종결단계

상담에서 합의되어진 목표가 달성되면 상담은 종결해야 하는 자연스러운 과정에 돌입하게 된다. 일반적으로 상담의 종결은 상담이 성공해서 종결하는 경우가 있으며, 상담을 더 이상할 수 없는 상황일 경우에 종결을 하게 된다. 우선적으로는 상담이 성공해서 종결하는 경우에는 문제해결이 어느 정도 달성되었는지, 상담 전과 후에 있어서 내담자의 행동변화, 사고변화, 정서변화가 이루어졌는지에 대한 구체적인 점검과 상담종결 후에 내담자의 생활에서의 대처방법이나 지도 조언들을 제공할 수 있을 것이다.

그리고 상황적인 이유로 종결이 이루어지는 경우가 있는데 이사를 간다든지, 전학, 또는 상담자가 다른 곳으로 갈 경우를 들 수 있다. 이 같은 경우에는 내담자가 상담을 중단하고 다음 도움의 연계가 없으면 불안하거나 문제가 재발하는 경우들이 있으므로 상담자는 적절한 상담 및 안내를 통해서 새로운 상담자의 도움을 받을 수 있는 적절한 조치를 취하는 것이 중요할 것이다. 마지막으로 상담의 진전이 별로 없어서 내담자나 상담자가 중단하는 것으로 상담실패를 들 수 있다. 이상의 어떠한 경우의 중단이나 종결이 될 때는 중단에 관한 문제를 의논하는 것이 바람직하다.

상담의 종결시에 반드시 언급해 두어야 할 것은 현재 문제가 해결되었다고 하더라도 앞으로 그런 문제가 다시 생길 수 있고, 갈등이 심해서 고통스러울 수 있다는 것을 알려 주는 것이다. 그럴 경우에는 내담자 자신이 스스로 직면해서 해결할 수 있는 힘을 길러야 한다.

8. 상담면접의 기본방법

상담에는 다양한 방법으로 내담자의 감정통찰, 비합리적인 사고의 인식, 부적응적인 행동에 대한 인식 등을 경험하도록 돕는 것이 필요하다. 이 때에는 상담자가 여러 가지 기술을 적용할 수 있는데 여기에서는 상담에서 요구되는 가장 기본이 되는 기술을 이해하고자 한다. 우선 경청, 반영, 명료화, 직면, 해석 등의 방법은 어느 상담이론에 근거해서 상담을 하더라도 필수적으로 요구되는 방법들이며, 이러한 방법을 살펴보고자 한다(이장호 등, 2000).

1) 경 청

경청이란 내담자의 말과 행동에 상담자가 선택적으로 주목하는 것을 뜻한다. 물론 상담자는 내담자의 말과 행동 하나하나를 그냥 흘려보내서는 안 된다. 그렇다고 상담자는 내담자의 모든 말과 행동에 주목하여 반응할 수도 없다. 따라서 상담자가 경청할 때의 관건은 상담자가 상대적으로 더 비중을 두어야 할 내담자의 말과 행동을 선택해서 그것에 주목하는 것이다.

즉, 선택적으로 주목함으로써 내담자가 특정 문제에 대해서 탐색하도록 하며, 이 때 상담자가 선택적으로 주목한 것이 내담자의 진술의 흐름에 적합한 것이라면 더욱 유익하다고 할 수 있다.

내담자의 말과 행동에 대한 경청은 상담을 성공적으로 이끄는 주요 요인이다. 또한 내담자는 상담자가 경청하는 것을 좋아한다. 경청은 내담자로 하여금 생각이나 감정을 자유롭게 표현할 수 있도록 북돋아 주며, 자신의 방식으로 문제를 탐색하게 하며, 상담에 대한 책임감을 느끼게 한다.

2) 반 영

반영은 내담자의 말과 행동에서 표현된 기본적인 감정, 생각 및 태도를 상담자가 다른 참신한 말로 부언해 주는 것이다. 이것은 내담자의 자기이해를 도와줄 뿐만 아니라 내담자로 하여금 자기가 이해받고 있다는 인식을 갖게 된다. 그런데 내담자가 한 말을 그대로 다시 반복하는 식으로 반영해 주면 내담자는 자기의 말이 어딘가 잘못되지는 않았나 하고 생각하게 되거나 상담자의 그러한 반복에 지겨움을 느끼게 되기 쉽다. 그래서 가능한 한 다른 말을 사용하면서 관심을 가지고 이해하고자 한다는 태도를 보여야 한다.

흔히 내담자의 감정은 '큰 저류가 있지만 표면에는 잔물결만이 보이는 강물'에 비유된다. 즉 내담자의 감정은 표면감정과 내면감정이 있기 때문에, 상담자는 내면적인 감정을 정확히 파악하여 내담자에게 전달해 주어야 한다. 이 때는 주로 정적인 감정, 부적인 감정, 양가적 감정을 이야기한다. 정적인 감정이란 개성을 발휘하는 방향의 것이고, 부적인 감정은 일반적으로 개성을 구속하거나 자기파괴적인 성질의 것이다. 반면에 양가적 감정은 같은 시간, 같은 대상에 대해 둘 혹은 그 이상의 서로 상반되는 감정들이 공존하는 경우이다. 상담에서는 내담자가 동일한 대상에게 갈등적인 감정과 태도가 있음을 자각하도록 함으로써 내면적 긴장의 원인을 덜어 주게 되는 것이다.

뿐만 아니라 내담자의 언어 표현과 행동단서가 서로 차이가 나거나 모순을 보일 때에는 이를 반영해 주어야 한다. 그리고 상담자의 반영적 반응은 적절한 시기에 적절한 것을 선택해서 해주는 것이다. 선택의 기준은 내담자가 표현한 말과 행동에 담긴 감정과 생각 중 가장 중요하고 강한 것이 어떤 것이냐에 따른다. 이때 중요한 점은 내담자가 말로 표현한 수준 이상으로 깊이 들어가지 않는다는 것이다. 내담자가 분명히 표현하지 않은 것을 언급하는 것은 명료화나 해석이 되기 쉽다.

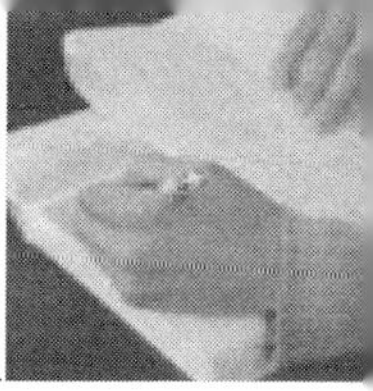

3) 명료화

명료화는 내담자의 말 속에 내포되어 있는 뜻을 내담자에게 명확하게 말해 주는 것이다. 즉, 내담자의 실제 반응에서 나타난 감정 또는 생각 속에 암시되었거나 내포된 의미를 내담자에게 보다 분명하게 말해 주는 것이다.

이 때 내담자에게 언급해 주는 내용은 어디까지나 내담자의 표현 속에 포함되었다고 상담자가 판단하는 것이 된다. 즉 명료화의 자료는 내담자가 자신은 미처 충분히 자각하지 못하는 의미 및 관계이다. 내담자가 애매하게만 느끼던 내용이나 불충분하게 이해한 자료를 상담자가 말로 정리해 준다는 점에서 명료화는 내담자에게 자기가 이해를 받고 있으며, 상담이 잘 진행되고 있다는 느낌을 갖게 해 준다. 그리고 내담자로 하여금 미처 생각하지 못했던 측면을 다시 생각하도록 하는 자극제가 되는 것이다.

4) 직 면

직면은 내담자가 모르고 있거나 인정하기를 거부하는 생각과 느낌에 대해서 주목하도록 하는 상담자의 언급(지적)이다. 상담자는 다음과 같은 상황에서 내담자를 직면시킬 수 있다.

① 내담자 스스로는 깨닫지 못하고 있지만 그의 말이나 행동에서 어떤 불일치가 발견될 때 상담자는 이 불일치를 지적할 수 있다.

② 내담자로 하여금 자신의 욕구에 의해서만 상황을 바라볼 것이 아니라 상황을 있는 그대로 볼 수 있도록 하는 데 직면 반응이 사용될 수 있다. 달리 말하면, 상담자는 직면 반응을 통해 내담자로 하여금 그가 경험하고 있는 상황에 대한 대안적인 참조의 틀을 가지게 함으로써 기존 경험상의 왜곡을 해소할 수 있다.

③ 내담자가 상담에서 어떤 화제를 피하거나 다른 사람의 의견이나 생각, 느낌 등을 받아들이려고 하지 않을 때, 이를 내담자에게 이해시키는 데에도

사용될 수 있다.

직면을 사용할 때 주의해야 할 점은 단순히 내담자의 부정적 측면에 초점을 맞추거나 내담자 자신의 한계를 깨닫도록 하는 것이 직면 반응의 목적 전부가 아니라, 직면 반응에는 내담자가 미처 깨닫지 못했거나 사용하지 않은 능력과 자원을 지적하여 주목하게 하는 것도 포함된다. 그리고 이러한 직면 반응은 내담자가 상담자를 깊이 신뢰하고 있고, 상담자가 내담자의 성장과 변화를 진솔하게 배려하는 분위기에서 행해지는 것이 바람직하다.

5) 해 석

해석이란 내담자가 자기의 문제를 새로운 각도에서 이해하도록 그의 생활경험과 행동의 의미를 설명해 주는 것이다. 해석의 방법은 행동 및 성격 변화의 원리와 가정에 따라 결정되는 것이기 때문에, 사례에 따라서 적절히 그리고 다양하게 활용될 수밖에 없을 것이다. 해석의 대상, 시기, 제한점을 들면 다음과 같다.

① 해석의 대상은 상담의 초기에는 잘못된 기대나 미온적인 태도를 해석하며, 상담이 진행됨에 따라서 내담자의 방어기제들이나 문제에 대한 생각, 느낌 및 행동양식 등을 해석의 대상으로 삼는다.

② 해석의 적절한 시기는 가장 중요한 문제이다. 해석은 내담자가 받아들일 준비가 되어 있다고 판단될 때 조심스럽게 하는 것이 중요하다. 즉 내담자가 거의 깨닫고는 있으나 확실하게 개념화하지 못하고 있을 때 해석을 해 주어야 가장 효과적이다.

③ 해석을 하는 데 있어서 중요한 제한점은 해석이 위협을 주는 경우이다. 내담자가 새로운 지각과 이해를 받아들이려 하지 않을 때는 저항이 일어날 수도 있다. 이 때 해석은 내담자의 자기 탐색을 감소시키는 결과를 초래할 수 있다. 또한 해석 때문에 지나치게 자신의 문제를 주지화하는 경향을 초래할 수 있다. 다시 말해서 주지화는 내담자가 자기의 내면적 감정을 드러내지 않으려는 방어

수단으로 이용될 수 있는 것이다.

9. 상담자의 역할과 자질

1) 상담자의 역할

상담자는 주로 내담자의 일상생활에서 나타나는 문제와 심리적인 문제를 해결하고 지원하며 자기통제력을 가지고 자율적인 태도로 현실생활에 적응하도록 돕는 주된 역할을 갖는다. 정진선 등(2004)은 상담자의 역할을 다섯 가지로 규정하고 있으며 그 내용은 다음과 같다.

(1) 치료자로서의 역할

내담자가 자신에 대한 탐색과 이해를 통해서 자신을 존중하고 수용할 수 있으며 내적인 자신의 힘을 발견하고 성장시켜가는 부분에 대한 책임을 수용하게 되어, 내담자 스스로가 스스로를 돕는 방법을 찾도록 지원하는 것이다.

(2) 교육자로서의 역할

문제 발생 후에 처치를 하는 차원으로 문제해결을 돕기도 하지만 예방적인 차원에서 문제해결 방법을 배울 수 있도록 돕는 것이다.

(3) 연구자로서의 역할

상담자가 경험하고 있는 문제가 내담자에게 삶의 여러 측면을 성장하게 하는지, 그리고 성장을 방해하는 측면은 어떤지와 내담자의 자원을 어떻게 활용할 수 있는지 등에 대한 연구가 선행되어야 내담자를 더 잘 도울 수 있다. 한편 상담자는 자신의 내적, 외적 성장을 가져올 수 있도록 지속적인 노력을 필요로 하며, 연구 활동은 이와 같은 측면의 지원을 한층 더 잘하게 된다.

(4) 자문자로서의 역할

상담자는 실제적인 경험과 이를 통해 얻어진 연구결과를 토대로 인접분야의 전문가들과 협력해서 자문을 제공할 수 있다. 자문자로서의 상담자는 개인의 변화뿐만 아니라 사회전반적인 변화를 가져오는데 전문가로서의 책임을 수행하게 된다.

(5) 지역사회개발 지원자로서의 역할

상담자의 개인 및 집단을 대상으로 한 활발한 상담활동은 곧 지역사회의 인적 자원의 개발 및 변화를 지원하는 역할을 수행하는 것이다.

2) 상담자의 자질

상담자가 훌륭한 인간적 자질을 갖추어야 하는 이유는 치료적 도구로서의 상담자, 본보기로서의 상담자 역할을 수행하기 때문이다(이장호 등, 2000). 한편 전문적인 자질로서는 상담이론에 대한 이해, 상담방법과 절차에 대한 이해, 실습 및 실습지도를 통해서 키워나갈 수 있다. 상담자의 보다 훌륭한 자질은 인간적인 자질을 기반으로 해서 전문적인 자질을 갖추어 수행할 수 있을 때 내담자를 더 잘 도울 수 있으며 상담자 또한 더욱더 성장할 수 있게 된다.

10. 집단상담

1) 집단상담의 의미와 형태

(1) 집단상담의 의미

집단상담은 한 사람(또는 두 사람)의 상담자가 여러 명의 집단구성원들과의 상호 역동적인 관계를 통해서 참여자 개개인의 문제해결 및 성장과 발달을 촉진시키는 하나의 과정이다. 집단상담의 상담자는 자격 훈련을 받은 전문가가 비교적 정상범위의 적응 수준에 속하는 사람들을 대상으로 하며, 상담의 분위기는 신뢰롭고 수용적이어야 한다. 그리고 집단상담은 역동적인 대인관계의 과정을 의미한다. 이장호 등(1992)은 집단상담은 생활과정상의 문제를 해결하고 보다 바람직한 성장 · 발달을 위하여, 전문적으로 훈련된 상담자와 집단구성원의 역동적인 상호교류를 통해 각자의 감정, 태도, 생각 및 행동양식 등을 탐색 · 이해하고 보다 성숙된 수준으로 향상시키는 과정이라고 한다. Corey(1994)는 집단상담은 치료적 목적뿐 아니라 예방적이고 교육적인 목적을 가지며, 의식적인 사고, 감정 및 행동을 강조하는 대인과정 및 문제해결 방법과 전략이 포함된다고 하였다.

(2) 집단상담의 형태

① 지도집단(Guidance Group)

지도집단은 교육, 직업, 사회적 정보와 같은 학생의 개인적 요구나 관심사에 적절한 정보를 제공하는데 많이 사용된다. 지도집단은 학교장면에서 많이 사용되고 학급을 많이 이용한다. 지도집단이 상담집단이나 치료집단과 구분되는 특성은 지도집단은 비교적 구조적이고 논의될 주제가 일반적으로 집단지도자에 의해서 선정된다는 점이다. 지도집단은 심리적 장애를 치료하는 것보다는 문제의 예방에 중점을 둔다는 것이다. 지도집단의 크기는 보통 12명에서 40명 사이이다.

② **상담집단**(Counseling Group)

상담집단은 지도집단과는 대조적으로 주제보다는 사람에 초점을 맞추며, 지도집단에 비해서 구성인원이 5~10명 정도이며, 지도집단에 비해서 덜 구조화되었다. 상담자의 역할에 있어서도 집단 구성원들이 가정이나 대인관계, 자아개념 그리고 개인적, 사회적, 교육적인 문제와 관련된 사적인 문제들을 다룰 수 있는 안전하고 편안한 분위기를 만든다.

③ **치료집단**(Therapy Group)

치료집단은 참여자들이 상담집단의 구성원과는 달리 집중적인 심리적 치료를 필요로 한다. 참여자들의 문제는 다소 그 뿌리가 깊으며 성격장애와 관련되는 내용들이 대부분이다. 집단치료는 주로 정상적으로 기능을 할 수 없는 사람들을 대상으로 구성인원은 상담집단과 비슷하나 다소 적은 인원인 5~8명 정도로 구성된다. 그리고 상담집단에 비해서 상담시간은 장기간으로 소요되며 지도자도 더 훈련을 받고 전문적인 기술을 갖출 것이 요구된다.

2) 집단상담의 특성

(1) 집단상담의 목표

집단상담의 목적은 개인으로 하여금 자기이해와 대인관계의 능력을 향상시키고, 생활환경에 보다 건전하게 적응할 수 있도록 하는 것이다. 이러한 목적을 달성하기 위해서 다음과 같은 구체적인 목표를 갖는다.

① 구성원들과 더불어 개방적이고, 정직하게 되는 것이다.

② 자신과 타인을 신뢰하는 것을 배우게 되며, 좀더 진실하고 진지하게 되는 것이다.

③ 자기수용을 증대하고 자신에게 완전함과 완벽함을 요구하지 않게 되는 것이다.

④ 자신의 경험에 의한 판단에 따라 결정하며, 타인을 배려하고 정직하고 솔직하게 직면하는 방법을 배우게 되는 것이다.

⑤ 자기가 원하는 것을 직접적으로 요구하며, 현실적인 범위 안에서 책임을 가질 수 있을 만큼 적절하게 거절할 수 있게 되는 것이다.

⑥ 자신과 타인의 요구나 감정에 대해서 더 민감해지게 되는 것이다.

⑦ 개인적인 문제해결 능력을 키우게 되며, 잠재능력과 창의성을 발견하게 되는 것이다.

(2) 집단상담의 장 · 단점

① 장 점

집단상담은 시간, 비용 면에 있어서 개인상담과의 차이를 나타낸다. 그리고 집단상담은 공통의 주제를 다루어서 보편적이고 객관적인 입장에서의 자신의 이해를 가져오며, 다른 사람들과의 관계를 집단상담이라는 축소된 사회 안에서 적응해 가는 양식을 학습할 수 있다는 장점이 있다.

② 단 점

집단상담은 짧은 시간에 많은 구성원들이 자신이 문제를 해결하는 과정이므로 개인상담에 비해서 시간의 제한을 경험하게 된다. 그리고 집단상담에서 지향하고자 하는 주제와 관련이 없었을 때는 효과적이라고 할 수 없다. 집단상담은 현실생활에 보다 잘 적응하고 있는 사람들에게 더 효과적이며, 심각한 문제가 있는 경우는 개인상담이 더 효율적이다. 따라서 모든 사람에게 집단상담이 효과적이라고 할 수는 없다.

3) 집단상담의 과정 및 기술

(1) 집단의 구성

집단상담을 동질적인 집단으로 구성할 것인지, 아니면 이질적인 집단으로 구성할 지를 결정하는 것은 참여자들의 사회적 성숙도나 성, 지적인 수준, 교육수준, 성격적 차이, 현재 당면하고 있는 문제, 사회경제적 수준 등을 고려해서 구성할 수 있다. 그러나 무엇보다도 집단참여자들의 참여동기가 자발적이냐, 비자발적이냐를 고려해서 집단원을 구성하는 것이 매우 중요하다. 집단상담에서의 집단상담의 크기는 매우 중요한데, 그 기준은 대체로 구성원들의 성숙의 정도, 집단상담자의 집단상담의 경험, 집단의 유형, 다루어야 할 문제나 범위, 타인에 대한 이해를 원하는 정도 등에 따라서 다를 수 있다. 대부분의 집단상담에서는 5~6명에서 12~13명을 기준으로 하고 있다. 그리고 연령별에 따라서 다른데, 아동일 경우에는 인원이 적은 수 5~6명 정도, 성인일 경우 문제의 심각성의 정도에 따라서 집단의 크기가 조정되는 것이 바람직한데 문제가 심각한 경우일수록 적은 인원의 크기가 좋고, 바람직한 경우는 7~8명이라고 전문가들은 이야기를 하고 있다.

아동 청소년을 할 경우에는 짧은 시간으로 자주 만나도록 하는 것이 집단에 주의집중하는데 있어서 보다 더 효과적이다. 보다 중요한 것은 집단원들이 편안하고 안정감을 느낄 수 있는 공간이어야 한다. 그리고 심리적인 안정감과 더불어 집단상담에 적극적으로 몰입할 수 있는 상황을 이루는 곳일 때 보다 효과적이다.

(2) 집단상담의 과정

① 초기단계

초기단계에서는 집단의 분위기를 형성하고 유지하는 일이 상담자의 우선되는 책임이다. 집단상담자는 각 구성원들로 하여금 집단에 참여하는 것 자체가 의미 있는 경험이 될 수 있도록 잘 이끌어가는 것이 초기단계에서의 주된 역할이 된다. 초기단계에서의 역할은 집단전체가 진행되어지는 과정에서 집단 구성원들이 집단상담자를 모델로 해서 자유롭게 자신의 경험을 나눌 수 있도록 하는 중요한 단서와 지지가 된다.

② 과도기적 단계

집단의 초기과정에서 참여자들이 집단상담에 대해서, 그리고 집단상담자와 구성원들에 대해서 어느 정도의 친밀감을 갖게 되고 신뢰감이 형성되면 자기개방, 구성원들과의 상호교류에서 진솔한 피드백, 직면 등의 경험이 이루어지게 된다. 집단상담자는 자신의 느낌이나 생각과 행동에서 일치감을 보여야 한다. 그래서 자신에 대한 신뢰와 참여자들에 대한 신뢰를 하고 있어야 참여자들도 신뢰감을 형성하기 위해서 노력하게 된다. 집단상담자는 신뢰감을 형성하는데 있어서 많은 장애 요소들이 있을 수 있는데 구성원들이 이러한 장애요소에 대해서도 좀 더 솔직하게 이야기할 수 있도록 격려하는 장이 되어야 할 것이다.

③ 작업단계

작업단계에서는 행동의 변화를 가져오도록 하는 것이 목표이다. 행동의 변화를 가져오는 것은 집단상담의 목표이기도 하다. 즉 목표달성을 위한 구체적인 문제해결을 이루는 과정이라는 것이다. 작업단계에서는 자기노출과 감정의 정화, 비효과적 행동패턴의 취급, 바람직한 대안행동의 취급 등이 이루어지게 된다.

④ 종결단계

작업단계에서 개인이 자신의 문제에 대한 이해와 통찰이 이루어지면 어느 정도의 문제해결과 더불어 효율적인 대안행동을 찾게 된다. 이러한 과정을 거치면서 종결에 이르게 되면 집단원들은 그동안에 서로 신뢰하고 공감하고 협력하는 과정을 통해서 문제해결을 위한 노력과 노력의 결실이 대안행동의 모색으로 연결되었다는 것을 확인하게 된다. 따라서 종결과정에서 나타나는 집단원들의 이별에 대한 감정을 취급하고, 집단경험을 통한 학습의 결과를 확인하기, 서로에게 피드백 주기, 작별인사 등을 다루게 되는 것이다.

제 6 장

상 담 이 론

1. 지시적 상담
2. 정신분석적 상담
3. 인간중심적 상담
4. 행동주의적 상담
5. 합리적 · 정서적 상담
6. 현실요법적 상담

앞 장에서는 학생들의 적응과 발달을 돕기 위해서 생활지도를 통한 도움의 제공, 즉 생활지도의 핵심활동인 상담활동이 중요한데 상담은 개인적인 도움과 집단적인 도움에 의해서 이루어진다고 하였다. 이제 무엇보다도 개인의 문제해결 및 잠재능력을 계발하고 성장을 돕기 위해서 요구되어지는 이론적인 접근에 대해서 이해하는 것이 중요할 것이다. 내담자의 문제를 파악하고 상담의 목표를 설정하였는데, 어떤 이론에 근거해서 내담자를 이해하고 어떤 전략을 가지고 어떤 방식으로 도움을 줄 것인가를 익히는 것은 상담의 성과를 가져오는 중요한 관건이 된다. 따라서 본 장에서는 크게 내담자를 정의적인 접근, 인지적인 접근, 행동적인 접근에 의해서 도와 주는 주요 진행과정 및 접근방법을 살펴보고자 한다.

1. 지시적 상담

1) 개 념

1908년 Parsons의 직업지도운동에서 비롯된 생활지도는 각종 표준화된 검사의 발달을 가져왔으며, 초기의 직업지도 및 학업지도의 중심으로 이루어진 생활지도는 학생의 전반적인 개인적 · 사회적 적응을 돕는 활동이라는 의미를 갖는다. 특성 · 요인적 접근(trait and factor approach)이라고 불리우는 지시적 상담은 주로 직업상담의 토대 위에서 발전된 상담방법이다. 개인의 행동에 있어서 성격요인의 역할을 평가하기 위해서 수학적인 성격측정 방법을 사용하고 있다. 지시적 상담이란 Williamson(1939)에 의해서 체계화된 이론으로 상담자는 객관적이고 합리적이며 현실적인 정보를 제공함으로써 내담자는 스스로 문제를 해결할 수 있는 기회를 갖도록 돕는다. 즉 상담은 내담자 자신의 잠재능력을 개발시킬 수 있도록 지도하고 조력하는 과정이다.

2) 상담의 목표

내담자의 잠재적인 능력 계발이 아닌 어떤 특정한 방향으로 발달하도록 영향을 주는 것이다(Williamson, 1958).

내담자가 자신을 주관적인 입장에서 이해하기 보다 객관적인 입장에서 이해할 수 있도록 돕는 것이 상담의 목표이다.

3) 상담의 진행과정

Williamson에 의하면 내담자가 자신의 능력이나 흥미에 입각한 결정을 내릴 수 있는 정보나 자료가 없을 때 상담을 하러 오기 때문에, 상담자는 내담자의 심리적 특성의 건전한 발달을 위해서 방향을 정해 주고, 정보를 제공하는 것이 상담자의 역할이라고 본다.

지시적 상담은 6단계에 의해서 진행되며 구체적인 절차는 다음과 같다.

(1) 분 석

내담자의 객관적인 이해를 돕기 위해서 내담자의 모든 정보와 자료를 수집하는 단계이다. 내담자의 태도, 교육 정도, 가치관, 흥미, 적성 등 내담자에 관련된 정보를 주관적 또는 객관적인 방법으로 수집한다.

(2) 종 합

분석에서 나온 자료를 실제 상담과정에서 유용하게 활용할 수 있도록 배열하고 체계있는 정리와 조직을 한다. 내담자에 관련된 정보를 분류하여 적응 · 부적응의 상태를 분석할 수 있도록 자료를 요약하고 구조화시키는 것이다.

(3) 진 단

정리한 자료를 바탕으로 내담자가 지닌 문제점을 파악하고 그 원인을 추정하여 결론을 내린다. 진단은 상담과정에서 변형될 수 있는 잠정적 성질을 갖는다.

Williamson에 의하면 진단이란 환자의 문제를 규명하기 위해서 필요한 모든 정보를 수집하는 것이며, 진단이 이루어짐으로써 예진을 할 수 있게 되고, 문제해결을 위한 현명한 결정을 내릴 수 있도록 하는 것이다. 따라서 진단은 상담의 기초가 된다고 보았다. 진단은 문제의 확인, 원인의 발견, 진단과 예후의 3단계를 포함한다.

(4) 예 견

특정한 문제해결을 위한 내담자의 성공이나 실패 가능성을 예측한다. 예측은 대부분 진단에 포함되어 나타난다. 문제의 정도나 조건이 앞으로 어떻게 진전될 것이라고 예측하나 가능성과 변화의 용이성을 충분히 고려해야 한다.

(5) 상 담

상담자가 내담자의 최적의 적응을 위해 문제를 해결하도록 도와 주는 과정이다. 즉 밝혀진 문제해결을 위해서 직접적인 조력을 한다. 이 과정에서 상담자는 내담자의 문제해결을 위해 암시, 격려, 충고, 설명, 지시 등 모든 기술을 동원하게 되며, 많은 부분에서 면접의 형식을 사용하게 된다.

(6) 추후지도

내담자가 장래에 부딪치는 문제에 대해서 도와 주고 상담의 효과를 측정한다. 즉 상담결과의 계속적인 평가와 확인의 과정이다. 상담효과를 평가하며 재발

가능성에 대해 조언을 주기도 한다.

4) 상담의 기법

(1) 동조를 요구하기(forcing congormity)

상담자가 내린 결정을 내담자가 동조해 줄 것을 요구하는 것이다. 상담자의 의견이 적절한 것일지라도 내담자는 강요받는다는 느낌이 강하므로 충고로 끝날 위험이 있다. 따라서 상담자는 자신의 결정이 내담자의 결정이 될 수 있도록 설득시키는 것이 중요하다.

(2) 환경을 바꾸는 것(changing the environment)

상담목표 달성에 도움이 되도록 내담자의 물리적 환경과 특성 등을 변화시키는 것을 말한다. 여기서 말하는 환경은 물리적인 환경과 함께 인간적인 특성도 함께 포함되는 것이다.

(3) 적절한 환경을 선택하기(selecting the appropriate environment)

내담자가 목표로 하는 행동에 대한 장 · 단점의 정보를 모두 갖게 함으로써 적절한 의사결정을 내리도록 하는 것이다. 스스로 환경을 선택했다면 단점의 수용도 관심을 갖도록 한다.

(4) 필요한 기술을 학습시키는 것(learning needed skills)

내담자가 잠재력을 실현할 수 있는 각종 기술을 습득할 수 있는 정보제공, 여건 등을 만들어 준다. 대인관계 기술, 독서기술, 자격훈련 등이 여기에 해당된다.

(5) 태도를 고치게 하는 것(changing attitudes)

내담자의 욕구와 환경의 요구가 조화를 이루도록 내담자의 이성적인 판단으로 합리적인 행동을 하도록 한다.

2. 정신분석적 상담

1) 개 념

정신분석은 성격발달에 관한 이론이자 인간본성에 관한 철학이며 심리치료의 한 방법이다(이장호, 1986). S. Freud에 의해서 창안된 정신분석 상담에서 바라보는 인간은 비합리적이고 결정론적인 존재로 가정되며, 인간의 행동이란 기본적인 생물학적 충동과 본능을 만족시키려고 하는 욕망에 의해서 동기화되는 것으로 보았다. 즉 정신적 결정론의 관점에서 본다면, 사람들이 겪는 문제는 정신내적인 갈등의 원인에 의한 결과이다. 따라서 인간의 부적응 행동은 무의식적 동기나 욕구에서 찾게 되며, 개인이 의식할 수는 없으나 무의식 속에 잠재해 있는 갈등이 해결되지 않으면 심리적 긴장을 야기시켜 심한 경우에는 여러 가지 외적 증상으로 나타난다고 보았다. 그러므로 정신분석상담은 무의식의 의식화 과정을 통해서 억압된 내면의 감정이나 긴장을 발산하고 내담자가 행동의 동기를 이해하고 통찰할 수 있게 도와서 부적응 문제를 해결하고 정신건강의 회복을 돕는 과정이다.

Freud는 인간의 정신과정을 3가지, 즉 의식(conscious), 전의식(preconscious), 무의식(unconscious) 등으로 분류하였다. 의식은 어떤 순간에 개인이 자신과 환경에 대해서 인식하는 모든 것을 의미하고 전의식은 쉽게 의식화될 수 있는 사고를 의미한다. 그리고 무의식은 의식적인 사고에 의해서 억압되고 금지된 사상, 소망, 충동과 같은 넓은 영역을 의미한다. Freud에 의하면 의식은 빙산의 일각과 같아서 우리의 마음은 대부분이 인식할 수 없는 무의식 속에 있다고 한다.

한편 개인의 성격이 Id(원초아), Ego(자아), Superego(초자아)의 셋으로 구성되어 있다고 본다. 원초아는 개인의 심리적 에너지의 원천이자 본능이 자리잡고 있는 곳이며 태어나면서 같이 존재한다. 원초아는 쾌락을 추구하는 것이 목적인 쾌락원리를 따르며, 일차과정에 의해서 기능한다. 초자아는 우리의 도덕적, 사회적 가치의 기초가 된다. 초자아는 가지고 태어나는 것이 아니고 부모나 성인으로부터의 도덕적인 경고나 가치관의 주입의 결과로 생겨나는 것이다. 이는 본질적으로 우리의 양심(conscience)에 해당하는 것이며, 도덕에 위배되는 원초아의 충동을 억제하며 우리의 행동과 소망을 수락하든지 거절하든지 한다. 자아도 초자아와 같이 성장하면서 원초아로부터 생성되는 것이며, 원초아의 본능과 외부 현실세계를 중재하고 현실원리에 입각한 이차과정에 의해서 기능한다. 자아는 원초아와 초자아의 중재자로서 양쪽의 요구를 현실에 입각해서 판단함으로써 합리적인 행동을 하게 한다.

이와 같이 성격은 원초아, 자아, 초자아로 구성되어 있으며, 각각의 기능을 원활하게 조율하게 되었을 때 안정감을 갖지만 원활한 조율이 어려울 때, 즉 성격구조간의 갈등은 불안을 유발한다. 이러한 불안은 우리로 하여금 심리적인 방어를 하도록 하는데 이 방어기제를 사용함으로써 불안을 통제하려고 노력한다. 방어기제는 성격발달의 수준이나 불안의 정도에 따라서 여러 가지 형태로 나타나지만 대개 비현실적이고 무의식적으로 작용한다. 방어기제에는 억압, 억제, 투사, 동일시, 퇴행, 부인, 고착, 합리화, 승화, 치환 등 다양한 형태가 있다.

성격은 생후 5~6세에 결정이 되며 이 때의 경험 속에 많은 정신질환의 원인이 있다고 본다. 인간은 출생 후에 성적인 쾌감을 느끼는 신체적 부위가 발달단계에 따라서 다르다고 하고 성격발달을 구강기, 항문기, 남근기, 잠복기, 생식기 등으로 구분하였다. 특히 구강기, 항문기, 남근기는 성격형성에 매우 중요한 시기로 보았는데, 구강기는 출생 후 만 1세까지, 항문기는 만 2~3세까지, 남근기는 4~5세까지를 말한다.

2) 상담의 목표

정신분석상담의 목표는 자아의 기능을 강화하여 심리적 증상과 관련된 정신적 갈등을 해소하는 데 있다. 즉 강화된 자아의 힘으로 증상과 관련된 정신적인 원인을 해소함으로써 심리적 문제를 해소하는 것이다. 즉 자신도 모르는 채로 자신의 감정이나 행동, 생각 등에 영향을 미치는 무의식적 요소들을 의식의 영역 밖으로 이끌어냄으로써 더 이상 무의식이 왜곡된 방식으로 현실에 영향을 미치지 못하게 하는 것이다. 궁극적인 목표는 자기에 대한 무지로부터 벗어나서 자신을 철저히 이해하는 것, 자신을 맹목적이고 비이성적인 본능적 충동에 휘말리도록 내버려 두는 것이 아니라 이성의 힘으로 그것을 다스리는 것, 바로 그것이 정신분석적 상담이 지향하는 것이다.

3) 상담의 진행과정

(1) 초기단계

내담자의 문제가 파악되고 이를 근거로 해서 정신분석의 여부를 결정할 수 있다. 이 시기에는 내담자의 이해를 위해서 더 많은 정보를 수집해야 한다. 현실 생활에서의 곤란한 점에 대해서, 그가 이루어 놓은 것, 다른 사람과 관계하는 방식, 가족 배경과 아동기 발달의 역사 등을 말한다.

(2) 전이의 발달단계

상담자는 내담자로 하여금 과거의 경험을 떠오르는 대로 편안하게 이야기하도록 한다. 내담자가 인식하기에 사소하고 하찮은 일이라고 생각해도 내담자의 마음에 떠오르는 것이라면 무엇이든지 말하도록 한다. 내담자와 상담자 사이에 친숙 관계가 형성되면 내담자 자신의 무의식적인 갈등의 문제들을 표출하게 되는데 그 갈등과 관계되는 중요한 인물에 대한 내담자의 정서적 반응이 함께 표출된다. 이때 상담자가 그 인물의 의미를 지니게 되는 전이 현상이 일어난다. 이 과정에서 잊어버렸던 어린 시절의 기억들과 억압된 무의식적인 환상들이 의식적으로 재연된다. 현실과 환상, 과거와 현재를 분별할 수 있게 도와 주고 어린 시절의 무의식적인 환상적 소원들의 욕구와 충동을 현실적으로 이해하도록 하는 해석을 통해서 내담자는 통찰을 가져오게 된다.

(3) 훈습단계

전이의 분석은 오랜 시간에 걸쳐서 진행이 되어지며, 훈습은 무의식의 자료와 방어를 탐색하는 것으로 반복과 정교화, 확충하는 활동들로 이루어지는 과정이다. 훈습단계에서는 통찰을 지속적인 활동과정을 통해서 더욱 공고하게 하는 것이다. 내담자는 자신의 억압된 감정이나 충동을 이해하고, 이해하는 바를 느끼게 되고 그 결과로서 현실을 부정하기보다는 직면할 수 있게 되고 보다 성숙되고 효과적인 방법으로 반응하는 것을 배우게 되는 것이다.

(4) 전이의 해결단계

내담자는 상담자에 의해서 무의식적이고 신경증적인 애착을 해결하는 단계이다. 이 단계에서는 내담자가 상담을 청하게 된 원인이었던 증상들이 놀랍게도 약화된 현상을 보인다. 그리고 지금까지 억압되어 있던 기억들이 나타나서 상담의 초기에 이루어졌던 해석이나 재구성을 확고히 하고 정교화시켜 주며, 내담자나 상담자가 상담을 종결하기를 합의하게 된다.

전이란 내담자가 과거의 중요한 인물들에게 느꼈던 감정이나 생각을 상담자에게 투사하는 현상이다. 상담이 진행됨에 따라 내담자의 어린 시절의 경험과 갈등은 무의식 속에서 의식의 표면으로 떠오르기 시작하고, 내담자는 신뢰와 불신, 독립과 의존, 사랑과 증오 등 여러 가지 상반되는 감정에 대한 과거의 갈등들을 회상하게 되고, 그 때의 감정들을 상담자를 대상으로 해서 재체험하게 된다. 이때 전이현상이 일어나는 것이며, 자신에게 중요했던 과거의 인물과 심리적으로 혼동하는 것은 그만큼 과거의 인물에 대한 미해결된 갈등이 내담자에게 중요하게 남아 있다는 것을 의미한다. 전이는 정신분석상담에서 핵심이다.

4) 상담의 기법

상담에 사용되는 주요기법은 자유연상, 해석, 꿈의 분석, 저항의 분석, 전이의 분석이다. 이 모든 것들은 내담자가 그의 무의식적 갈등을 자각하도록 돕는 기법인데 이것은 통찰과 자아에 의한 새로운 융합으로 이끄는 기법이다(Hjelle & Ziegler, 1981).

(1) 자유연상

내담자의 마음에 떠오르는 대로 말하게 하는 방법, 즉 내담자가 가능한 한 마음을 비우고 아무리 고통스럽고 꺼림칙하고 혹은 부끄럽고 사소한 것일지라도 떠오르는 대로 남김없이 모두 이야기 하도록 한다. 내담자는 자유연상을 통해 과거를 회상하고 충격적인 상황 속에서 느꼈던 여러 가지 감정을 발산하게 된다.

(2) 해 석

꿈이나 자유연상, 저항, 상담관계 등에서 나타난 내담자 행동의 의미를 상담자가 지적하고, 설명하고, 때로는 가르치기도 하는 기법이 상담의 기본절차이다. 해석은 다음과 같은 원칙들에 따라 이루어져야 한다. 첫째, 해석을 시도하는 시기의 적절성이다. 적절치 못한 때에 해석을 하면 내담자가 거부반응을 일으킬 수 있기 때문이다. 둘째, 내담자가 소화해 낼 수 있을 정도의 깊이까지만 해석해야 한다. 셋째, 저항이나 방어의 저변에 깔려있는 무의식적 감정 및 갈등의 의미를 해석하기에 앞서 그 저항과 방어가 어떻게 나타나고 있는지를 먼저 지적해 줄 필요가 있다. 또한 해석은 명료화 해석, 비교 해석, 소망-방어 해석의 세 범주로 볼 수 있다.

(3) 꿈의 분석

수면 중에는 방어가 약화되므로 억압된 욕망과 감정이 의식표면에 떠오르게 된다. 이 꿈에 상징적으로 나타나는 동기와 갈등에 초점을 두고, 무의식적으로 억압된 욕구를 찾아내어 내담자로 하여금 해결되지 않은 문제들에 대한 통찰력을 얻게 하는 중요한 절차이다. 꿈에 대해 분석해가면서 내담자는 자신의 문제 행동에 대한 인식을 갖게 된다.

(4) 저항의 분석

저항은 상담의 발전을 저해하고 상담자에게 협조하지 않으며 내담자가 무의식적 욕구를 표출하는 것을 방해한다. 이렇게 내담자가 저항하는 이유는 자신의 억압된 충동이나 감정을 알아차렸을 때 느끼게 되는 불안으로부터 자신을 보호하기 위해서이다. 상담자는 이러한 저항을 지적해야 하며 내담자는 이런 저항에 직면해야 한다. 내담자가 보이는 가장 큰 저항에 내담자의 주의를 환기시킨 다음 내담자가 수용할 수 있도록 배려하면서 해석을 가한다.

(5) 전이의 분석

내담자가 과거의 중요한 인물에게 느꼈던 감정을 상담자에게 옮기는 것이다.

전이단계는 상담과정 중 가장 중요한 고비이며 상담자들은 중립적이고 객관적이며 비교적 수동적인 자세를 취함으로써 내담자의 전이를 유도한다. 전이에 대한 해석은 어렸을 때의 주요 정서적 갈등까지 해결하는 계기가 될 수 있다. 상담자는 내담자의 전이를 이해하고 분석해 주어야 하며 내담자의 전이감정이 해소되면 내담자는 과거의 영향으로부터 벗어나게 되며 정서적으로 보다 성숙한 인간이 될 수 있다. 한편 상담자 입장에서 나타나는 전이를 역전이(counter-transference)라고 하는데 이것은 내담자에 대한 상담자의 싫은 감정이나 지나친 애착이나 관여 때문에 갖게 되는 것이다. 내담자가 애정이나 분노를 표현했을 때 거기에 맞춰 자기감정을 표현하는 경우를 말한다. 내담자가 상담자를 어떻게 대하는지, 어떤 감정으로 느끼는지 등을 관찰하고 의미가 무엇인지를 이해하고 분석해 가야 한다. 즉 상담자는 내담자의 행동이나 태도가 전이를 반영하는지의 여부를 확인하는 것이 중요하며, 이를 통해서 전이가 확인되면 내담자가 이해할 수 있도록 해석해 주는 것이 요구된다.

3. 인간중심적 상담

1) 개 념

Rogers는 인간은 외부의 현실보다는 오히려 내부의 경험에 의해 이끌어지는 주관적인 경험이 행동을 지배하므로 인간을 이해하는 방법은 그들의 개인적인 내부 세계에 들어가서 그들의 내적 세계를 이해하는 것이라고 했다. 그의 임상경험에 의하면 인간은 기본적으로 자유로우며 자신의 행동에 책임을 지고, 자신 속에 자기를 이해하고, 자아개념의 기본적인 것을 변형시킬 수 있는 방대한 자원을 가지며, 합리적이고 건설적인 방향으로 지속적으로 성장해 나가는 미래 지향적인 존재이므로 이런 선천적인 잠재력을 발휘할 수 있는 조건들만 적절히 제공되면 무한한 성장과 발달이 가능하다고 결론지었다. 인간은 또한 실현 경향성을 가지고 있는데, 그 중에서 가장 중요한 것이 자아실현의 경향성이다.

개인으로서의 인간은 심리적 부적응 요인들을 지각하는 능력과 부적응의 상태에서 벗어나 심리적 적응의 상태로 향할 능력과 경향성을 갖고 있다. 이런 경향성과 능력은 상담관계에서 길러진다. 적응하려는 경향성은 자기실현을 하려는 경향성이다. 따라서 상담은 이미 개인에게 존재하는 능력을 활용케 하는 것이며, 상담의 궁극적인 목적은 '완전히 기능하는 인간'이 되도록 돕는 것이다.

2) 상담의 목표

부적응 행동이란 개인의 자아가 왜곡된 결과라고 보기 때문에, 내담자는 자신의 왜곡된 지각을 수정하고 현실적 경험과 자아개념간의 조화를 이루며 능력과 개성을 발휘하여 자아실현을 통해 완전히 기능하는 사람이 되도록 하는데 목표가 있다.

3) 상담의 진행과정

인간중심상담은 상담의 처음부터 끝까지 내담자의 경험을 강조하는데, 그 이유는 내담자의 내면에서 진행되어지는 경험 속에 문제해결을 위한 답이 있기 때문이다. Rogers는 인간의 심리적인 문제는 스스로의 타고난 잠재 가능성을 발견하지 못하고 외적으로 부여된 가치 조건들에 맞추어 살려고 할 때 생겨나게 된다. 외적으로 부여된 가치 조건에 따라 형성된 자기개념이 자신의 긍정적이고 창조적인 성장에의 힘을 위축시키거나 약화시킴으로써 심리적 문제가 발생하게 된다는 것이다. 따라서 상담자는 내담자가 자신의 내면에서 진행되는 경험과 접촉할 수 있도록 돕는데 상담의 초점을 맞추어야 한다. 따라서 상담자는 내담자의 현재의 의식의 내면에서 진행되는 감정을 반영하는 것이 매우 중요하다. 여기서 감정의 반영이라는 것은 내담자가 내면에서 일어나는 여러 가지 감정들을 명확하게 자각하지 못하는 부분을 상담자가 거울을 비추듯이 내담자에게 보여주는 것이다. 즉 내담자는 자기개념과 불일치되는 내적인 감정을 명료화하게 됨으로써 문제해결 및 인간적인 성장을 동반하게 된다.

무엇보다도 내담자가 자신의 감정을 명료화하거나 수용하기가 어려운 것은 자신의 가치조건들에 맞지 않아 위협을 느끼기 때문이다. 자신이 가치로운 존재가 되기 위해서는 그들의 부모에게 부여받은 가치 조건에 부합되는 방식으로 살아야 하는 것이다. 그렇지 않을 경우에는 자신의 무가치함으로 인해서 자신의 감정을 수용하기가 매우 어려울 수 있다. 그렇기 때문에 상담자는 내담자가 가지고 있는 여러 가지 가치 조건들을 상담에서 해제해 주어야 하는 것이다. 내담자의 내면 경험을 무조건적으로 수용하고, 공감하는 것이 그 해결책이라고 한다. 이와 같은 무조건적 수용과 공감은 내담자의 가치조건의 해제에 핵심적인 역할을 한다. 무엇보다도 내담자는 상담자와의 관계를 통해서 자신의 삶의 의미를 갖도록 하는 사람은 다른 사람이 아닌 자신이고 외적인 가치 조건들에 의한 것이 아니라는 것을 깨달아 가게 되는 것이다.

이상의 진행과정을 통해서 내담자는 자신의 삶은 어떤 외적 조건 및 가치에 의한 것이 아니라 자신이 스스로에게 부여하는 의미에 따라 자기를 형성시켜 나갈 수 있는 참된 자아성장의 길을 걷게 될 것이다.

4) 상담의 기법

비지시적 상담의 기법은 상담자와 내담자와의 상담관계 형성이다. 내담자에게 도움이 되거나 변화하고 성장하게 하기 위해서 스스로 자신 속에 있는 능력을 발견하도록 만드는 것이 중요한 상담관계이다. 효과적인 상담자의 특성은 공감, 진실성, 수용적인 태도로(Canaff & Hutto, 1995) 내담자와 함께 생각하고, 느끼고 탐색하여 내적 준거체제를 발전시키도록 해야 한다.

(1) 무조건적 긍정적 수용

내담자를 전적으로 신뢰하고 수용하여 내담자 자신이 자기이해 및 긍정적인 변화에 대한 잠재력이 있음을 깨닫도록 한다. 상담자는 내담자를 갈등과 부조화, 좋은 점과 나쁜 점을 모두 갖추고 있는 그대로의 개인으로서 수용한다. 이러한 태도는 중립적으로 수용하는 것 이상을 말하는데, 즉 내담자를 가치있는 인간으로 받아들이는 것이다. 또한 내담자에 대해 관심을 가지거나 온정으로 대하는 것까지도 포함한다. 내담자의 행동이 가치의 유무에 상관없이 비판적인 행동을 보이지 않으며 내담자를 있는 그대로 받아들이며 무조건적이고 긍정적으로 존중하는 것을 말한다.

(2) 진솔성

진솔성이란 진실하고 솔직하다는 것으로, 상담자가 내담자와의 관계에서 나타내는 반응의 순간순간 그의 내적 경험과 합치되는 상태를 말한다. 상담자로서의 역할 수행을 위한 가식적인 모습으로서가 아니라 인간으로서의 자신의 모습을 진솔하게 나타내는 것을 말한다. 이런 의미에서 진지성(realness), 진솔성(authenticity), 일치성(congruence)이라는 용어로도 쓰인다. 진실성이 있는 상담자는 속으로 생각하고 느끼는 것과 드러나는 언행이 같다. 그는 자신의 마음 속의 느낌을 각성하고 받아들이며 그것에 맞추어 적절한 언어적, 비언어적 의사소통을 정확하게 구사할 수가 있다. 무엇보다도 상담자의 진솔성은 자기와 경험 간의 불일치를 줄여가는 데 밑거름이 된다는 것이다. 그렇기 때문에 상담자의 진솔성은 내담자 자신의 경험에 대한 개방과 접촉을 촉진하는 것으로 작용하게 된다.

(3) 공감적 이해

공감이란 내담자의 생각, 감정, 경험에 대하여 내담자의 입장에 따라 그대로 이해하는 것이다. 즉 상담자가 내담자와 "더불어 함께하는" 과정이라고 할 수 있다. 상담자가 내담자의 내면세계를 정확하게 그리고 감정이입적으로 이해하는 것을 뜻한다. 즉 자기 자신을 잃지 않고 내담자의 내적 세계를 마치 자신의 내면세계인 것처럼 느끼는 것이다. 상담자의 이와 같은 이해는 내담자가 자연스럽게 그리고 깊이 그 자신을 생각하고 자신에 대한 이해를 증진시키도록 돕는다.

4. 행동주의적 상담

1) 개 념

인간에 대한 견해에 대해서 Watson은 건강한 어린이라면 누구라도 환경의 형성을 통해서 그가 원하는 대로 만들 수 있다는 것을 주장했다. 즉 인간에게 기술을 학습시키도록 한 반면, Bandura(1986)는 인간이 환경을 만들기도 하고 환경에 의해서 만들어지기도 한다고 했다. 그는 또한 인간행동에 대한 기계론적이고 결정론적인 모형을 환경적인 결정인자에 너무 의존하려 한다는 이유로 거부했는데, 그 이유는 인간의 능력을 고려하지 않았기 때문이라고 했다. 행동주의적 상담은 내적 동기, 욕구, 충동 등과 같은 개념의 인정이라기보다는 인간이 겉으로 드러내는 객관적이고 관찰가능한 행동을 상담의 대상으로 삼는 것이다. 그래서 바람직한 행동을 조성하거나 바람직하지 못한 행동을 제거하거나 감소시키는 학습이론의 원리를 토대로 해서 바람직한 행동의 변화를 갖도록 돕는다. 즉, 행동주의적 상담은 상담에 있어서 체계적이고 구조화되어진 접근, 즉 인간행동의 과학적인 견해에 기초하는 기법이다.

2) 상담의 목표

행동주의 상담의 목표는 학습의 새로운 조건을 조성하는 것, 즉 부적절한 학습을 제거하고 적절한 행동의 학습경험을 제공하는 과정이다.

3) 상담의 진행과정

행동주의 상담에서는 상담의 과정을 4단계로 설명하였다(강봉규, 1999).

(1) 부적응행동의 규명

행동수정을 위해서는 그 행동을 정확하게 파악하고 서술적 용어로 정의하는 것이 중요하다. 그리고 눈으로 관찰할 수 있는 행동에서 그치는 것이 좋다. 즉 구체적이고 관찰가능하고 측정이 가능한 행동으로 세분화되어야 한다.

(2) 현재의 상태 파악

행동의 시발점을 측정, 즉 행동주의 상담에 들어가기 직전의 행동이 얼마나 빈번하게, 얼마나 오랫동안 일어나고 있는지를 측정하는 것이다. 측정결과는 수정작업이 끝난 후 내담자의 행동에 얼마나 변화가 일어났는지를 알아보기 위한 기준이 된다.

(3) 강화의 실시

강화기법을 적용하는 단계인데, 정적 강화, 부적 강화, 벌 등을 말한다. 강화의 원리를 고려하는 것은 매우 중요한데 즉시성, 일관성, 점진성의 원리를 말한다.

(4) 행동변화의 평가

행동의 변화를 목적으로 하여 시작한 행동수정은 행동변화가 확인되면 끝내게 된다. 행동수정의 효과를 검증하기 위해서는 행동수정 기법이 적용되기 이전에, 시발점 측정시 또는 그 이전의 자연상태로 돌아가서 내담자의 행동에 어떤 변화가 오는지를 알아본다. 이것을 반전이라고 한다. 반전을 하면 대개의 경우 수정된 행동이 원상태로 되돌아가는 것을 볼 수 있으며 수정기법의 효과가 있었다는 것을 알게 된다.

4) 상담의 기법

행동주의이론은 행동을 변화시키는 것으로 증명되는 기법은 어떤 기법이라도 상담계획에 통합시킬 수가 있다. Lazarus(1989)는 기법의 이론적 배경에 상관없이 다양한 기법을 사용할 것을 주장한다. 또한 행동주의적인 방법을 보완하기 위해 상담장면에서 자기가 사용한 많은 기법을 개괄했는데 상담기법이 많을수록 상담자가 더 효과적으로 도울 수 있는 가능성이 높다고 주장한다. 행동주의 상담자들이 학습이론에서 나온 방법만을 사용하는 것이 아니라는 것은 분명하다. 다음은 행동주의 상담의 체계화된 기법들에 대해서 살펴보고자 한다.

(1) 이완훈련

이완훈련은 사람들이 일상생활에서 유발되는 스트레스에 대처할 수 있도록 가르치는 방법이다. 이는 근육과 정신의 이완을 목표로 하고 있으며 쉽게 배울 수 있다. 최대의 효과를 얻기 위해서는 내담자가 이완훈련의 기초를 배우고 나서도 날마다 연습해야 한다.

(2) 체계적 둔감법

고전적 조건형성의 원리에 기초를 둔 체계적 둔감법은 가장 많이 사용되고 실증적으로 연구되어진 행동치료 절차 중의 하나이다. 이것은 불안과 관련된 부적응 행동들 혹은 회피반응들의 치료에 쓰여진다. 우선 불안을 일으키는 자극과 불안 유발 상황들의 위계 구성에 대한 행동분석이 포함된다. 그 후에는 이완절차를 배우고 상상하는 장면을 짝지운다. 가장 덜 위협적인 상황에서 가장 위협적인 상황까지 상황들은 순서대로 제시된다. 불안자극과 불안반응간의 연결이 없어질 때까지 불안을 일으키는 자극들을 반복적으로 이완상태와 짝지운다(Wolpe, 1969).

체계적 둔갑법은 공포를 치료하는데 적절한 기법이기도 하고, 신경성 식욕부진, 강박관념, 충동행동, 우울 등의 문제를 해결하는데도 효과적으로 사용된다.

(3) 모 방

Bandura에 의해서 강조된 모방은 관찰학습, 사회적 학습, 대리학습이라는 용어를 사용한다. 개인 또는 행동이 관찰자의 편에 유사한 사고, 태도, 행동을 만들어 내는 자극으로 작용하는 과정을 말한다. 관찰학습 과정을 통해서 내담자는 시행착오 학습을 하지 않고 원하는 행동을 학습할 수 있게 된다. Bandura(1986)는 3가지 모방효과를 말했는데, 첫째는 새로운 반응이나 기술의 획득과 수행, 둘째는 공포반응의 제거, 셋째는 반응의 촉진이다.

(4) 자기표현 훈련

사회적 기술훈련의 한 형태로서 화나 짜증을 표현하지 못하는 사람, 거절을 못하는 사람, 겉으로 보기에 지나치게 공손하거나 다른 사람에게 이용당하기만 하는 사람, 정서와 다른 긍정적인 반응들을 표현하지 못하는 사람, 자신의 사고, 감정, 신념들을 표현할 권리가 없다고 느끼는 사람들에게 효과적이다. 자기표현 훈련은 앞서와 같이 어려운 상황을 다루는 기술이나 기법만을 주는 것 이상의 기능을 한다. 이 계획들은 표현력 결핍을 가져오는 신념에 도전하고, 건설적인 자기 진술을 하거나 표현적 행동을 낳는 새로운 신념들을 채택하도록 가르친다.

즉 불안을 야기하는 사회장면에 초점을 두어 안전한 환경에서 어려움에 직면하고 도전하도록 실제적인 기회를 제공하는 것이다.

(5) BASIC ID

Lazarus(1989)의 중다양식적 접근의 핵심은 인간의 복잡한 성격에는 7가지 주요 기능이 있다. ① B(행동) ② A(감정) ③ S(감각) ④ I(심상) ⑤ C(인지) ⑥ I(대인관계) ⑦ D(약, 생물적 기능, 영양, 운동)를 말하며, 이들 양식들이 상호작용적이기는 하지만 그들은 분리된 기능으로 보아야 한다. BASIC ID는 성격의 각 측면에 명백하고 체계적인 관심을 기울이도록 하는 인지도이다. 이는 비합리적 신념, 일탈행동, 불쾌한 감정, 지루한 인상, 긴장이 많은 관계들, 부정적인 감각, 생화학적 불균형 등에 대한 교정을 포괄한다. 변화를 지속시키는 것은 함께 사용된 기법의 함수이다. BASIC ID의 주된 프로파일이 완성되면 상이한 양식들 사이의 상호작용을 검사한다. 그리고 난 다음에는 개인 문제의 구체적 측면을 더 부각시키고 상담자가 효과적인 해결방법과 전략을 고안하고 더 완전히 개인을 이해하도록 한다.

5. 합리적 · 정서적 상담

1) 개 념

인간의 신념이나 생각 등 인지적인 면들이 정서와 행동에 영향을 미친다는 점을 강조한 대표적인 이론인 합리적 · 정서적 상담(Rational Emotive Therapy)은 Albert Ellis에 의해서 창시되었다. 합리적 · 정서적 상담의 핵심은 비합리적인 생각이 부적절한 정서로 이어지고, 또한 부적절한 정서는 결국 부적절한 행동으로 이어지므로 합리적인 생각을 하도록 하여 합리적인 생각이 적절한 정서와 행동으로 바뀌도록 하는 것이다.

합리적 · 정서적 상담은 인간은 동물과 다르다는 개념에 기초를 두고 있으며, 인간은 가치관을 가지고 있고, 사고를 할 수 있고, 인지적 구조를 발달시킬 수 있다는 것이다. 즉, 가치관과 사고의 관계를 의식적으로 그리고 능동적으로 변화시키려고 한다. 무엇보다도 합리적이기도 하고 비합리적이기도 하다고 믿으며, 비합리적인 사고에 따른 감정이 문제의 원인이라고 보았다. Ellis는 감정과 사고의 관계를 다음과 같이 설명하였다. 첫째는 사고와 정서는 밀접한 관련이 있다. 둘째는 사고와 정서는 대개 같이 있고 순환적 인과관계를 가지고 있다. 셋째는 인간은 기호, 상징, 언어 등을 만들어내는 동물이기 때문에 사고와 정서는 내면화된 자기대화의 형태를 취하게 된다. 넷째는 실제적으로는 이러한 자기대화가 개인의 사고와 정서가 된다.

2) 상담의 목표

내담자가 지니고 있는 문제행동의 제거에 역점을 두기 보다는 문제행동의 배후에 있는 핵심적인 자기 패배적인 신념과 비합리적인 사고를 극소화시키고 삶에 대해서 보다 현실적이고 합리적인 가치관을 갖게 하는 것이다.

3) 상담의 진행과정 및 기법

(1) ABCDE기법

사고를 재교육하는 기초적인 합리적 · 정서적 상담의 기법은 ABCDE 과정으로 설명되어지는데, 이러한 과정을 통해서 내담자는 부적응적인 반응에서 벗어나게 된다.

① A : 선행사건(Activating event)

개인에게 사고나 정서적 혼란을 일으키는 어떤 사건을 말한다. 가령 시험에 떨어졌거나 실직하게 되었다든지, 여러 사람 앞에서 상사로부터 꾸지람을 들었다든지와 같이 인간의 생각과 정서를 유발하는 어떤 사건이나 행위를 의미한다.

② B : 신념체계(Belief system)

문제 장면에 대한 내담자의 관점 또는 신념, 활동, 행동 또는 사건에 대한 개인의 신념으로 이성적, 현실적, 합리적 신념(rational beliefs : rB)과 비이성적, 비현실적, 비합리적 신념(irrational beliefs : iB)이 있다.

③ C : 결과(Consequence)

선행사건에 접했을 때 비합리적인 태도 내지는 사고방식을 가지고 그 사건을 해석함으로써 느끼게 되는 정서적 결과를 말한다. 비합리적인 사고방식을 지닌 사람들은 대개의 경우 지나친 불안, 원망, 비판, 죄책감 등과 같은 감정을 느끼게 되고, 정신 장애와 질환을 앓게 되기 쉬우며 주로 방어적 태세를 취하는 경향이 있다. 문제가 발생한 것을 내담자가 보고하는 신념에 대한 정서적, 인지적, 행동적 결과나 반응(consequence)으로 이성적, 현실적, 합리적 결과(rational consequence : rC)와 비이성적, 비현실적, 비합리적 결과(irrational consequence : iC)가 있다.

④ D : 비합리적인 신념을 바꾸도록 돕는 과학적 방법을 적용하는 논박(Dispute)

자신이 가지고 있는 비합리적인 신념이나 사고에 대해서 도전해 보고 과연 그 생각이 사리에 맞는 것인지를 다시 한번 검토해 보도록 상담자가 촉구하는 것을 말한다. 상담자는 논리적인 원리들을 제시하여 내담자의 그릇된 신념들을 논박하여 내담자가 자기패배적인 생각을 바꾸거나 포기하도록 도와 준다.

⑤ E : 논의 또는 논쟁하여 획득하는 효과(Effect)

내담자가 가진 비합리적인 신념(iB)을 철저하게 논박함으로써 합리적인 신념(rB)으로 대치한 다음에 느끼게 되는 자기 수용적인 태도와 긍정적인 감정의 결과를 지칭한다. 논박의 효과에는 논박을 통하여 이성적으로 생각하게 되는 인지적 효과와 바람직한 정서로 바뀌는 정서적 효과 및 바람직한 행동을 나타내는 행동적 효과의 세 가지가 있다(Ellis, 1979 ; Shertzer & Stone, 1980 ; Baker, 1981).

(2) 상담의 진행과정

상담의 첫 면접에서는 주로 상담자와 내담자의 책임이 정해지는데, 상담자는 내담자에게 상담과정이 내담자의 사고와 행동을 검토하는 학습경험이라는 것을 설명하고, 조력관계가 형성될 수 있도록 주의집중 기술을 활용하고, 내담자로 하여금 개인적인 문제를 언어로 표현하도록 하고, 적절한 행동수정을 활용한다. 상담자와 내담자의 관계를 중시하지는 않지만 주로 4단계를 거친다.

① 상담자가 내담자에게 구체적인 문제와 관련된 많은 비합리적인 신념을 내담자가 가지고 있다는 것을 보여 준다. 이 단계에서 내담자는 자신의 신념체계에서 비합리적인 요소를 분리해 내는 것을 배워야 한다.

② 상담자는 내담자가 어릴 때 형성한 자기 파괴적 문장을 지금까지 계속 반복하기 때문에 정서적 혼란에서 벗어나지 못한다는 점을 내담자에게 보여줌으로써 내담자로 하여금 이를 지각하도록 한다.

③ 상담자는 내담자가 자신의 비합리적인 신념을 바꾸거나 버리도록 도와준다. 내담자가 가진 비합리적인 신념은 뿌리가 깊게 박혀서 상담자의 도움없이는 바꾸거나 제거하기가 어렵다. 이를 위해 상담자는 여러 가지의 행동적 상담기술을 사용한다.

④ 상담자는 내담자가 자신의 비합리적 신념체계의 희생물이 되지 않도록 하기 위해 내담자에게 합리적인 인생관을 갖도록 촉구한다.

6. 현실요법적 상담

1) 개 념

William Glasser(1965)에 의해서 창안된 현실요법은 선택이론에 의해서 인간의 행동을 설명하고 있다. 즉 선택이론은 우리가 어떻게, 그리고 왜 어떤 특정한 방법으로 행동하는가를 설명하는데, 인간은 개인의 내면적인 동기에 의해서 행동을 한다. 개인은 끊임없이 개인의 욕구충족을 위해서 창조적인 욕구충족 방법을 고안하고 실행하며 성공적으로 욕구충족이 이루어지게 된다. 따라서 욕구충족의 방법이 풍요로울수록 행복감을 느끼고, 보다 효율적인 욕구충족의 방법을 선택하는데 있어서의 책임을 갖게 된다. 자신에 대한 책임을 수용하게 되면 보다 적극적으로 욕구충족의 방법을 창조하게 된다. 즉 인간의 행동은 합목적적이라는 것이다. 현실요법은 현실적응 과정에서 원하는 만큼의 만족을 얻지 못하는 사람에게 전문적으로 훈련을 받은 사람이 촉진자로서 안내해 주는 과정을 말한다.

2) 상담의 목표

내담자가 보다 자율적이고 효율적인 욕구충족 방법을 선택하고 실행하도록 도와서 책임있는 행동을 선택하고 보다 성공적인 정체감을 갖도록 돕는 것이다. 내담자 자신이 원하는 것이 현실적으로 실현 가능한 것인지, 그리고 그러한 행동이 자신의 욕구충족과 관계에 있어 유용한지의 여부를 평가하도록 돕는다. 또한 변화에 대한 책임을 자신이 수용할 수 있도록 행동 선택의 주체자로서의 경험을 강조한다.

3) 선택이론

선택이론은 모든 생명체의 생리적이고 사회 심리적인 행동을 설명해 주는 생물학적 이론이다. 모든 생물들이 어떻게, 그리고 왜 행동하는가를 설명하는 이론으로 자신의 삶에 성취감을 북돋워 주고 또한 자신의 삶을 통제하는 긍정적인 개념으로 사용된다. 즉 현실에 각각 다르게 반응하는 이유는 개인의 좋은 세계(quality world)가 있기 때문이며, 이 좋은 세계는 내담자의 5가지 기본욕구의 충족 방법이 다르기 때문이라고 한다.

인간의 기본적인 욕구는 생존의 욕구, 사랑과 소속의 욕구, 힘과 성취의 욕구, 자유의 욕구, 즐거움의 욕구 등인데, 욕구를 충족시키도록 하는 행동은 책임있는 행동으로 보았다. 즉 기본욕구를 충족시키기 위해서 어떤 방법을 사용하느냐에 따라서 개인은 성공 혹은 실패지향적인 정체의식을 발전시킬 수 있다. 성공적인 정체의식을 발전시키는 사람은 세상에서 자신이 어떤 사람으로부터 사랑받고 있으며, 자신이 적어도 한 사람의 다른 사람을 사랑하고 있다는 것을 인식하는 것이다. 그리고 대부분의 경우 자신들이 가치있는 사람이고 또 적어도 한 사람이 자신을 가치있다고 생각하고 있는 것을 아는 것이다.

4) 상담의 진행과정 및 기법

현실요법 상담에서는 크게 두 부분으로 나누어 살펴볼 수 있다. 상담환경 가꾸기를 통해서 내담자가 상담자와의 관계에서 욕구충족이 이루어질 수 있도록 하며, 무엇보다도 상담에 대한 기대와 자발적인 참여를 돕는 것이 중요하다. 그리고 WDEP의 과정을 통해서 내담자의 바램을 충족시킬 수 있는 창조적인 행동을 선택하고 실행할 수 있도록 돕는 것이다.

(1) 상담환경 가꾸기 : 친밀한 관계형성하기

현실요법 상담에서는 상담자와 내담자의 상담 관계형성을 매우 중요하게 여긴다. 상담절차를 밟아가는 과정에서 상담환경 가꾸기는 내담자로 하여금 자신의 행동에 대한 책임을 적극적으로 수용하도록 돕기 위한 것이다.

현실요법 상담에서 상담환경 가꾸기는 상담의 진행과정 전체에서 매우 중요하게 이루어져야 하는데, 상담자가 염두에 두어야 할 권장 사항에는 다음의 내용들이 있다(김인자 역, 1991). 구체적인 내용으로는 ① 주의 기울이기, ② ABs 법칙을 실시하기, ③ 판단을 보류하기, ④ 예상하지 않은 행동하기, ⑤ 유머를 사용하기, ⑥ 자기 자신이 되기, ⑦ 자기 자신을 개방하기, ⑧ 은유적 표현에 귀 기울이기, ⑨ 주제에 귀 기울이기, ⑩ 요약하기와 초점 맞추기, ⑪ 자기 선택에 대한 결과를 책임지게 하기, ⑫ 침묵을 허용하기, ⑬ 윤리적이기 등이 있다.

(2) WDEP 적용하기

① 욕구, 바램, 지각 탐색하기(want)

현실요법에서는 내담자들이 자신의 생활에서 무엇을 원하는지 구체적이고 명확하게 알도록 질문하고 내담자가 스스로 원하는 바를 탐색하도록 돕는다. 내담자는 자신의 생활이나 인간관계, 직장, 학교 등에서 만족하고 있는지의 여부를 파악하고 만족하지 못한다면 구체적으로 무엇에 대한 바램과 욕구가 있는지를 탐색하는 것이다. 우선적으로 상담자는 내담자가 무엇을 원하는지를 묻게 된다. 내담자가 가장 바라고 원하는 것을 물음으로써 내담자의 질적인 세계(quality world)의 탐색을 하게 된다. 그리고 내담자의 진정한 바램을 현실에서 충족시킬 수 있도록 구체적인 방법을 내담자가 자신의 지각세계를 탐색함으로써 찾도록 돕는다. “무엇을 원하는가?” 즉 내담자가 자신이 원하는 것을 정확하게 인식할 수 있도록 도와 주는 질문이다.

② 전행동과 행동방향 탐색하기(doing)

내담자가 자신의 바램들 중에서 실제적인 욕구충족을 위해서 어떤 행동을 하고 있는지, 구체적으로 행동을 하고 있다면 그것은 무엇인지를 탐색하는 것이다. 내담자가 욕구충족을 위해서 어떤 행동을 하고 있는가를 함께 논의하는 것이다. 상담자와 내담자가 함께 하는 시간을 소유하게 된다. 그리고 상담자는 내담자가 자신의 행동을 보다 내적으로 통제할 수 있도록 돕는 것이 효과적이다. 무엇보다도 중요한 것은 내담자의 행동 탐색에 있어서 전행동 요소 중 활동하기에 초점을 맞추는 것이 중요하다. 왜냐하면 활동하기에 초점을 맞추게 되면 자연스럽게 내담자의 생각이나 느낌, 신체반응의 변화가 자연스럽게 이루어지기 때문이다.

즉, 상담진행 과정에 있어서 상담자는 내담자의 현재 행동을 구체적으로 탐색하게 된다. 무엇보다도 현실요법에서는 내담자의 현재 행동을 강조하는데, 이러한 강조는 질문을 통해서 구체적으로 나타난다. "무엇을 하고 있는가?"라는 질문을 통해서 내담자는 자신이 원하는 것을 더 효과적으로 얻을 수 있는 방법을 구체적으로 인식하는 것이다. 지금 현재에서 보다 효과적으로 욕구충족을 위한 행동선택을 할 수 있도록 스스로를 돕는 방법을 배우는 것이 필요하다.

③ 바램, 행동, 계획에 대한 자기 평가하기(evaluation)

현실치료의 핵심은 내담자가 자기평가를 할 수 있도록 돕는데 있다. 내담자는 자신이 원하는 것과 원하는 것을 이루기 위해서 지금 행동하고 있는 것이 정말 도움이 되는지 도움이 된다면 어떤 도움이 되는지를 스스로가 평가하도록 한다. 내담자가 보다 효율적으로 욕구를 충족시킬 수 있는 행동을 선택해서 자신이 살고자 하는 방향으로 갈 수 있도록 돕는 것이다. 평가질문에는 "당신이 하고 있는 행동이 당신이 원하는 것인가?" 등이다. 상담자는 내담자가 필요로 하는 것과 내담자가 지각하고 있는 것, 그리고 내담자의 전행동에 대해서 질문함으로써 내담자가 스스로의 가치판단을 내릴 수 있도록 도울 수 있다. 내담자가 자신의 행동을 평가할 수 있도록 돕는 것이 상담자의 중요한 역할이다.

④ 계획하기(plan)

내담자의 바램과 이러한 바램 충족을 위한 전행동의 탐색이 이루어지면 진정으로 원하는 행동인가를 스스로 평가하도록 돕는다. 상담자는 내담자의 바램을 이룰 수 있도록 구체적인 방법을 찾도록 돕는 것이다. 이러한 과정을 체험하게 되면 내담자는 자신의 삶을 효율적으로 통제할 수 있게 된다. 그리고 내담자의 계획하기는 내담자가 성공적인 정체감을 갖도록 돕는 것이다. 또한 내담자는 자신의 욕구충족을 위해서는 자신이 자신의 행동을 선택하는 길만이 있다는 사실을 수용하도록 돕는다. 무엇보다도 바램 충족을 위한 계획을 세우는 데 있어서 고려해야 할 사항들은 내담자의 욕구 충족이 되어지는 계획, 단순한 계획, 현실적이고 실현 가능한 계획, 특정행동을 하도록 권장하는 계획, 스스로가 할 수 있는 계획, 구체적인 계획, 측정 가능하고 반복적인 계획, 즉각적인 계획, 진행중심적인 계획 등이며 효율적으로 진행되었을 때 내담자가 성공적인 정체감을 갖도록 도울 수 있다.

제 7 장

정치활동과 추후지도활동

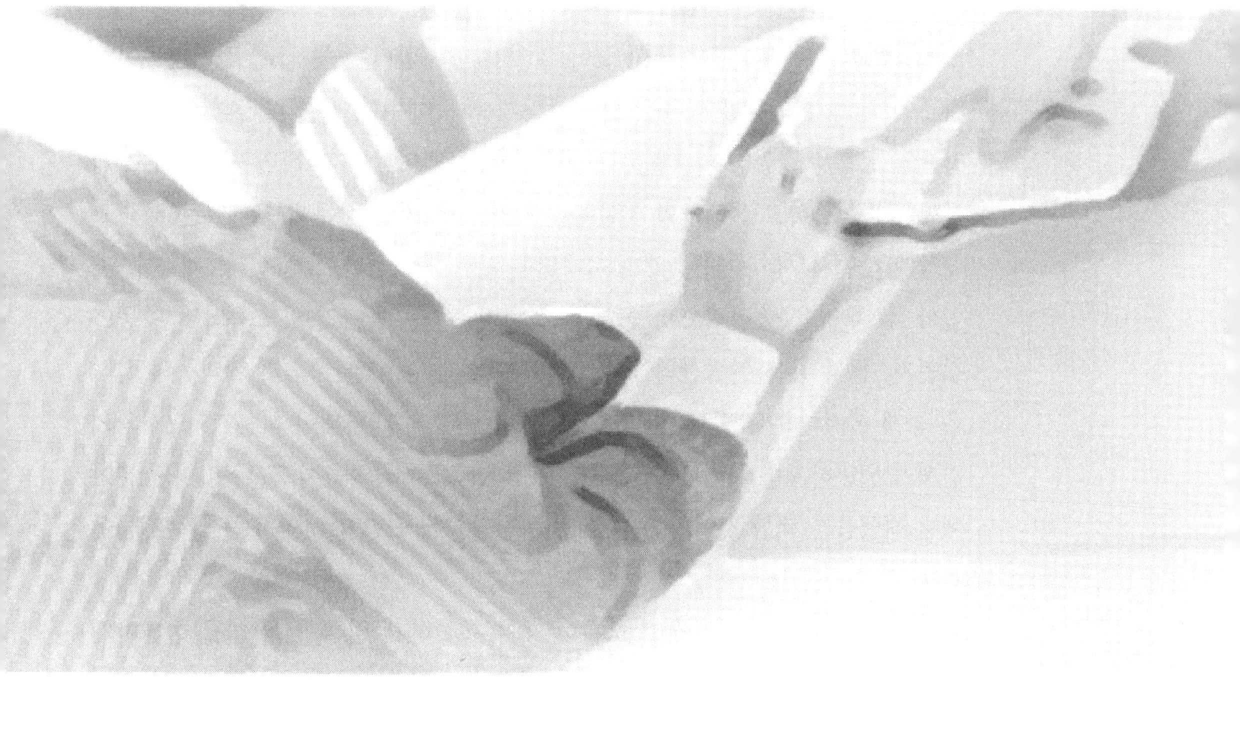

1. 정치활동의 의미와 필요성
2. 정치활동의 내용
3. 추후지도의 의의와 목적

학습자의 지속적인 성장과 발달을 도모함에 있어서 생활지도자는 끊임없는 관심 속에서 개인의 문제해결을 돕게 되고, 또한 지속적이고 적극적인 정보제공 활동을 하며, 원활한 적응능력을 갖추고 적절한 장소에서 적절한 역할을 수행하도록 돕는 과정이다. 본 장에서는 정치활동과 추후활동에 대한 방법과 절차 또는 이 두 가지 활동에서 다루어야 할 전반적인 내용을 살펴보고자 한다.

1. 정치활동의 의미와 필요성

정치(正置, placement)란 적절한 곳에 알맞게 배치한다는 뜻으로, 정치활동이란 개개인의 위치를 찾아 적재적소에 알맞게 배치하는 활동을 나타내는 말이다. 인간의 생활은 끊임없이 새로운 환경에 접하게 되며 어떻게 하면 이러한 환경에 현명하게 적응하고 선택하면서 살아갈 것인지에 대한 큰 문제가 야기된다. 학교에 입학하면서부터 졸업할 때까지 수많은 복잡한 과정을 겪게 된다. 예를 들면, 입학 후 무엇을 중점적으로 공부할 것이며, 어떤 동아리에 소속되어 활동할 것인지, 동성 혹은 이성간의 교우관계를 어떻게 형성할 것인지, 학과목의 성적을 좋게 유지하는 방법과 성적이 떨어지면 어떻게 대처해야 하는가, 교사와의 관계가 원만하도록 하려면 어떻게 할 것인지, 장차 졸업을 하고 나면 어떤 분야에서 직업을 선택할 것인지 또는 어떤 상급학교에 진학할 것인가 등의 문제들이 있다.

대부분의 학생들은 이러한 모든 문제가 복잡하게 얽혀 있어 이를 현명하게 적응하고 선택하는 길을 계속적으로 탐색하고 있다. 더구나 현대사회와 같이 복잡 다양한 사회에서 미래의 생활을 꿈꾸고 무슨 일을 해야 보람을 느끼고 성공적인 삶을 영위하게 될는지 모든 학생들의 고민거리이며 해결해야 할 문제가 산더미처럼 쌓여 있다.

이러한 학생들의 문제를 해결할 수 있도록 조력하고 나아가서 학생들의 선택에 따라 활동할 수 있는 계기를 마련해 주는 것이 바로 정치활동인 것이다.

학생이 이와 같은 자기이해, 정보 및 상담의 과정을 통해서 얻어진 결과에 의해서 보다 나은 적응과 성장 또는 문제해결을 위하여 다음 단계에서 무엇을 어떻게 해야 될 것인가를 선택하고 결정하도록 도와 주며, 또 그의 결정에 따라 잘 적응하도록 도와 주는 일련의 활동을 말한다(김충기, 1983). 이 정치활동은 생활지도의 한 영역으로서 최종 결과를 잘 취급하고 정리하는데 있다(Gibson et al., 1983).

학교당국이나 상담자는 정치활동에 신중한 관심과 배려가 있어야 한다. 학생들이 학교생활을 잘 할 수 있고, 앞으로 적합한 성인 생활을 유지할 수 있도록 적극적으로 지원해 주는 역할을 하여야 할 것이며, 여러 가지 활동의 책임이 부수적으로 따라야 할 것이다.

Shertzer와 Stone(1976)은 정치활동을 생애계획과 배치라는 점에 초점을 두면서 그 필요성을 다음과 같이 제시하고 있다.

① 지식의 가속적인 증가는 생애계획과 배치와 같은 정치활동을 더욱 필요하게 하고 있다. 비록 정확한 사실을 말해 줄 수 있는 것은 아니라고 하더라도 지식의 증가를 추정해 보면 1세기에서 1750년 사이에 지식이 두 배가 되었고, 다시 1900년에는 앞의 시기보다 두 배가 되었으며, 1950년에는 바로 앞서보다 두 배가 되었는데 1960년에는 또다시 앞의 연도보다 두 배가 되었다. 이러한 지식의 증가는 일의 분야가 끊임없이 변화되는 지식과 기술, 그리고 일의 세계에 대해서 능동적으로 대처할 수 있는 계획이 필요함을 말한다.

② 아동과 청소년에게 주어지는 교육의 기회가 부족하다. 극도의 빈곤, 범죄, 비행 등은 대체로 적절한 교육을 받지 못하였거나 아니면 교육기회를 충분하게 갖지 못한 것에서 비롯된다. 직업과 생애발달에 필요한 태도, 가치, 그리고 실천적 기능을 학습하지 못하기 때문에 직업의 세계에서는 물론 가정생활에서까지도 어려움을 겪는 사람이 늘어나고 있다.

③ 문화적으로나 사회적으로 소외된 청소년들이 있다. 경제적으로나 사회적

으로 또는 문화적으로 불리한 입장에 있는 청소년은 여러 가지 장애로 인하여 개인의 자아실현에 많은 불이익을 안고 있다. 또한 적지 않은 청소년들이 앞에서 언급한 것처럼 사회적 기회로부터 소외되었을 뿐만 아니라 교육기회로부터도 소외되어 있다. 여러 유형의 불이익을 안고 있으며 사회의 주류에서 벗어난 소외된 청소년들이 개인의 잠재능력을 발견하고, 의미 있고 목적 있는 생활을 할 수 있도록 원조하는 것은 현재 교육에서 해야 할 중요한 일이다.

④ 여성의 사회적 역할이 급격하게 달라지고 있다. 여자들의 교육적 욕구와 사회적 역할이 20세기 후반에 들어와서 엄청나게 달라지고 있다. 여성의 직업, 결혼, 출산, 육아, 가정생활 등이 크게 달라짐에 따라서 체계적이고 지혜로운 생애계획, 배치, 평생교육 등과 같은 정치활동이 필요하게 되었다. 또한 여학생의 진학률이 점점 증가되면서 이에 따른 진학지도와 전반적인 생애교육이 종전과 달라져야 할 필요가 생기게 된 것이다.

⑤ 노동력의 양적 변화와 구조적 변혁이 이루어지고 있다. 인간의 발달은 어떤 분야에 어떻게 고용되고 있느냐 하는 것이 한 국가의 성취를 결정하는 중요한 변인이다. 현대사회에 들어오면서 의학의 발달로 인간의 수명이 길어지면서 사망률이 떨어져 인구가 증가하고 점차로 고학력 사회로 변모되어 감에 따라 직업과 산업의 구조가 변화되고 있다. 학교에서 요청되는 일의 세계에 대한 계획과 준비는 사회의 변화에 따라서 계속 새로워질 것을 요청받고 있다.

⑥ 기계 문명의 발달로 자동화가 이루어짐에 따라서 일의 성격을 상당히 변모시키고 있다. 단순노동 내지 사무적인 일을 기계화하고 자동화함으로써 사람들은 단순노동을 요구하지 않게 되고 미숙련 노동직은 줄어들게 마련이다. 기계화 내지 자동화는 새로운 직업적 기능과 태도를 요구하게 된다. 이런 추세는 자동화가 증가될수록 더욱 강하게 나타나게 된다.

⑦ 사회가 불확실성 내지 불안정성을 지니고 있다. 현대사회는 확실성을 상실하고 있다. 불안의 시대나 종말의 시대라는 불길한 소리를 하는 사람도 있다. 이런 이유는 통제하기 어려운 경제적 불황, 기아, 전쟁, 정치적 변혁 등에서 찾을 수 있다. 개인들이 무관심, 염세주의, 맹목적성, 의미 상실 등과 같은 부정

적 마음을 완화 내지 극복하도록 하기 위한 교육적 노력이 필요하다.

⑧ 개인의 수월성 탐구가 점차로 존중되고 있다. 수월성(excellence)이란 개념은 근래에 활발하게 논의되고 있다. 실제로 수월성의 문제는 오래 전부터 상당히 중요하게 다루어지던 것이다. 모든 개인들이 삶의 여러 분야에서 타고난 잠재능력을 가능한 한 최고수준까지 발달시키는 것으로 개인에게만이 아니라 사회적으로도 무척 중요한 과제이다. 사회의 발달은 개인의 발달수준을 넘어설 수 없는 것이다. 탁월한 성취를 이룩하도록 도우려면 인생의 계획과 생애의 결정, 그리고 건전한 태도를 교육하기 위한 끊임없는 교육적 노력이 필요하다. 수월성을 성취하기 위하여 정부의 정책이나 학교의 방침을 통해서 지원을 받을 수 있으나, 그것으로 개인의 수월성 문제를 모두 해결할 수는 없다. 교사와 상담자가 학생과 함께 개인의 자아발견, 의사결정, 자아실현의 과정에서 정밀하고 정성스러운 심리적 조력을 요청하고 있다(박성수, 1991).

2. 정치활동의 내용

정치활동에 포함되는 구체적인 내용은 학교 내 · 외에서 행해지는 일로 구분하여 볼 수 있다. 또한 정치활동의 유형도 보는 관점에 따라서 다른 형태로 구분된다. 학교 내 정치와 학교 외 정치로 포괄적으로 구분하기도 하고(Shertzer & Stone, 1981), 교과활동에 대한 정치, 교과 외 활동에 대한 정치, 직업에 대한 정치, 훈련에 대한 정치 등으로 나눈다(황응연 · 윤희준, 1983).

또한 교육적 정치(education placement), 개인 발달을 위한 정치(placement for personal development), 환경적 정치(environmental placement), 진로정치(career placement) 등으로 구분할 수 있다(Gibson & Mitchell, 1981).

여기서는 학교 내 · 외의 정치활동에 속하는 내용들을 살펴보기로 한다.

1) 학교 내 정치활동

학교 내 정치활동은 학생들로 하여금 적합한 교육과정, 교육과정에 있어서의 교과, 특별활동, 특별집단이나 특별학급 등을 선택하도록 도와 주는 활동 등으로 구성되어 있다.

여기에는 Gibson과 Mitchell(1981)의 교육적 정치와 개인 발달을 위한 정치, 그리고 황응연과 윤희준(1983)의 교과활동에 대한 정치와 교과 외 활동에 대한 정치 등이 포함된다고 할 수 있다.

일반적으로 교육적 정치는 학생의 특성과 자질을 진학할 학교나 특정한 프로그램의 자격요건과 연결시켜 조직된 노력을 의미한다. 즉, 상급학교의 입시요강, 경비, 학교의 특징, 프로그램 내용 등에 관한 정보를 제공함으로써 학생으로 하여금 합리적인 의사결정을 하도록 하는 것이다.

고등학교의 경우 이러한 절차를 들어보면 다음과 같다.

첫째, 학생과 학부모의 의견을 조사해서 희망조서를 만들어 학생이 원하는 계열이나 전공 분야를 알아보도록 한다.

둘째, 희망조서를 기초로 해서 상담교사와 주임교사가 함께 학생들을 분류하고 학생에게 필요한 과정을 설정한다.

셋째, 학생들을 정해진 과정에 따라 배치하고 선택과목을 설정하여 선택하도록 한다.

넷째, 도중에 개인의 사정에 의해서 장래의 방향을 바꾸어야 할 경우가 생기는 것에 대비해서 추후지도를 통한 재평가와 재배치를 해야 한다.

학교 내 정치는 학생들을 개인적인 발달을 촉진시킬 수 있는 교과 외 생활에 배치시키는 일도 포함한다. 이러한 교과 외 생활에 대한 정치는 학생의 사회적 발달, 사회참여, 그리고 개인 성장에 대한 욕구를 충족시키기 위한 활동을 포함한다. 즉, 각급 학교에서 정규과정으로 참가하는 특별활동과 학생들이 자유롭게 참가하는 과외활동과 집단활동이 포함된다.

정치활동은 진학이나 진로 등의 교육적인 정치활동만 의미하는 것이 아니다. 넓은 의미로는 필요한 경험을 통해서 도움을 받을 수 있고, 만족할 만한 적응을 하고, 유용한 정보를 얻고, 나아가서는 개인의 전체 발달을 가능하게 하는 자기 정치(self-placement)를 촉진시키는 활동이라고 할 수 있다(Gibson & Mitchell, 1981). 이러한 넓은 의미의 정치의 한 예가 개인으로 하여금 다양한 역할과 환경을 경험하도록 하는 것이다.

역할정치(role placement)는 서로 다른, 그리고 의미 있는 역할을 경험하는 것이 개인의 발달을 위해서 중요하다고 가정하고 있다. 여기에서는 지도자, 집단성원, 교사, 성취자, 권위자, 의사결정자, 봉사자 등의 역할을 수행해 보도록 하는 것이다. 어떤 사람들은 이러한 역할을 계획 없이 자연스럽게 수행할 수 있지만, 대부분의 사람들은 특별히 계획된 활동을 하지 않고서는 경험할 기회가 없다. 상담자와 담임교사가 협동으로 수업과 개인 발달을 동시에 촉진시킬 수 있는 의미 있는 경험이 되도록 계획해야 한다.

학생들로 하여금 자신에게 적합한 특별 학급을 선택하도록 도와 주는 일을 포함한다. 예를 들면, 학생들이 자신의 능력에 비해 안일하게 낮은 학급을 택하거나, 혹은 야심 있는 부모에 의해서 너무 높은 학급을 택하는 것을 지양하고 학생의 능력에 적합한 특별학급에 배치하는 것이다.

2) 학교 외 정치활동

학교 외 정치활동(out-of-school placement)은 주말이나 방학 기간을 이용한 아르바이트, 졸업 후의 취업, 또는 상급 학교로의 진학이나 훈련 등에 학생들을 적절히 배치하는 것을 의미한다. 학교 내 정치활동이 주로 학교 안에서의 교과활동이나 특별활동에 학생들을 적절히 배치하는 데 비해, 학교 외 정치활동은 주로 학교 장면 밖으로 학생들을 배치하는 활동이다.

황응연과 윤희준(1983)의 직업에 대한 정치와 훈련에 대한 정치, 그리고 Gibson과 Mitchell(1981)의 환경적 정치와 진로정치가 학교 외 정치에 속한다고 할 수 있다.

환경적 정치(environmental placement)는 개인 발달의 한 활동이라고 할 수 있다. 이는 학생으로 하여금 자신이 속한 환경과 다른 환경을 경험할 기회를 제공하기 위해서 배치한 것이다. 예를 들면, 도시의 학생들로 하여금 얼마동안 농촌에서 지내보도록 하고, 반대로 농촌 학생들로 하여금 도시환경에 접할 기회를 만들어 주는 것이다. 학생들의 역할 배치는 학급이나 학교 안에서 다른 역할을 경험함으로써 개인의 발달을 촉진하는 것인데 비해, 환경적 정치는 학교 밖의 새로운 환경에 접함으로써 학생의 개인적 발달을 증진시키도록 하는 것이다.

훈련에 대한 정치는 실습과 같은 특정한 훈련 경험에 학생을 배치하는 것이다. 다시 말해서, 공업학교에서는 공장에 가서 실습을 하게 하거나 교사를 희망하는 학생들에게는 교생실습을 할 적절한 학교를 배치하는 것 등이 이에 속한다. 경우에 따라서는 방학 동안에 현장에 나가서 교과에서 배운 이론의 실제를 경험하게 되는데 이러한 것들이 모두 훈련에 대한 정치라고 할 수 있다(이재창, 1988).

결국, 정치활동이란 모든 학년에 걸쳐서 학생들이 그들 나름의 특이한 필요를 충족시키기 위하여 다음 단계의 계획을 세우고, 새로운 위치를 정하여 전진하도록 돕는 일체의 활동이라고 할 수 있다. 이러한 활동에 포함되는 구체적인 내용을 들어 보면 다음과 같다.

① 학생들을 일정 수준의 능력에 도달하게 하기 위하여 능력별로 배치하는 일

② 교육과정이나 교과목을 학생 개개인의 수준에 맞게 선택하도록 돕는 일

③ 교과 외의 활동도 선택하도록 돕는 일

④ 자기능력과 사정에 맞는 부업을 구하도록 돕는 일

⑤ 상급학교와 직업 선택을 현명하게 하도록 돕는 일

⑥ 졸업생이 영구적인 직업을 정하도록 돕는 일

3. 추후지도의 의의와 목적

1) 추후지도의 의의와 목적

교육이 졸업과 동시에 끝나는 것이 아닌 것처럼 참다운 지도 역시 진급이나 졸업으로 끝나는 것이 아니다. 추후지도활동은 바로 이러한 지도의 계속성을 살리는 활동이다. 일반적으로 추후지도는 두 가지 경우를 생각해 볼 수 있다.

첫째, 좁게 보는 견해로서 상담이나 사례연구를 끝낸 다음에도 계속해서 피상담자가 적응을 잘 하고 있는지를 지도하는 것이다.

둘째, 넓게 보는 견해로서 교육의 전체적인 성과나 생활지도의 성과를 계속해서 체계적으로 확인해 보는 것이다. 그 범위를 넓게 보든 좁게 보든 간에 한 대상을 지도하고 난 다음에 그 성과를 확인하면서 계속 체계적으로 지도하는 활동을 추후지도라고 한다. 마치 의사가 한 환자를 진찰 치료하고 난 다음에 그 치료의 효과를 확인하여 보는 것과 마찬가지이다. 이 점에서 볼 때 이미 지도를 받은 모든 사람이 다 추후지도의 대상이 될 수 있다. 그러나 현실적으로 모든 학생을 다 추후지도의 대상으로 삼을 수 없기 때문에 재학생, 중퇴생, 졸업생 가운데서 특히 계속 지도를 필요로 하는 사람을 대상으로 하는 것이 상례이다.

추후지도의 목적은 한 마디로 말해서 이미 지도를 받았던 사람의 계속적인 성장 · 발달을 도우려는 것이다. 추후지도의 내용을 열거해 보면 다음과 같은 일들이 포함된다(Gibson et al., 1983).

① 학교를 떠났거나 과거에 지도를 받았던 학생에게 계속해서 그가 당면한 상황에 대한 정보를 주는 일

② 이전에 지도를 받았던 학생에게 계속해서 자기를 평가하고 이해할 수 있는

정보를 제공하는 일

③ 이전에 지도를 받았던 학생이 그 이후에 어떻게 생활을 하고 있는지를 확인해 보는 일

④ 졸업생이나 중퇴생들과 계속 접촉하여 친화감을 유지하면서 교육적인 영향력을 발휘하는 일

⑤ 학생과 학교와 지역사회 간의 유대를 긴밀하게 하는 일

⑥ 현재 지도하고 있는 학생들에게 도움이 될 만한 정보를 제공하는 일

⑦ 과거에 지도했던 사람들로부터 현재의 대상이나 학교교육 활동에 도움이 되는 건설적인 의견을 듣는 일

⑧ 과거에 지도했던 학생들을 위해 계속적인 상담활동을 하는 일

2) 단계와 형태

추후지도는 세심한 계획을 세워서 조사가 실시되어야 한다. 추후지도 조사를 하기 전의 조사의 목적, 수집할 자료, 자료의 사용, 자료 수집을 위해서 사용될 조사도구, 자료처리, 결과의 보고방법 등에 관해서 세심한 주의를 기울여야 한다. 일반적으로 추후지도 조사를 할 때 다음과 같은 작업이 이루어진다.

① **예비계획**(preliminary planing) : 조사의 목적이나 방법은 구체적으로 미리 계획을 세우는 것이 필요하다.

② **범위와 기술의 결정**(determining scope and technique) : 이 정보는 어떻게, 누구에 의해서 얻어지는가의 범위와 기술을 결정한다.

③ **작업의 스케줄과 예산의 결정**(determining the work schedule and estimating) : 추후지도를 언제, 어떻게 실시할 것인가와 실시에 따른 제반 비용에 대한 예산을 결정한다.

④ **양식의 준비**(preparing forms) : 조사 도구는 기구 목적에 맞도록 특별한 준비가 필요하다. 항목은 본인이 실시하려고 하는 연구와 비슷한 연구에 관한 절차에

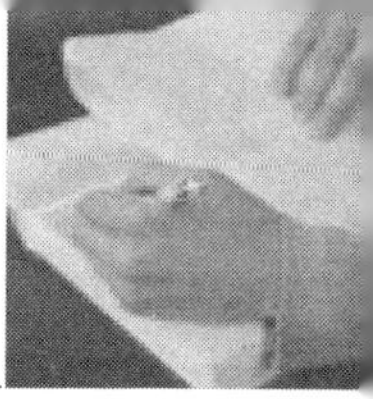

따라 준비되고 확인되어야 한다.

⑤ **연구요원의 지시**(directing study personel) : 대상자의 면담, 보고서 작성, 도표 및 설명, 출판 및 면담방법 등을 재확인하고 수정 · 정리하는 영역 등에 필요한 기술이 있는 요인을 선택해야 한다.

⑥ **연구의 소개**(introducing the study) : 추후지도 조사연구는 조사 영역에서 가장 중요한 조사 중의 하나이므로 연구사례의 발표 및 소개가 필요하다.

⑦ **자료의 수집**(collecting the data) : 조사되어야 할 개인들에 관련된 정확한 정보는 긴요한 것이다. 자료의 수집은 세심한 주의를 요한다.

⑧ **자료의 분석**(analyzing the data) : 자료의 분석은 정확하게 이해되어야 한다.

⑨ **자료의 해석과 보고서 작성**(interpreting data and preparing the report) : 수집된 자료는 적당한 설명이 이루어지지 않으면 쓸모없는 것이다. 그러므로 정확한 해설과 보고서 작성이 필요하다.

⑩ **조사 결과의 활용**(using the finding of the study) : 조사의 결과를 이용하는 활동프로그램은 예비계획에서 이미 이루어져야 한다.

추후지도의 형태는 졸업반 학생과 졸업생을 대상으로 하는 것으로 구분할 수 있다. 먼저 졸업반 학생들에 대한 추후지도가 필요한 이유는 다음의 두 가지로 생각할 수 있다.

첫째, 학생들의 장래 계획 수립에 도움을 줄 수 있다.

둘째, 학교 자체의 생활지도 계획을 위하여 필요한 것이다.

그러므로 상담자는 졸업을 앞둔 졸업 예정자들에게 베풀 추후지도 계획을 확고하게 세우지 않으면 안 될 것이다. 졸업 예정자들은 졸업시기를 앞두고 진학 계획을 세우거나 직업계획을 세우는 문제 때문에 상담자의 도움을 필요로 하고 있을 것이다.

학교를 졸업한 후에 상급학교 진학이나 또는 취직을 하였을 때 졸업생이 새로운 환경에서 어떻게 적응하고 있는가를 알아보기 위해 추후지도가 필요하다. 졸업생에 대해서 추후지도를 해야 하는 이유는 다음과 같다.

첫째, 졸업생들이 보다 더 나은 취직, 승진 등 진로의 성취도를 달성하도록 하기 위해 직업에 관련된 많은 정보를 수집하여 제공해 주므로 추후지도에 도움을 줄 수 있다.

둘째, 얻어진 정보를 통하여 각급 학교에서 졸업생들이 받았던 교육과 그의 이용관계를 알게 되어 교육계획의 평가를 할 수 있게 된다.

셋째, 졸업생들의 정보를 통하여 상담자는 생활지도 위원회에서 그들의 현재 일을 추진할 수 있다. 일반적으로 상담자는 졸업생들에 대한 경험이 현재 학생의 문제를 해결하는 데 도움을 준다는 사실을 알고 있다.

위에서 추후활동의 연구단계를 열 가지로 열거하였다. 한 마디로 추후활동은 상담 봉사활동이며, 따라서 이 활동은 학생에 대해 계속적으로 향상된 지도를 할 수 있으며, 동시에 학교 생활지도 프로그램의 효과를 측정하는 계기가 된다. 대상은 재학생, 중도 퇴학자, 졸업생을 포함하여 교육행정가나 교육위원회, 행정가들의 철학이나 지도성에 영향을 받으므로 이와 같은 인사들이나 지역사회의 협조와 더불어 이루어져야 한다(윤운성 외, 2001).

학생들에게 알맞은 도움을 주기 위한 질문지로서 다음과 같은 것을 참고할 수 있다.

〈추후활동 질문지(고등학교)〉

1. 성명____________ 주소____

2. 미혼 기혼 이혼 사별
   기혼이라면 언제?______________

3. 졸업년도 : _____________

4. 졸업하지 않았다면 :
   ① 몇 학년 때 중퇴하였는가?
   ② 왜 중퇴하였는가?

5. 진학하였다면 :
   ① 진학한 학교명
   ② 수업년수
   ③ 대학 진학을 위하여 충분히 준비되었다고 생각하는가?
   네________ 아니오_______아니면 왜?____________________

6. 현재 무엇을 하고 있는가?
   ① 직장에 근무하고 있음　　② 구직중임
   ③ 무직이나 구직하지 않음　　④ 병무중임
   ⑤ 가정주부임　　⑥ 학생임
   ⑦ 기타_____________

7. 학교를 졸업 또는 중퇴 후 어떠한 직업에 종사하여 왔는가?

	직업의 종류	고용인의 성명과 주소
①		
②		
③		

8. 고등학교 졸업 또는 중퇴 후 최초의 직업을 얻기까지의 기간은?
   ________개월 또는 _____년

9. 현직업에 대하여 얼마나 만족하고 있는가?
   ① 대단히 만족함　　② 만족함
   ③ 조금 불만임　　④ 대단히 불만임

10. 현재 직업을 어떻게 구하였는가?
   ① 가족 또는 친구를 통하여　　② 직업 소개소를 통하여
   ③ 학교 직원을 통하여　　④ 신문을 통하여
   ⑤ 독립적으로　　⑥ 기타

11. 자신이 받았던 상담이 어느 정도 도움이 되었다고 생각하는가?
   (상담이란 자신의 교육적, 사회적, 직업적 문제에 대하여 교사, 카운슬러, 교장에 의하여 주어진 도움을 말함)
   ① 도움이 안되었다.　② 약간 도움이 되었다.
   ③ 좀 도움이 되었다.　④ 크게 도움이 되었다.

12. 자신의 중 · 고등학교의 교육과 현 직업과의 관계는 어떠한가?
① 무관하다. ② 좋은 배경이 되었다. ③ 약간의 배경이 되었다.

13. 중 · 고등학교 때 꼭 배웠어야 할 교과인데 못 배운 것은 어떤 것인가?

14. 어떻게 하였더라면 학교가 자신에게 보다 좋은 교육을 할 수 있었을 것이라고 생각하는가?

15. 학과목 중 가장 가치가 있었던 학과를 다섯 개 골라서 가장 가치 있었던 순서대로 숫자를 표시한다면?

윤리(도덕)	( )	국어	( )	한문	( )	수학	( )	정치 · 경제	( )
사회 · 문화	( )	세계사	( )	세계지리	( )	물리	( )	화학	( )
생물	( )	지구과학	( )	체육	( )	교련	( )	미술	( )
기술	( )	가정	( )	농업	( )	공업	( )	수산업	( )
가사	( )	정보산업	( )	영어	( )	독어	( )	프랑스어	( )
일본어	( )	중국어	( )	러시아어	( )	철학	( )	논리학	( )
심리학	( )	교육학	( )	생활경제	( )	종교	( )	환경과학	( )

16. 아래의 각 항목에 관하여 학교가 자신에게 얼마나 도움을 주었는가를 표시하면?

항목	상당히	약간	거의없다	모르겠다
여가 선용하는 일	( )	( )	( )	( )
건강에 조심하는 일	( )	( )	( )	( )
지역사회 및 공민생활에 참여하는 일	( )	( )	( )	( )
결혼 및 가정생활	( )	( )	( )	( )
직업을 구하는 일	( )	( )	( )	( )
타인과 더불어 지내는 일	( )	( )	( )	( )
고등학교 이상의 교육을 위한 준비	( )	( )	( )	( )
자신의 능력과 흥미를 이해하는 일	( )	( )	( )	( )
읽는 능력	( )	( )	( )	( )
올바른 국어의 사용	( )	( )	( )	( )
기초적 수학의 이용	( )	( )	( )	( )
현명한 금전의 사용	( )	( )	( )	( )
자신의 사무를 처리하는 일	( )	( )	( )	( )
문제해결을 위한 사고	( )	( )	( )	( )

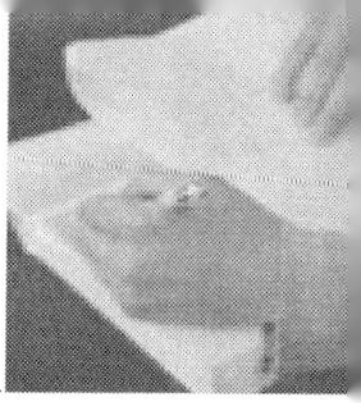

17. 학교의 교육향상을 위하여 제안 사항이 있으면 진술하여 주시오.

* 자료출처 : 윤운성 · 김홍운(2001). 생활지도와 상담. p. 331.

3) 추후활동에 관한 연구

내담자의 문제점 및 상담 효과에 관한 의견조사 연구로는 다음과 같은 예를 들 수 있다(공석영, 1998).

본 조사는 상담실을 통하여 상담을 받은 대학생을 대상으로 의견을 수집해서 그 문제점을 파악하여 좀 더 적극적인 면에서 상담에 임할 수 있는 기회와 개선점을 얻고자 한다. 또한 상담실 활동의 자체평가를 위한 선행연구로 사례수가 적어 본 조사의 신뢰도가 문제가 되어 계속적인 연구가 필요하므로 중간보고를 통하여 상담실 활동의 문제점을 발견하고자 한다. 조사 내용의 경향은 아래와 같다.

(1) 상담경험의 유무

입학 이전에 상담을 받은 경험에 관해서 아래와 같은 경향을 보이고 있다.

표집 인원 전체로 볼 때 과반수 이상의 학생이 과거에 상담을 받은 일이 있다고 반응하고 있다. 그 시기는 중학교 때나 재수할 때보다는 고등학교 시절에 많은 경향을 보여주고 있다. 과거에 상담문제에 대해서 자유 기술하도록 하였는데 진학문제로 상담을 한 경우가 가장 많았으며, 그 다음이 경제적 문제, 성격 및 신경과민 기타의 문제 등이다. 상담을 받았던 장소에 관해서는 교회나 사설

상담소와 같은 사회기관 보다는 교육기관의 교사나 상담자에게 더 많이 상담을 받는 경향을 보이고 있다. 이는 남녀 학생 모두 비슷한 경향이다. 상담 신청학생 중에 상당수가 과거에 상담실을 이용해 본 경험이 있다는 것을 알 수 있었다.

(2) 상담의 동기(상담관계의 수립)

상담실을 처음 찾게 된 계기는 타인의 권유나 상담자가 호출해서 찾아온 학생 보다는 대부분 내담자 자신이 찾아왔다는 경향을 보이고 있다. 남녀 학생의 경우 비슷하다.

(3) 문제의식의 결여 여부

상담실을 처음 찾게 되었을 때 자기문제에 대해서 의식하고 있었는지에 관해서 아래와 같은 경향을 보이고 있다. 상담실을 처음 찾아오게 되었을 때 자기의 문제를 분명히 알고 찾아온 학생은 남학생의 경우 대부분이 문제의식을 지니고 찾은 경향이다. 심리적으로 위축되어서 정신없이 찾았던 학생은 남학생의 경우 극히 적은 수이며 여학생의 경우는 약 반수 정도의 경향을 보이고 있다.

전체적으로 볼 때 자기의 문제를 분명히 알고 상담실을 찾아온 학생이 더 많은 경향이다.

(4) 상담내용

상담을 받고자 원했던 상담문제로서는 사회적 적응 및 정서적 문제(가정, 이성, 성격, 신경과민, 대인관계 등)와 자기평가를 위한 문제(지능, 성격, 적성 등에 대한 정보)가 비슷한 경향을 보이고 있으며, 특별한 정보를 얻기 위한 문제(전과, 휴학, 복학, 병역에 관한 일, 장학, 부업 등)가 그 다음 순위이며, 장래계획을 설정하고자 하는 문제(취직, 상급학교 진학, 유학 등)들의 순서로 나타내고 있다. 이러한 문제의 경향으로 보아

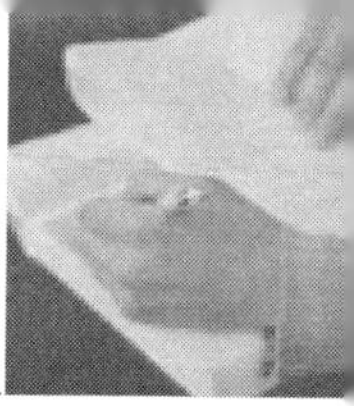

상담실 이용 학생 중에는 개인적 · 사회적 부적응의 증세로 고민하는 학생들이 많음을 알 수 있다. 학사에 관련된 문제로 상담실을 찾는 학생은 전과를 희망하는 학생이 많으며, 그 이유는 전과가 행정적으로 불가능하기 때문에 찾아오는 경우가 많다.

(5) 사회성 문제

상담실 이용 학생의 사회성 여부에 관해서 알아본 경향은 아래와 같다.

개인적인 문제로 의논할 만한 친구가 있는가의 여부에 관해서는 "의논할 만한 친구가 있다"라고 한 학생의 수는 반수 이상의 학생이며 "의논할 친구가 없다"라고 한 학생은 극히 적다. 의논할 만한 친구의 성분으로는 동향, 동문, 동학, 동아리의 순서로 그 경향을 보이고 있다. 학생회나 동아리 등의 집단생활에 참여하고 있는지의 여부에 관해서는 참여하지 않고 있는 학생 수가 더 많은 경향을 보이고 있다.

(6) 상담효과

상담실을 통하여 받은 상담이나 심리검사에 대한 조력의 정도에 관해서는 자기문제 해결에 있어서 "어느 정도 도움이 되었다고 생각한다"와 "보통이라고 생각한다"에 많은 경향을 보이고 있으며, "별로 도움이 안 되었다"거나 "전혀 도움이 안 되었다고 생각한다"에 반응을 보여준 경향은 각각 약 20%와 약 14%로 나타났다. 또한 교수가 상담자를 통하여 상담을 받은 만족의 경향에 관해서는 "만족한 경향(30.0%)"보다는 "불만족한 경향(약 50.0%)"이 높게 나타나고 있다. 상담을 통하여 학업적 · 직업적 · 인성적인 적응에 어떤 효과가 나타나지 않고 적응상의 문제가 해소되지 못하고 그대로 남아있다면 상담과정에서의 문제점이 있을 것이다.

상담의 결과에 관해서 불만족스러운 이유를 들고 있는 점을 자유 기술 내용에서 정리해 보면 아래와 같다.

① 상식적인 조언이었다.

② 문제해결에 있어서 학교행정과 연결이 안 되어 실효를 나타내지 못하였다.

③ 학생의 입장에서 문제를 해결하려 하지 않고 의무적으로 받아 주는 것 같다. 즉 학문적인 권위를 내세우며 인격적인 대우를 안 해 준다는 점 등을 들고 있다.

앞으로의 과제는 상담실을 찾아오는 학생의 대다수가 인성적인 문제로 고민하고 있으며, 어떤 경우는 상담자의 힘만으로는 도저히 다루기 어려운 문제도 있다. 이러한 인성적 문제가 원만히 해결되지 않는 한 학습의 효과적인 성과를 기대할 수 없으며, 또 이러한 문제가 계속되는 한 개인의 생활에 만족뿐만 아니라 사회발전을 기대할 수가 없기 때문에 대학교육과 상담에서도 재검토가 필요한 실정이다.

자기의 내적 · 심리적 문제로 고민하고 있는 학생은 가능한 한 빠른 시일 안에 그 문제를 해소해 나가야 하며, 이러한 불안감소(anxiety-reduction)의 과정이 빠르면 빠를수록 상실되어져 가는 자아를 바로 찾아 자아실현의 길로 향할 수 있다.

4) 추후활동의 기술

추후지도의 기술적인 면은 일반적으로 지도의 효과를 결정할 수 있는 중요한 요인이다. 추후활동은 크게 세 단계, 즉 준비단계, 실시단계, 정리단계의 순서로 이루어진다(오만록, 2002).

(1) 준비단계

준비단계에서 먼저 해야 할 일은 추후지도를 위한 위원회나 담당 부서를 정하고 책임을 분담하고 추후지도의 대상자에 대한 정보자료를 수집 · 정리하며, 추후지도에 활용할 수 있는 인적 · 물적 자원을 고려하여 지도방법과 수단을 결정하는 것이다. 또한, 직접 방문하여 면접을 하느냐, 통신수단을 이용하느냐, 질문지를 사용하느냐를 결정하고 아울러, 사용할 수 있는 설비와 자원의 활용방법을 결정해야 한다.

① 우선 생각해야 할 것은 조사해야 될 대상을 선정하는 일이다. 일반적으로 조사해야 할 대상은 3~5년 간격이 좋다. 학교의 급격한 인구의 유입 및 배출, 변화하는 경제, 급격한 정책의 변화 등은 조사의 효과와 조사되어야 할 대상을 결정짓는 요소가 된다.

② 비밀의 보장이 중요하다. 서면으로 추후지도를 조사할 때나 질문지, 또는 면담에서 비밀을 보장하도록 신뢰할 수 있는 조사를 실시하여야 한다. 비밀이 누설되면 질문에 응하지 않기 때문이다.

③ 계획위원회에서는 질문의 항목의 선택을 조심스럽게 생각하여야 한다. 직업지도, 교육과정, 학교가 도와 주어야 할 기타 영역에 관한 개인자료를 기록할 수 있는 항목, 교육적 경험 등을 토대로 항목을 선정하여야 한다.

④ 질문의 체제(format)를 주의 깊게 생각하라. 가능한 한 질문은 짧고 단순하게 대답할 수 있도록 꾸며져 있어야 한다.

⑤ 모든 조사 연구에서는 집단표집이 가장 중요한 문제이다. 전체 집단을 대표할 수 있도록 무작위 표집이 믿을 수 있도록 확실해야 한다.

⑥ 연구가 시작되기 전에는 비용에 관한 예산을 세워야 한다.

(2) 실시단계

실시단계는 구체적으로 학생들의 추후 적응상태를 면접이나 통신 또는 질문지 등을 통하여 조사하는 단계이다. 먼저 면접은 추후지도에 가장 흔히 쓰이는 방법 중의 하나인데, 면접을 할 경우에는 대상자를 찾아가서 하는 방법과 그를 학교로 나오도록 하는 방법이 있다. 면접에 있어서 특히 중요한 것은 어떤 질문을 할 것인가를 미리 정하여, 이것을 토대로 면접을 해야 한다는 점이다.

통신 수단으로는 3가지 방법이 주로 이용된다. 서신을 통한 방법과 전화를 사용하는 방법 및 E-mail을 통한 방법이 많이 활용된다. 서신은 보다 친근감이 있고 자유스러운 반응을 요구하게 되어 직접 대면으로 얻기 힘든 정보도 수집할 수 있다는 데 장점이 있다. 따라서 생활지도의 담당자가 질적인 자료와 주관적인 정보를 얻으려 할 때 이 방법을 많이 쓴다.

전화를 이용하는 방법은 신속하게 정보를 수집할 수는 있지만, 시간적으로 제약을 받으며 비밀보장이 어렵다. 따라서 이는 비교적 가벼운 정보를 교환하는 데 사용된다.

E-mail을 통한 방법은 요즈음에 많이 활용되는 방법인데, 이는 그 간편성과 신속성으로 인하여 매우 효과적인 방법으로 인정되고 있다.

이와 같이 여러 가지 방법으로 추후 적응상태를 알아보는 것은 특히 졸업생들이 재학 중에 받았던 생활지도 활동의 효과를 검증하기 위해서이며 후에 어떤 교육과 훈련을 받아야 하며, 현재의 지위와 상태가 어떠하며, 앞으로 필요한 지도가 무엇인가를 알아보기 위해서이다.

(3) 정리단계

정리단계는 추후지도의 결과를 기록 · 정리하여 생활지도 대상자들의 적응상태를 파악해 적절한 계획과 지도를 제공하고, 전체 생활지도 프로그램의 효율성을 평가하고 프로그램의 개선을 위한 정보를 얻는 단계이다. 이 단계에서는 직접 지도한 성과와 기록물을 분석한 자료를 토대로 앞으로의 생활지도에 활용해야 할 내용을 찾아서 기록해야 한다. 그런데 이러한 정보의 활용에는 직접적인 대상자에게 추후지도 연구의 결과를 이용하는 것과 후배들의 지도에 활용하는 방법이 있다.

추후지도의 효과적인 기술은 상담자 혼자만의 힘으로는 측정하기 어렵다. 학교행정 당국의 협조가 매우 필요하며, 생활지도의 요원, 즉 상담자와 학급담임교사의 협동적인 체제하에 전교적인 행사의 하나로 실시되어야 한다.

첫째, 동창회 같은 모임도 추후지도에 가장 필요한 요건이며, 전공별 대학, 동창 및 동기별 회합을 통하여 누락자나 부적응자, 직업을 얻지 못하고 있는 사람, 기타 사고를 일으킨 사람을 도울 수 있는 제도적 장치도 아울러 고려되어야 할 사항이다.

둘째, 학교 자체의 생활지도 계획을 위하여 필요한 것이다. 그러므로 상담자는 졸업을 앞둔 졸업 예정자들에게 베풀 추후지도 계획을 확고하게 세우지 않으면 안 될 것이다. 졸업 예정자들은 졸업을 앞두고 진학 계획을 세우거나 직업계획을 세우는 문제 때문에 상담자의 도움을 필요로 하고 있을 것이다.

제 8 장

생활지도 프로그램의 계획, 조직 및 운영

1. 생활지도 프로그램의 필요성과 조직
2. 생활지도 조직의 원리 및 유형
3. 생활지도 요원의 자질과 역할
4. 학교 상담실의 설치와 운영

학교에서 이루어지는 생활지도는 커다란 범위에서 발달상의 주요 과업에 대한 이해와 적응을 돕는 교육적인 의미가 담겨져 있다. 그렇기 때문에 생활지도의 조직성이 필요시되며 생활지도를 보다 적극적으로 활용하기 위해서는 전문상담교사의 배치와 운영이 이루어져야 할 것이다. 본 장에서는 전문상담 교사의 배치와 효율적인 운영을 위해서, 실무자의 전문상담 실무능력을 갖추기 위해서 요구되어지는 조직에 대한 제반사항을 폭넓게 살펴보고자 한다.

1. 생활지도 프로그램의 필요성과 조직

1) 생활지도 프로그램의 필요성

집단지도는 필요에 따라 간헐적으로 학급을 이용하는 비정규적인 방법에 의해서 또는 전반적인 형식적 교육과정에 반영해서 정규교과 과정으로 시행하는 방법 등에 의해서 실시될 수 있다. 교사나 상담자는 기존의 프로그램을 선택해서 실시하던지, 특정한 학생의 욕구를 충족시키기 위해서 새로운 프로그램을 개발할 수 있다.

생활지도를 위한 상담에 있어서 집단을 대상으로 하는 프로그램이 많이 등장하고 있는데, 집단의 유용성을 생활지도와 상담에 활용함으로써 성과를 거두려는 데 목적이 있다. Gibson과 Mitchel(1981)은 생활지도의 목표를 달성하기 위해서 집단을 활용하는 것은 ① 집단의 영향력과 역동성을 이해함으로써 개인을 더 잘 평가하고 이해할 수 있고, ② 집단의 조직과 유용성을 이해함으로써 학생을 가르치고 지도하는 데 많은 도움이 되며, ③ 집단상담이 특정 개인에게나 특정 상황에서는 개인상담보다 더 효과적이라는 장점을 지닌다. 반면에 집단을 활용한 생활지도의 장점을 다음과 같이 들고 있다.

① 개인적인 발달을 촉진시킬 수 있는 장점을 지니고 있다. 개인의 발달을

가져올 특정한 경험은 오직 집단에서만 가능한 경우가 있다. 이러한 경험들은 집단지도자와 집단성원의 역할, 개인과의 협동형태, 집단소통의 기술을 배우고 연출하는 것들을 포함하게 된다.

② 학습과 이해를 자극시키는 장점이 있다. Lifton은 집단에서는 사람들이 자기 자신과 타인과의 한계에 관한 정보와 외부세계에 관한 정보 이 두 가지의 정보를 찾는 경향이 있다고 한다. 집단지도 활동은 진로와 진로선택, 학습계획과 결정, 개인, 사회적 적응과 결정 등에 적절한 학습과 이해를 제공하는 데 목적이 있다.

③ 집단 상호작용에 대한 장점이 있다. 생활지도를 목적으로 형성된 집단에 적극적으로 참여함으로써 개인은 집단이 조직된 목적에 관해서 이론의 폭을 넓힐 수가 있다. 따라서 참여자들은 집단 내에서의 자신의 행동의 이해뿐만 아니라 집단 상호작용과 역동성의 이해를 증진하게 한다.

④ 경제성에 대한 장점이 있다. 경제적인 이유만으로 지도집단이 형성되어서는 안되겠지만 집단을 통해서 상담자와 학생들의 시간을 절약할 수 있는 장점도 있다(이재창, 1988).

이상에서와 같이 실시자와 참여자들에게 경험되는 중요한 장점을 고려해 본다면 실제적이고 유용한 프로그램을 적절하게 활용하는 것이 필요시되며 상담자들이 당면하고 있는 현실적인 과제라고 할 수 있다.

2) 생활지도 프로그램의 계획

(1) 생활지도 프로그램 계획의 준비

① 기초조사

학생조사활동을 통해서 얻어진 정보를 토대로 학생들의 문제와 요구사항을 파악해야 하는 것이 일차적인 과제이다. 그리고 학부모들의 기대와 요구에 대해서 파악해야 한다. 왜냐하면 학부모가 실제로 가정에서 자녀지도를 하고 있는 방법이나 정도 등을 파악함으로써 학교에서 생활지도를 통해 학생들과 학부모들에게 어떤 도움을 줄 수 있을지의 내용을 선정하는 것과 구체적인 목표를 설정할 수 있기 때문이다. 또한 사회적인 요구와 기대를 들어야 한다. 학교는 지역사회와의 연대를 통해서 학생 및 학교의 발전과 지역사회에 발전을 가져올 수 있는 여러 가지 구체적인 생활지도프로그램을 개발할 수 있으며, 적용이 가능하기 때문이다.

② 교직원과의 협조체제 확립

생활지도의 전담자인 상담교사의 전문적인 자질 및 능력향상에 대한 지속적인 노력과 함께 학교 행정가의 지원(심리적, 행정적, 재정적 지원)과 일반교사의 적극적인 협조 아래에서 생활지도가 원활해질 수 있기 때문이다.

(2) 생활지도 계획의 작성

학교 생활지도의 계획은 크게 두 가지로 나뉘는데 하나는 생활지도의 목표를 구체적인 수준에서 설명하는 일이며, 다른 하나는 그러한 목표를 달성시키기 위한 활동 내용과 필요한 기구, 그리고 인적인 조직을 구성하는 일이다. 생활지도의 목표를 올바르게 또 구체적으로 설정하면 그 목표를 달성하기 위한 지도의 내용과 방법이 부수적으로 따라오게 마련이다.

중등학교의 생활지도상의 목표는 다음과 같이 설정할 수 있다(황응연 · 윤희준, 1983).

① 학교생활에 대한 뚜렷한 목적을 가지도록 한다.

② 자신의 능력을 이해하고 그것을 객관적으로 받아들이게 한다.

③ 자신의 정의적 특성을 이해하도록 한다.

④ 자신의 가정배경과 환경을 객관적으로 이해하도록 그 과정을 경험하게 한다.

⑤ 자신의 결함이나 문제를 이해하고 그것을 인정하도록 한다.

⑥ 자기의 문제를 스스로의 힘으로 해결하도록 그 과정을 경험하게 한다.

⑦ 문제해결에 필요한 여러 가지 자원을 최대로 활용하도록 한다.

⑧ 자신의 적성, 흥미, 가정의 희망, 직업세계의 전망 등을 고려하여 건전한 직업적 계획을 세우도록 한다.

⑨ 원만한 대인관계, 예를 들면 교사와의 관계, 동급생과의 관계, 상급생 및 하급생과의 관계, 부모와의 관계, 사회인과의 관계 등을 유지하도록 한다.

⑩ 여가를 유효 적절하게 이용하도록 한다.

⑪ 효과적인 학습방법을 체득하도록 한다.

⑫ 향토를 사랑하고 그를 위해서 봉사하는 경험을 쌓게 한다.

⑬ 신체적 건강은 물론 정신적 건강에 유념하도록 한다.

⑭ 현재의 역경을 이겨내어 보다 나은 장래 생활을 설계하기 위한 계속적인 노력을 꾀하게 한다.

2. 생활지도 조직의 원리 및 유형

1) 생활지도 조직의 원리

학교의 생활지도에 모든 교사가 참여해야 하는 것은 당연하지만, 자격과 능력 그리고 특성을 파악해서 업무를 맡기고 업무를 분장해서 운영해 나가지 않으면 안 된다. 교사가 각 개인의 능력을 최대한으로 발휘하게 하며 생활지도 활동의 효과를 거두려면 교사들이 제대로 기능을 발휘할 수 있는 조직이 필요하다.

생활지도는 협동적인 노력을 요청하는 것이기 때문에 교직원 조직은 전원이 최대한의 능률을 발휘할 수 있도록 일정한 원리에 입각하여 각급 학교의 실정에 적합하게 조직되어야 한다. Roeber, Smith와 Erickson 등은 생활지도 활동을 포함하는 학교의 모든 활동을 위한 조직원리를 다음과 같이 제시하고 있다(윤운성 · 김홍운, 2001).

① 어떤 생활지도 활동이든 간에 학교행정가의 지도성과 수용을 필요로 한다.

② 생활지도 활동의 성공은 교직원들이 그것을 어떻게 수용하고, 기억하고, 활용하는가의 준비성 여하에 따라 크게 영향을 받는다.

③ 어떠한 활동이든 간에 그 목적이 명백하게 정의되어야 한다.

④ 한 학교의 생활지도 활동은 그 학교가 놓여 있는 상황과 특수한 실정에 적합한 것이어야 한다.

⑤ 생활지도 활동은 학교의 전체 교육계획과 조화있게 발전시켜 나가야 한다.

이와 같은 원리가 학교의 모든 교육활동을 조직하고 운영해 나가는 데 있어서 기본이 되는 것과 마찬가지로 생활지도를 위한 교직원 조직을 위해서도 역시 지켜야 할 기본 원리가 있다.

이영덕과 정원식(1982)은 바람직한 생활지도의 조직원리가 훌륭한 교육을 위한 조직원리와 일치하는 것이라고 지적하면서 학교의 모든 교육적 활동과 생활지도 활동을 아울러 고려하는 조직원리를 다음과 같이 제시하고 있다.

① 학교의 효과적인 교육적 활동을 위한 행정조직의 궁극적인 목적은 개개 학생의 행복한 학습과 성장에 있다.

② 모든 교육적 활동을 위한 조직은 건전한 교육철학과 명확한 교육목표에 기초하여 인출되는 것이어야 한다.

③ 민주사회에 있어서 교육적 활동을 위한 행정조직은 전체 교직원과 교육에 관여하는 인사들의 민주적인 집단과정을 보장해 주는 것이어야 한다.

④ 명확한 교육목표와 직결되는 행정조직은 운영의 편리와 효율성을 앙양시킬 수 있도록 간편해야 한다.

⑤ 부분적인 교육활동을 위한 행정조직은 전체 교육프로그램의 통합적 운영을 위한 전체 조직 속에서 조화있게 통합되어야 한다.

⑥ 어떠한 교육적 활동도 행정가의 이해와 협조와 지도성을 필요로 한다.

⑦ 생활지도 프로그램의 성공은 그 프로그램을 교직원들이 받아들이고, 직접 참여하고 공헌하고 활용하려는 마음의 준비 여하에 따라 결정된다.

⑧ 바람직한 교육적 활동을 위한 교육조직과 운영은 현재 그 학교가 처해 있는 독특한 상황에서 자연스럽게 생성되고 발전되어야 한다.

⑨ 바람직한 행정조직과 지도성은 교직원이 각기 지니고 있는 자질을 최대한으로 발휘하게 하고 그것을 활용하도록 하는 것이어야 한다.

⑩ 바람직한 행정조직과 운영은 명료한 교육목표에 비추어 계속적으로 평가되고 개선되어야 한다.

한편, 김충기(1996)는 다음과 같은 내용으로 제시하고 있다.

① 생활지도 계획은 교육목적과 교육철학을 바탕으로 하여 이루어져야 한다.

② 프로그램 설정은 지방 및 지역 실정에 알맞도록 조직되어야 한다.

③ 프로그램은 행정부와 교수, 교직원의 지원과 이해에 근본을 둔 것이어야 한다.

④ 프로그램은 생활지도의 목표를 분명하게 제시해야 한다.

⑤ 모든 학교 교직원의 공동 참여가 있어야 한다.

⑥ 프로그램 구성은 유자격 전문가인 상담자가 해야 한다.

⑦ 프로그램은 적절한 검사계획의 수립이 필요하다.

⑧ 개인적인 자료와 기록 처리에 관한 특별한 봉사를 해야 한다.

⑨ 엄격하고 정비된 오리엔테이션의 필요를 인식해야 한다.

⑩ 정보활동의 철저한 구비와 보급 및 홍보활동이 있어야 한다.

⑪ 상담활동의 원활함과 개인적 신속성이 필요하다.

⑫ 정치활동이 신속하게 이루어져야 한다.

⑬ 추후활동의 자발적인 활발성이 필요하다.

⑭ 교사들과의 긴밀한 유대관계의 유지와 지도가 있어야 한다.

⑮ 조사와 평가연구의 원활한 활동이 전개되어야 한다.

⑯ 사정에 따라 특수한 전문가에게 위촉해야 한다.

⑰ 행정관청의 협조가 필요하다.

⑱ 학부형들의 관심과 동조가 있어야 한다.

⑲ 학생들의 이용에 적합한 활동이 전개되어야 한다.

⑳ 모든 학생을 위한 생활지도이어야 한다.

㉑ 특수적인 요구에 알맞은 생활지도여야 한다.

㉒ 학교직원의 생활지도 성격에 관한 현직교육이 제공되어야 한다.

㉓ 집단활동의 기회가 부여되어야 한다.

㉔ 풍부한 홍보활동이 제공되어야 한다.

㉕ 적절한 시설, 자료, 시간 및 기술 외의 것이 제공되어야 한다.

㉖ 상담활동에 있어서의 긴밀한 협조가 필요하다.

㉗ 명확한 조직 형태가 유지되어야 한다.

㉘ 프로그램을 계속적으로 발전시킨다.

㉙ 프로그램은 융통성과 변화가 있고 학생회와 직원의 변동과 욕구에 알맞게 발전적이어야 한다.

2) 생활지도 조직의 유형

생활지도에서 상담활동을 주로 담당하고 있는 진로상담부의 각 계의 업무 내용을 제시하면 다음과 같다(윤운성 · 김홍운, 2001).

(1) 기획상담계(상담자가 담당)

① 학생상담에 수반되는 각종 계획의 수립 및 추진에 관한 사항

② 각종 개인 및 집단상담에 관한 사항

③ 학생들의 적응지도, 신입생 및 전입생의 오리엔테이션 실시

④ 효율적인 학습에 필요한 정보제공에 관한 사항

⑤ 취업 및 진학 결정에 필요한 정보제공에 관한 사항

(2) 진로지도계(보통 졸업반 학년부장이 담당)

① 진로지도 계획의 수립 및 추진에 관한 사항
② 진학 카드의 작성 및 활용에 관한 사항
③ 진학 상황 및 동태의 파악, 상급학교 안내에 관한 사항
③ 모의고사 처리, 관리, 분석 및 활용에 관한 사항
④ 진로지도에 필요한 정보의 수집, 분류, 보관 및 활용에 관한 사항

(3) 집단 · 추수지도계(2학년 교과담당 교사 중에서 담당)

① 졸업생의 지도 및 동태 파악, 동창회 운영, 재수생 지도에 관한 일
② 소년단 · 소녀단 지도 및 각종 서클의 조사 및 지도에 관한 일
③ 특별지도 대상이 되었던 학생의 추수지도와 연구에 관한 일
④ 학생의 교양을 위한 강연회, 토론회 개최의 일
⑤ 생업의 날 행사 계획 및 추진에 관한 일

(4) 조사통계계(1학년 교과담당 교사 중에서 담당)

① 교육활동 전반에 걸친 개선을 위한 각종 조사활동에 관한 일
② 학생지도에 관계되는 연구 자료 수집에 관한 일
③ 각종 자료의 분석 연구 및 문제학생 발견에 관한 일
④ 각종 표준화검사의 실시, 처리 및 결과 활용에 관한 일
⑤ 제반 통계분석, 상담일지 기록 및 자료 정비에 관한 일

3. 생활지도 요원의 자격과 역할

생활지도 요원은 학생생활지도를 지원하는 모든 사람이 해당된다. 특히 전문상담교사가 원활하게 그 역할을 수행할 수 있기 위해 학교장과 다른 교사들의 도움이 크게 작용하게 되는데 여기에서는 주로 학교장과 일반교사들의 역할과 전문상담교사의 역할에 대해서 구체적으로 살펴보고자 한다.

1) 학교장과 일반교사의 역할

김충기(1996)는 학교장이 준수해야 할 임무를 다음과 같이 들고 있다.

① 자기 학교 내에서 학생들을 위한 종합적인 생활지도 프로그램의 필요성과 중요성을 인식한다.

② 자기 학교 내에서 학생들에게 적용될 수 있도록 교육적, 직업적, 행동적 과정의 발달적 측면을 이해하고 그들의 요구에 충족될 수 있도록 준비한다.

③ 교직원들로 하여금 생활지도 프로그램의 가치와 기능에 대해서 인식하게 한다.

④ 생활지도 프로그램의 핵으로서 간주되는 교직원의 활동, 봉사, 능력 및 기술 등에서 재원을 확보할 수 있도록 지원을 한다.

⑤ 처음부터 생활지도 프로그램 활동이 역동적이고 발전적인 사실임에 주의를 환기시킨다.

⑥ 생활지도 활동을 전개하기 위해서 전문가에게 예산과 필요한 시간을 편성할 필요를 제시한다.

⑦ 교직원들과 생활지도 프로그램을 협동적으로 조정한다.

⑧ 교직원이 생활지도위원회와 관련된 결정에 도달할 수 있도록 조력한다.

⑨ 생활지도 프로그램의 준비와 개인적 특성과 경험을 갖춘 상담자를 선발한다.

⑩ 전반적인 학생 발달에 도움이 되는 광범위한 교사활동을 제공한다.

이상에서의 학교장의 역할은 생활지도 프로그램을 성공적으로 이끌 수 있도록 내용의 이해, 진문적인 인적 자원의 선발과 보충, 재정적인 지원, 교직원의 현직훈련과 지역사회 인사와의 협동체제를 강화하도록 행정력을 발휘하도록 해야 한다.

일반교사는 교과수업도 중요하나 생활지도의 중요성을 인식하고 교과지도와 생활지도의 상호관련성을 고려하여 생활지도 활동에 적극적으로 참여하는 것이 필요하다. 우선적으로 일반교사는 학생이해활동, 정보활동, 정치활동, 추후활동에 참여하는 것은 당연하고 상담활동에도 참여하고 상담의 내용이나 호소되는 정도에 따라서 전문상담교사에게 의뢰하는 것도 바람직한 일이라고 할 수 있다.

2) 상담교사의 역할

학교 상담은 일정한 상담교사의 자격을 갖춘 사람으로서 학생 자신이 자기이해와 성장을 하도록 돕는 중요한 역할을 하게 된다. 상담교사는 무엇보다도 상담을 원활하게 수행해내기 위해서 자질향상에 대한 부단한 노력을 기울여야 하며 이러한 태도를 기반으로 적절한 역할을 수행해나가야 한다. Wrenn은 상담자의 기능적인 역할을 다음과 같이 들고 있다.

① 상담자는 학생의 자기이해와 자기수용을 도와 주어야 한다.

② 상담자는 학생의 자기이해에 영향을 줄 문화적 변화에 민감해야 한다.

③ 상담자는 학생이 현명한 교육적 직업적 선택을 하도록 도와야 한다.

④ 상담자는 학생을 위해서 집단학습의 경험을 제공한다.

⑤ 상담자는 학생의 자기책임감을 높여 주어야 한다.

⑥ 상담자는 학생 재능의 다양성을 수용하고 고무시켜야 한다.

3) 상담교사의 자질

상담교사는 전문적인 자질과 인간적인 자질을 겸비해야 한다. 인간적인 자질은 내담자와의 진정한 인간관계 형성과 내담자에게 영향을 미칠 수 있는 인성을 말하며, 전문적인 자질은 내담자의 이해와 상담과정을 효과적으로 진행시키는 데 필요한 학문적 지식과 기법에 관련된 자질이다. 상담자의 인간적인 자질에 좀 더 비중을 두어 살펴보면 다음과 같다.

(1) 자아인식

상담자는 심리적으로 성숙하고 자신이 하고 있는 일에 소신을 갖는 것이 중요하다. 그러기 위해서는 자신의 삶에 대해서 주체적인 인식을 갖는 것이다. 주체적인 인식을 갖는다는 것은 나름대로 자신의 삶에 대한 긍정적인 자아개념을 가진 사람이라는 것이다.

(2) 적응상태

현실에 당면한 문제를 회피하지 않고 적극적으로 대응하는 유연성과 원만성을 갖추는 것을 말한다. 왜냐하면 상담자는 한 개인의 내면적인 적응 및 외현적인 적응을 돕는 사람이기 때문에 자신의 삶에 대한 적응능력을 갖추는 것은 무엇보다도 중요하다.

(3) 인간의 문제에 대한 관심

상담자는 인간의 문제를 다루는 사람이기 때문에 무엇보다도 인간의 문제에 관심이 있어야 한다. 자신의 문제에 대한 관심을 지니고 적극적으로 해결해나가는 노력과 경주를 아끼지 않아야 할 뿐만 아니라 타인의 문제에 대한 관심과 문제해결 과정에 대한 고민을 아끼지 않아야 할 것이다.

(4) 자기감정의 조절능력

상담자는 자기감정의 조절능력을 지니고 있어야 하며, 이는 상담자가 상담진행에서 나타나게 되는 여러 가지 감정을 인식은 하되 감정을 조절할 수 있어야 안정된 상태에서 내담자를 보다 더 공감하고 이해할 수 있고, 적절한 도움방법을 찾을 수 있게 된다.

(5) 모델로서의 상담자

상담자는 상담을 함에 있어서 만나게 되는 내담자에게는 모델이 된다. 내담자는 자신의 적절한 모델을 상담자로 하는 경우가 많다. 내담자는 자신의 변화에 대한 구체적인 그림을 그리면서 자기탐색, 자기이해, 자기수용 등을 과정을 거치면서 행동이나 태도의 변화를 가져오는 경우가 많다. 이 같은 이유는 내담자는 상담자에 대한 신뢰를 동반했을 때 비로소 상담에 개입될 수 있으며 상담자에 대한 신뢰는 상담자를 모델로 하기가 더 용이하기 때문이다.

4. 학교 상담실의 설치와 운영

1) 학교 상담실의 설치

학교 내에 설치되는 상담실은 수업이 진행되는 교실과의 적절한 거리를 두고 배치되는 것이 바람직하다. 왜냐하면 학생들이 상담실을 이용하게 될 때에는 비교적 자신이 도움받고자 하는 상황이나 자신의 요구가 자연스럽지는 않기 때문이다. 따라서 친구들에게 자신이 상담실에 들어갔다 나갔다 하는 장면이 노출되는 것을 꺼려하게 된다. 상담실의 위치는 학생들이 편리하게 사용할 수 있는 곳이어야 한다. 즉 학생들이 활용하는데 최적의 장소로 생각되는 곳이어야 한다. 김흥규(1985)는 상담실의 위치를 3곳으로 분류해서 설명하였다.

① 상담실이 교무실에 있는 경우이다. 학부형과의 접촉이 편리하거나 학생에 관한 기록 문서를 쉽게 이용할 수 있다는 장점이 있으나 학생들이 꺼려하는 단점이 있다.

② 상담실이 교실에 인접해 있는 경우이다. 교실에 인접해 있을 때 학생들이 쉽게 찾아올 수 있는 장점은 있으나 다른 학생들에게 목격당하거나 소음이 너무 많은 것이 단점이다.

③ 상담실이 동떨어진 경우이다. 동떨어져 있을 경우에는 학생들의 이용은 쉬우나 행정적인 이용이 불편하다는 단점이 있다. 상담실의 위치는 상담활동의 편의와 효율에 기여한다. 그러므로 상담실 위치 결정에는 세심한 주의가 필요하다.

이상의 특성을 고려한다면 상담실의 적절한 위치는 다음과 같은 특징을 갖는다.

① 학생, 교사, 학부형 등이 좀더 쉽고 편리하게 이용할 수 있는 곳이어야 한다.

② 학생기록을 보관하는 곳, 양호실, 서무실, 도서실 등에 가급적이면 가까운 곳이어야 한다.

③ 음악실, 체육관, 작업실 등으로부터 떨어진 조용한 곳이어야 한다.

④ 상담활동 뿐만 아니라 다른 생활지도 활동을 실시하는데 적합한 곳이어야 한다.

2) 학교 상담실의 구조

상담실은 학교 건축시에 이미 설계에 포함되어 있는 것이 이상적이다. 그런데 현실에서 독립적인 규격에 알맞은 상담실을 구비하기란 어려움이 많은데, 기존의 건물에 상담실을 설치하자면 상담목적에 부합되도록 변형시키거나 개조하는 방법 등이 있으나 상담실을 준비하는데 이 경우에는 여러 부분의 손실이 크다. 따라서 교실을 신축할 때 이미 상담실을 만드는 것을 의무화하도록 하는 것이 필요하다.

상담실의 내부 시설과 비품은 상담실의 크기와 형태, 그리고 학교의 실정에 따라 달라질 것이다. 상담실이 클 경우에는 개인상담용 책상 및 의자 뿐 아니라 집단상담을 위한 시설도 필요할 뿐만 아니라 문서보관용 캐비닛 같은 것이 필요할 것이며, 공간이 너무 좁을 경우에는 책상 하나, 의자 두 개로서도 상담은 진행될 수 있다. 바람직한 구조라면 개인상담실, 집단상담실, 사무실, 자료 정리 및 보관실, 심리검사실 등으로 구성되는 것이다. 그리고 상담실의 구조를 갖추는데 유의사항을 다음과 같이 들 수 있다.

① 상담실은 아늑한 분위기를 조성한다.

② 채광, 통풍, 냉 · 난방시설을 잘 갖추어 쾌적한 장소가 되어야 한다.

③ 비품이나 공간이 정리정돈되어 있고 청결해야 한다.

④ 게시판, 신문철, 자료집 등을 학생들이 쉽게 이용할 수 있는 곳에 놓는다.

⑤ 상담시에 내담자의 위치는 광선과 출입구를 뒤에다 두는 것이 좋다.

⑥ 학생의 개인카드, 상담신청서 등 서류를 상담자가 쉽게 볼 수 있는 곳에 두는 것이 효과적이다.

⑦ 전화사용이 용이하고 녹음기 사용도 상황에 따라 활용해야 한다.

3) 학교 상담실의 운영

(1) 사업계획

학교 상담실은 무엇보다도 학생의 복지를 위한 곳이기 때문에 학생의 복지를 최우선으로 하며, 최선을 다하는 사전준비와 계획이 이루어져야 한다. 우선은 연간계획, 기간계획, 월간계획 등이 있어야 한다. 학교의 학사일정을 고려해서 상담실이 추진하고자 하는 목표달성과 학생특성을 고려한 제반사항에 대한 목표를 세워야 한다.

(2) 상담실 운영

학교 상담실의 운영은 전문상담교사가 전담하는 것이기는 하지만 교직원들과 학부모들의 긴밀한 협조가 이루어져야 원활하게 운영되어질 것이다. 왜냐하면 상담은 개인의 문제와 잠재능력을 신장시키는 학생복지의 문제이기 때문에 가장 적절하게 활용되어질 수 있는 자원은 인간관계라고 할 수 있다.

학교장의 지휘 아래 긴밀한 동료 교직원들과의 협조가 이루어지는 것이 우선되어야 하지만, 상담교사는 자신의 임무와 관련된 사명감과 철학을 가지고 생활지도를 위한 활동의 기능을 소신껏 유지하여야 한다.

한편 상담실은 학생들이 무엇보다도 자유롭게 드나들어야 하는 곳이다. 그리고 학생들이 상담실을 이용하는 것은 자신의 복지, 즉 현재 당면하고 있는 문제를 해결하거나 보다 원만한 학업적응을 위한다는 인식과 잠재력 개발을 위한 이용의 계기를 만든다는 인식을 갖는 것이 중요하다. 적어도 문제를 일으켰기 때문에 이용하는 것은 아니어야 한다. 이러한 인식의 정립을 위해서는 홍보문제가 중요한데, 상담실을 담당하는 전문상담교사 뿐만 아니라 협조를 이루는 교직원들의 협력 하에 홍보가 이루어지도록 노력하는 것은 중요한 과제이다. 상담실에 대한 홍보는 집단검사의 실시, 오리엔테이션에서의 홍보활동, 특별활동 등을 통해서 이루어지는 것이 바람직하다. 왜냐하면 학생들의 시선을 가장 적절하게 집중시킬 수 있는 상황에서의 홍보가 이루어질 때 효과가 최대로 나타나기 때문이다.

또한 포스터나 벽보, 학교방송을 통해서 상담실의 활동 및 성과보고를 통해서 상담실에 대한 올바른 인식을 갖도록 하는 것도 홍보의 중요한 역할이다. 여러 가지 활동을 통해서 상담실에 대한 왜곡된 시각이 아니라 현실적이고 안정적인 시각으로 상담실을 이용하고 효과적인 학생 적응태도를 갖도록 돕는다는 것을 학습하게 되므로 많은 학생들이 학교 상담실의 이용을 적극적으로 시도할 수 있게 된다.

이렇게 이용에 대한 인식이 보편화된다면 상담시간의 문제를 고려해야 한다. 일반적으로 상담은 학교수업 후에 진행되어야 한다고들 생각하지만 정상적인 수업일정에 들어가 있어야 할 것이다. 수업을 받는 것만큼 학생들에게는 상담활동이 중요하다는 것이다. 그러나 학생의 상담활동이 자신의 수업 참여를 회피하는 수단이 되는 것은 또 다른 악습이 되기 때문에 명확하게 분별하는 것은 중요하다. 무엇보다도 중요한 것은 학교를 이용하고 있는 시간대에 상담활동에 적극적인 참여를 하여 보다 바람직한 적응양식을 갖도록 적극 협조하는 것이 현실적인 당면 과제이다.

4) 학교 상담실의 기능

학교 상담실은 학생들의 생활지도에 중핵적인 역할을 하는 곳이기에 그 기능을 윤운성과 김홍운(2001)은 다음과 같이 분류하였다. 첫째, 생활지도 계획을 위한 기획실의 기능을 한다. 둘째, 학생 개인의 이해와 지도의 기능을 한다. 셋째, 정보의 보관 및 제공센터로서의 기능을 한다. 넷째, 생활지도를 위한 연구기관의 기능을 한다. 다섯째, 교사들의 현직 교육센터로서의 기능을 한다. 여섯째, 학교와 가정을 연결짓는 기능을 한다.

그러나 무엇보다도 학교상담실은 학교 내의 긴밀한 협조와 앞에 제시한 기능을 원활하게 수행하는 것도 필요하지만 지역사회의 청소년상담실과도 긴밀한 협조를 이루어서 보다 질적인 서비스를 제공하도록 노력해야 할 것이다. 시 · 군 · 구 청소년상담실과 협력해서 프로그램을 위한 정보를 상호 교환하는 방법, 청소년전문상담가를 초청해서 학생들에게 상담지원을 할 수 있는 서비스프로그램 등에 대한 고려도 동반되어야 한다. 현재 청소년상담실에서는 청소년들을 위한 부모교육이 적극적으로 이루어지고 있기 때문에 이를 십분 활용하는 것도 매우 커다란 의미가 있다고 본다.

제 9 장

진로교육과 진로상담

1. 진로교육
2. 진로상담

학교교육을 통해서 중요하게 준비되어지는 것은 진로지도이다. 한 개인의 일생을 방향지워 주는 것은 단지 한 사람만의 삶은 아니다. 왜냐하면 한 사람을 구성하고 있는 주변인물들과의 상호작용을 통해서 개인과 사회와 국가의 발전을 도모할 수 있다. 따라서 학교에서 이루어지는 진로교육과 진로상담은 한 개인에서 출발하여 국가의 발전과 안전을 위한 총제적인 지도라고 할 수 있다. 본 장에서는 진로교육의 개념과 지도방법의 다양성을 살펴보고자 한다.

1. 진로교육

1) 진로교육의 개념

사전적 의미의 진로(career)는 한 개인의 생애의 전 과정이지만 학자에 따라서 다양한 정의를 내리고 있다. Hoyt(1974)는 인간이 일생을 통하여 하는 일을 총칭하는 것으로 삶의 중핵이며 인간이 목표를 이루는 길이라고 하였으며, McDaniel(1978)은 자신의 인생전반에서 수행하게 되는 연속적인 일이나 여가를 모두 포함하는 생활방식이라고 정의하였다. 따라서 이재창(2004)은 진로란 개인이 일생을 통해서 갖게 되는 일의 개념으로 볼 수 있으며, 진로교육은 개인의 진로선택, 적응, 발달에 초점을 둔 계획된 교육적 경험과 일의 세계에 대한 준비를 의미한다고 하였다.

2) 진로교육의 내용과 과정 및 원리

(1) 진로교육의 내용

진로교육의 내용은 크게 두 영역으로 나뉘어지는데, 일반적인 내용(직업적 역할과 자아인식, 일의 세계에 대한 인식, 일에 대한 적극적이고 긍정적인 태도 함양, 의사결정 능력의 함양, 원만한 인간관계 기술 습득, 일과 직업의 경제적 측면 이해, 교육과 일의 세계와의 관계 인식, 가정 · 학교 · 지역사회에서의 연계체제 수립, 계속교육의 강조)와 발달단계에 따른 내용(진로인식단계, 진로탐색단계, 진로준비단계)이다.

(2) 진로교육의 과정

① 진로인식단계

진로인식단계는 주로 초등학교 고학년 수준에서 이루어지며, 그 내용은 일의 고마움(가족과 이웃사람들이 하는 일에 대한 고마움 인식), 일의 세계(일의 목적과 소중함, 직업의 여러 가지, 산업과 직업 등), 나의 소질(나의 흥미 발견, 소질과 직업관의 관계), 장래의 계획(존경하는 인물, 장래 포부 성취 방법) 등을 다루도록 하고, 일의 태도, 직업인에 대한 존경심을 기른다.

이 시기에 수행해야 할 영역으로는 다음과 같은 것이 있다.

첫째, 학습과 사회적 발달의 기본 기능 습득

둘째, 인간으로서의 삶과 개인적 · 사회적 활동에 대한 기본 기능의 고찰

셋째, 사회 속에서 이루어지는 개인적 삶의 기본 특성에 관한 고찰

넷째, 인간이 배우고 활용하는 환경과 자연에 대한 탐구

다섯째, 아동의 기본적 흥미와 잠재력에 관한 탐색

② 진로탐색단계

진로탐색단계는 중학교 교육수준의 시기로서 자신의 능력, 적성에 대한 이해, 산업 및 직업분류, 현대사회와 직업관계, 직업생활을 위한 준비로서의 교육, 장래의 잠정적인 직업계획 수립, 진학 및 직업 준비, 직업의 의미, 필요성, 바람직한 직업 선정의 조건 등을 이해하고 탐색하도록 한다. 수업 진행과정에서 수행되어야 할 내용은 청년기의 특징, 직업관, 직무분석 및 전망, 직업윤리 교육과 잠정적인 진로계획 수립 등 다양한 직업의 세계와 직업군의 탐색이 주요

활동 내용이다.

이 시기에 수행해야 할 영역으로는 다음과 같은 것이 있다.

첫째, 기본 기능 활용의 숙달 및 활용력 신장

둘째, 장래 직업, 취미생활, 가정생활, 시민정신, 문화생활 등에 관한 광범위한 고찰

셋째, 취업 기회에 관한 잠정적 가능성의 탐색

넷째, 직업 선택의 능력과 태도의 함양

다섯째, 장래 직업의 보편적 영역에 관한 잠정적 선택

여섯째, 다양한 직업에 요구되는 개인적 · 교육적 요건들에 관한 광범위한 지식

일곱째, 인류의 가치와 신념체계에 관한 고찰

③ 진로준비단계

진로준비단계는 고등학교 교육수준의 과정으로써, 학생들로 하여금 그들이 잠정적으로 선택한 직업군을 통해서 취업하는 데 필요한 능력을 키울 수 있는 방법과 기술을 습득한다. 고등학교 과정은 진학과 취업 준비로 갈라지는 매우 중요한 전환점으로서 대학에 진학하는 학생은 진학에 필요한 전공학과 선택과 대학 선택에 유용한 방법을 모색하고 공통적으로 직업세계의 변화에 직업 선정을 구체적으로 계속할 필요가 있다.

대학에 가지 않는 학생은 직업에 필요한 특정 기술과 지식을 습득케 하여 직업훈련 계획을 세우고 직업에 대한 긍정적 태도를 발전시켜 준다.

따라서 현대 산업사회의 직업추세와 직업 선정 준비의 중요성을 인식하고 준비하여 취업선택의 조건을 마스터해야 한다. 그리고 진학 및 취업정보에 익숙하도록 모든 진로 정보자료를 수집, 열람, 습득하도록 기회를 제공해 준다. 구체적인 진로계획안을 세우고 작성하도록 하며, 직업 및 직업윤리에 관한 지식을 습득하여 올바른 직업관 형성을 이룩하도록 학습한다.

이 시기에 수행해야 할 영역으로는 다음과 같은 것이 있다.

첫째, 기본 기능의 계속적인 숙달, 활용, 응용력 강조

둘째, 가정생활, 취미생활, 시민정신, 문화생활을 영위하는 데 필요한 구체적인 지식과 기술의 습득

셋째, 특수한 직업군 내지 직업영역 내에 존재하는 취미생활의 기회에 대한 탐색

(3) 진로교육의 원리

① 진로교육은 모든 학생을 대상으로 한다. 진로교육은 단순한 학생들의 견학지도만을 위한 것이 아니다. 또한 고등학교 3학년을 위해서 대학진학에 관련된 여러 조건을 베푸는 것도 아니다. 오로지 모든 청소년들, 즉 초등학교 고학년에서부터 시작하여 중학교, 고등학교, 대학교, 성인에 이르기까지 일생을 통한 교육의 전 과정으로서 정상적인 교과교육과 아울러 별도의 진로교육 시간을 배당하여 발달단계에 따라 직업의 세계를 중심으로 초등학교에서는 진로의 인식, 중학교에서는 진로의 탐색, 고등학교에서는 진로의 준비, 대학에서는 진로의 전문화 단계를 설정하고 그 단계에 알맞은 직업교육에 관한 내용을 철저하게 숙달되도록 지도해야 한다. 일반적으로 생각하는 대학예비고사 점수에 따라 눈치와 배짱으로 전공학과를 선택하는 단편적인 행위로 요행히 대학에 들어가 직업과는 거리가 먼 것이다. 우리는 개인이 한순간의 선택으로 일생을 좌우하는 기회를 갖게 되는 오류를 범해서는 안 된다. 그리하여 그들이 선택한 진로에 불안을 품게 되면 학업 능률도 오르지 못할 뿐만 아니라 개인적으로 정신적 장애를 일으켜 불행한 것이다. 산업사회에 존재하는 폭넓은 일의 세계를 인식하고 자신의 욕구, 능력, 적성, 가치관, 성격에 알맞은 방향에로의 정보 제공과 인내와 지도가 더욱 중요한 것이다. 그러므로 진로교육은 각급 학교별로 요구되는 방향과 정도에 적합하게 진로교육이 고루 이루어지도록 제도적인 지원과 장치가 필요한 것이다.

② 진로교육은 학생들의 진로발달(career development)에 따른 요구와 필요에 알맞게 재구조화되고 재편성하여 익숙하게 되어지도록 노력하여야 한다. 진로발달이론에 따르면, 초등학교 시기는 환상기, 중학교 시기는 실험적 선택기, 고등학교 시기는 현실 단계로 변화되므로 이러한 발달적 변화에 따르는 진로계획과 선택에서 융통성이 있는 교육활동을 전개해 나가야 한다. 즉 학생들은 장래의 직업계획과 선택에 있어서 관심을 가지고 잠정적 또는 구체적인 계획을 세워 자신의 포부와 현실적 여건이 능력, 적성, 인성과 가치관과의 긴밀한 타협에 의해서 분수에 맞는 구체적이고 실질적인 선택이 이루어지도록 생애계획을 세운다. 따라서 자신의 열망수준과 능력 수준이 일치하는 방향에로의 효과적인 지도가 요청된다.

③ 진로교육은 진로교육 프로그램의 내용을 기초로 하며 학교의 모든 교육과정 속에서 이루어져야 한다. 진로교육 프로그램은 자기이해 및 탐색과정, 일의 세계의 변화, 직업군의 이해, 직업 준비과정, 진로계획, 진학 및 취업정보, 직업윤리 및 가치관, 일의 보람, 성공적 직업인, 참다운 삶의 의미와 자기실현 등의 내용을 모두 포함하고 있다. 이와 같은 프로그램을 전개하기 위해서는 모든 교직원의 참여와 협동으로 적극적인 지도로 강화되어야 한다. 따라서 모든 교과 담당교사나 별도의 진로 담당교사(career teacher)는 진로교육에 대한 깊은 이해와 실시에 대한 폭넓은 지식과 기술, 내용 등에 익숙해야 한다. 아울러 모든 학생들은 잠정적인 진로계획 수립과 추진에 만족할 수 있도록 다각적인 실천이 요청된다.

④ 진로교육 목적을 달성하기 위해서는 학교에서 학생들에게 가르쳐야 할 교육의 영역과 범위를 결정해야 한다. 즉, 자아발견, 일의 세계, 진로계획, 일에 대한 태도와 가치관은 진로교육 영역에 포함되어야 한다. 이 영역들은 개인의 발달과 사회와의 조화 및 개인의 생산적인 생활이라는 관점에서 발달단계별로 다시 분류하고 각급 학교 진로교육 목표와 내용을 체계화해야 한다. 이러한

내용체계를 기초로 하여 진로교육 단원을 개발하고 그 운영방안을 마련해야 할 것이다.

⑤ 진로교육은 산학협동체제 속에서 학교와 산업체와의 긴밀한 유대를 갖고 연계성을 유지하여 지역사회의 모든 자원과 자원인사(resource person)를 진로 단원 내용 속에 최대한으로 활용하여야 한다. 진로교육의 시행은 학생들로 하여금 지역사회 안에 존재하는 직업과 일의 세계를 이해하고 탐색하여 개인적으로 풍부한 직업 경험을 갖게 하여 장차 자신의 진로 선택 방향을 결정하는데 이바지 할 수 있도록 기회를 많이 제공하여야 한다.

⑥ 진로교육은 진학 및 직업적 요소를 중요시하지만 단편적인 기능인 양성을 위한 직업교육만은 아니고 포괄적인 넓은 의미의 직업교육이다. 그러므로 좁은 의미의 농 · 공 · 산 · 수산 등의 실업교육을 포함하여 대학교육에 이르기까지 직업적 요소가 핵심이 되며, 전인적인 생활인의 육성을 위한 준비교육이다. 따라서 대학교육도 실질적인 차원에서 보면 광의의 직업교육임을 인식하고 이에 대비하는 교과과정의 구성과 현실적인 직업적 요구에 만족시켜 줄 수 있도록 제도적인 장치와 지원이 필요하다.

⑦ 진로교육은 변천하는 사회에 현명하게 적응하기 위한 방안으로 일의 세계(world of work)를 폭넓게 인식시키는 과정으로서 모든 학생들에게 의미있는 삶의 내용과 경험을 풍부하게 제공하는 것이다. 현대사회는 산업사회를 지나 정보화 시대를 돌입하고 있다. 모든 산업기술 및 과학이 고도로 향상 · 발전되어 감에 따라 직업의 세계도 전문화 · 세분화 · 다양화되어 가고 있다. 이러한 추세에 따라 일의 세계를 포함한 긍지와 보람, 생활의 유지수단을 폭넓게 인식하여 유능한 직업인으로서 자기 삶을 윤택하게 한다. 또한 개인생활과 사회생활, 국가를 위한 봉사의 수단임을 느끼도록 한다. 따라서 진로교육을 통하여 변화하는 산업사회에 필요하고 삶의 질과 보람을 찾는 과정이 이루어진다.

⑧ 진로교육은 자아의 이해, 객관적인 인적사항을 파악하는 준비과정이다. 따라서 자기이해, 자기수용, 자기결정, 자기지도에 이르도록 이끌어 주는 계획적이고 생산성있는 과업이다. 그러므로 객관적 자아를 발견하고 이에 적응할 수 있는 현실적으로 가능한 직업 선택과 짝지어 주는 발견의 과정이다. 객관적 자아를 이해하고 발견하려면 각종 심리검사(지능, 적성, 흥미, 창의성, 학력, 자아개념 검사 등)의 실시를 통하여 이루어질 수 있다. 이러한 검사를 통하여 얻어진 결과와 각종 진로정보활동(career information service)을 제시한 내용에 따라 탐색된 정보 재료를 적용하여 자기발견의 기회를 갖도록 한다.

⑨ 진로교육은 개인의 존엄과 가치에 바탕을 둔 건전한 세계관의 확립에 있다. 지난 20여 년간 한국이 근대화를 추구해 오면서도 건전한 직업관이 정착되지 못한 데에는 여러 가지 이유가 있다. 즉, 일확천금을 노리는 한탕주의, 분화된 직종들 간의 비협동적 관계, 관존민비와 기술을 천시하는 풍조 등이 직업교육의 천시풍조를 낳았다. 그리하여 대부분의 사람들은 관리가 되어 권력을 휘둘러 보려는 관심에만 집중되어 모든 직업이 공평하게 대우받고 역할 분담으로 제 기능을 다하는 가치관이 말살되어 근대화 작업에 부작용이 많았고 정상적인 가치관 형성에 충분히 기여하지 못하였다. 그러나 근대화 과정 속에서 적재적소에 알맞은 직업인이 요구됨에 따라 과거의 전통적인 가치관의 변화를 시급히 요구하게 되었다. 건전한 직업관은 취업하기 전 가정과 학교에서 그 기초를 확립하여야 한다. 그렇기 때문에 진로교육 추진과정은 건전한 직업윤리나 직업관이 확립될 수 있도록 노력하는 과정으로 직업관이 형성될 수 있도록 교육 프로그램과 학교제도가 마련되어야 한다. 직업의 선택은 자유롭지만 선택한 직업에서는 성실한 노력을 하고 그 대가는 공헌도에 비례해서 받게 되어야 하며, 학력이나 소유에 의해 보수가 결정되어서는 안 된다. 취업 기회는 누구에게나 개방되어야 하며 적성에 따라 선택되어야 한다. 건전한 직업관 확립을 위해서 환경의 조성도 중요하다. 학교는 가정과 직장, 더불어 직업관 확립을 위한 분담을 도모함으로써 건전한 직업관 확립의 기초를 조성해 주어야 한다.

⑩ 진로교육은 범국가적 차원에서 인력의 효율적 운영에 초점을 두고 있으며 개인이 적재적소에 알맞은 유능한 직업인을 양성함에 있다. 따라서 선택한 직업에서 만족감과 행복감을 느끼고 보람있는 삶의 추구에서 성공감을 맛보면서 누구나 능력을 최대한 발휘하도록 보장받게 되는 것이다. 진로교육이 효율적으로 추진되기 위해서는 학교운영관리의 책임자인 교장이나 지원참모들의 헌신적인 지원으로 '진로교육' 시간을 교과시간에 할애하여 교육 프로그램을 실시하도록 의무화하여야 한다.

⑪ 진로교육은 지도의 결과 개인적으로는 생애목표를 달성하고, 가정적으로 행복한 생활을 누릴 수 있게 되며, 학교 측면에서는 전인교육이 실시되며, 사회적으로는 산학협동이 증진되고, 국가적인 차원에서는 인력의 효율적인 운영이 이루어지고, 나아가서는 복지사회를 건설하는데 이바지하게 된다. 따라서 진로교육의 실시로 말미암아 교육의 목표와 생애목적을 달성하게 되어 궁극적으로 개인의 행복과 성취감을 갖게 되어 유능한 사회의 일원으로서 인생을 풍요롭게 삶의 질을 개선하면서 자아실현의 경지에 도달하게 되는 것이다(김충기, 1996).

3) 진로교육의 방법

진로교육을 효과적으로 실현하기 위해서는 구체적으로 다음과 같은 내용을 토대로 이루어져야 한다(Stevenson, 1973).

① 자아개념의 구체화이다.
② 일의 세계에 대한 이해이다.
③ 진로계획에 대한 책임감이다.
④ 의사결정 능력이다.
⑤ 협동적인 사회적 행동이다.
⑥ 일에 대한 태도 등을 형성하는 프로그램으로 전개되어야 한다.

진로교육 프로그램이란 진로지도의 의미와 문제점, 인력수급계획, 직업세계의 변화에 대응하여 알맞게 이루어지고 현명한 선택과 올바른 적응을 위한 방법을 추진하기 위해서 무엇을, 어떻게 지도할 것인가에 대한 내용을 채택, 활용하는 것으로 진로교육의 효과를 올리기 위한 방법이다. 따라서 진로지도 프로그램은 교육지도, 직업지도, 개인 · 사회적 지도 프로그램 등 3단계로 구분하여 프로그램을 구성하는 것이 좋다.

교육지도는 진학 · 진급 · 중퇴아, 학업부진아, 학업지진아, 학습방법, 유학 등을 위한 구체적이고도 실용적인 효율적 방법을 제시 또는 지도하여 교육의 성취도를 높일 수 있는 자료와 방법을 구안한다. 직업지도는 급격히 다양하게 변화하는 직업의 세계를 인식하고 탐색하는 자료를 제공하여 익숙하게 한다. 그래서 자신의 적성이나 흥미, 능력 또는 성격 등에 부합될 수 있는 잠정적인 직업을 선택할 수 있는 기회와 방향을 결정할 수 있도록 한다. 개인 · 사회적인 지도는 개인과 인간관계, 즉 적응에 필요한 정보, 인간 · 물리적 환경에 영향을 미치고 사회적응 활동, 가치관, 자기성취 동기, 성의 역할, 대인관계, 인생관, 예의범절, 여가선용 등 주로 각 개인과 타인, 사회 활동에 적응할 수 있는 필요한 지도를 하는 것이다(Hoyt, 1973).

우리 나라에서는 진로교육이 정규교과목으로 책정되어 이루어지고 있지는 않으나 한두 군데의 사립고등학교에서 시범적으로 1년 단위의 학과수업 방식으로 진행되어지고 있다. 보편적으로 진로교육은 상담활동을 통해서 이루어지는 프로그램의 적용으로 이루어지고 있는 실정이다.

2. 진로상담

1) 진로상담의 개념 및 목표

진로상담은 진로교육의 이론과 실제를 현실 적응에 필요한 실천적 활동으로 학생들의 정의적 성숙과 진로발달의 과정을 도와 주는 체계적이고 전문적인 활동이라고 정의되고 있다. 이재창(2004)은 진로상담은 진로지도를 위한 수단의 하나로 개인의 가치관과 태도의 탐색뿐만 아니라 개인에 관한 정보와 자료가 일반상담보다 더 중시된다고 하였다. 한편 진로상담의 목표는 다섯 가지로 규정되어지는데, 첫째는 자신에 관한 보다 정확한 이해 증진, 둘째는 직업세계에 대한 이해 증진, 셋째는 합리적 의사결정, 넷째는 정보탐색 및 활용능력 방안의 모색, 다섯째는 일과 직업에 대한 올바른 가치관 및 태도를 형성을 말한다.

2) 진로상담의 내용과 과정 및 원리

(1) 진로상담의 내용

Zunker(1998)는 진로상담에 대한 내용을 중학생과 고등학생을 분류하여 제시하였다. 왜냐하면 초등학교 시기는 진로인식단계를 바탕으로 진로탐색이 이루어지며, 중학교 시기는 진로탐색단계에 해당되고, 고등학교 시기는 진로준비단계에 해당되는 시기이다. 따라서 중학생의 경우에는 ① 의사결정 및 문제해결 기술 증진, ② 자아개념과 교육 · 직업목표와의 연계, ③ 개인의 장점과 능력 파악 및 활용, ④ 직업탐색 등의 활동은 중학교 시기에 이루어져야 할 내용으로 제시하였다. 즉, 자기 자신과 직업에 대한 탐색이 이루어지는 기회가 주어져야 할 것이다. 그리고 고등학생의 경우에는 ① 의사결정기술과 문제해결력의 심화, ② 직업세계에 대한 구체적인 지식 구비, ③ 직업윤리 및 타인들과 더불어 일하는 방법과 기술 등에 대한 학습, ④ 개인의 역할에 대한 이해, ⑤ 개인의 생활양식, 여가활동 등과 일과의 연계방법 학습, ⑥ 취업에 대비한 구체적인 취업활동 등을 주요 내용으로 제시하고 있다. 그러므로 고등학교에서의 진로상담은 자신의 능력, 적성, 흥미, 경제적 여건, 직업포부 등을 고려하여 자신의 진로를 선택하고 개척해 나갈 수 있는 탐색과 준비를 할 수 있는 기회를 제공해 주는 것이 바람직하다.

(2) 진로상담의 과정

진로상담의 과정은 ① 관계수립 및 문제의 평가, ② 목표설정, ③ 문제해결을 위한 개입(내담자의 의사결정 수준에 따른 차별적인 개입), ④ 훈습(working through), ⑤ 종결과 추후지도(내담자의 변화에 대한 평가, 목표달성 정도의 평가, 남아있는 문제에 대한 예측과 논의, 상담의 종결에 대한 내담자의 태도 평가 등을 수행)의 5단계로 이루어진다(이재창, 2004).

(3) 진로상담의 원리

진로상담이 효과적으로 이루어지기 위해서는 다음과 같은 기본원리가 적용되어야 한다(이재창, 2004).

① 상담자의 내담자에 대한 신뢰 및 공감적 이해
② 최종선택은 내담자 스스로 결정하도록 유도
③ 만성적 진로 미결정자의 조기발견
④ 내담자의 합리적인 의사결정 기법 획득 유도
⑤ 효과적인 진로관련 정보제공을 위한 상담자의 직업세계에 대한 숙지
⑥ 내담자의 결정수준에 따른 상담자의 차별적인 진단과 처치 등이다.

3) 진로상담의 이론

(1) Parsons의 특성요인이론

Super와 Crites에 의하면 특성요인이란 주로 일반지능, 특수한 적성, 학업성취도, 직업능력을 포함하는 제능력과 직업적 관심 및 성격, 특성들을 말한다. 즉 Parsons(1908)의 개인, 직업, 개인과 직업의 관계성을 토대로 한 직업이론과 미네소타 대학에서 개발한 사무적성검사, 손동작기민성검사, 공간지각력검사

등을 통해 발전된 심리측정학적 지식, 그리고 직업명 사전(DOT) 등의 직업분류학이 결합되어 만들어졌다. 따라서 특성요인이론은 질병분류학적 진단, 합리적 상담과정, 구체적 결과지향 등과 같은 과학적인 문제해결 도식을 따르는 것과 동시에 직업결정을 설명하고 기술하기 위해서 고안된 직업심리학의 중요한 접근법의 하나이다.

(2) Holland의 인성유형론

Holland의 인성유형론은 직업적 흥미는 일반적으로 성격이라고 불리우는 것의 일부이기 때문에 개인의 직업적 흥미에 대한 설명은 곧 개인의 성격에 대한 설명이라는 가정에 기초한다. 따라서 다음의 네 가지 가정을 살펴보면 다음과 같다. 첫째는 대부분의 사람들은 여섯 가지 유형 중의 하나로 분류될 수 있다. 실재적(Realistic), 탐구적(Investigative), 예술적(Artistic), 사회적(Socail), 설득적(Enterprising), 관습적(Conventional), 즉 RIASEC이라고 불리워진다. 둘째, 여섯 가지 종류의 환경이 있다. 실재적, 탐구적, 예술적, 사회적, 설득적, 관습적인 환경으로 각 환경에는 그 성격유형에 일치하는 사람들이 머물고 있다. 셋째, 사람들은 자신의 능력과 기술을 발휘하고 태도와 가치를 표현하고 자신에게 맞는 역할을 수행할 수 있는 환경을 찾는다. 넷째, 개인의 행동은 성격과 환경의 상호작용에 의해서 결정된다. 사람의 성격과 그 사람의 직업환경에 대한 지식은 진로선택, 직업변경, 직업성취 등에 관해서 중요한 결과를 예측할 수 있게 해준다.

Holland는 이와 같은 여섯 가지 유형 중 하나에 속하는 것이라기보다는 개인에게 발견되는 우세한 유형 세 개를 기초로 한다고 하였다. 3개의 코드는 개인이 환경을 다루기 위한 다양한 범주의 전략을 알 수 있도록 하는데, 좋아하는 것뿐 아니라 싫어하는 것도 있다. 여섯 가지 유형에 대하여 다음과 같이 설명할 수 있다(Holland, 1992).

① 실재적 유형은 기계, 도구, 동물에 관한 체계적인 조작활동을 좋아한다.

이 유형의 사람은 사회적 기술이 부족하다. 실재적인 유형에 속하는 전형적인 직업은 기술자이다.

② 탐구적 유형은 분석적이고 호기심이 많고 조직적이며 정확하지만, 리더십 기술이 부족하다. 대표적인 직업은 과학자이다.

③ 예술적 유형은 표현이 풍부하고 독창적이며 반순응적이고 규범적인 기술이 부족하다. 대표적인 직업은 음악가와 미술가이다.

④ 사회적 유형은 다른 사람들과 함께 일하거나 다른 사람을 돕는 것을 즐기지만 도구와 기계를 포함하는 질서정연하고 조직적인 활동을 싫어한다. 사회적인 유형은 기계적이고 과학적인 능력이 부족하고, 대표적인 직업은 사회복지가, 교육자, 상담가이다.

⑤ 설득형으로 조직목표나 경제적 목표를 달성하기 위해 타인을 설득하는 활동을 즐긴다. 그러나 상징적이고 체계적인 활동을 싫어하며 과학적인 능력이 부족하다. 대표적인 직업은 기업경영인, 정치가 등이다.

⑥ 관습형으로 자료를 체계적으로 잘 처리하고 기록을 정리하거나 자료를 재생산하는 것을 좋아한다. 그 대신 심미적인 활동은 피하며 대표적인 직업은 경리사원, 사서 등이다.

(3) Roe의 욕구이론

Roe(1957)는 부모 · 가족간의 관계가 어떻게 아동의 직업선택에 영향을 미치는지와 아동기 때의 초기 경험이 어떻게 욕구들을 강화시키거나 약화시키고 아동의 직업발달에 영향을 미치는지에 관한 탐색이 대부분이어서 가족 및 체계적 접근법으로 분류되기도 한다. Roe의 성격발달이론은 Maslow(1954)의 욕구위계론 및 직업선택에서의 욕구들과의 관계성에 기초하고 있는데, 다음과 같은 명제를 제시하였다. 첫째, 유전은 모든 특성의 발달 잠재성에 제한을 가하지만 어떤 특성이냐에 따라 유전적 통제의 정도와 성격에는 차이가 있다. 둘째, 유전된 특성의 개발 방법이나 정도는 개인의 독특한 경험뿐만 아니라 문화적인 배경과 가정의 사회경제적 지위와 모든 측면에 의해서도 영향을 받는다. 셋째, 상대적으로 통제력이 미미한 흥미, 태도, 그리고 다른 성격 변인들의 발달 양식은 주로 무의식적인 주의를 통해 특정한 방향으로 나아가게 하는 개인의 경험에 의해 결정된다. 넷째, 주의력의 견지에서 볼 때 정신에너지의 궁극적인 양식은 흥미의 주요 결정요소이다. 다섯째, 욕구들의 강도는 성취에 대한 동기유발의 정도를 결정하는 주 요인이다(이재창, 2004).

Roe는 직업선택은 부모-자녀간의 상호작용을 통해서 발달되는 심리적인 욕구에 기초하는 것으로 부모의 양육태도는 다른 실제적인 부모행동보다 중요하다고 보고 부모의 양육태도의 범주를 세 영역으로 분류하였다. 첫째, 자녀에 대한 감정적인 집중은 과보호적이거나 과요구적으로 될 수 있다. 둘째, 자녀에 대한 회피는 감정적 인 무시와 거부로 표현된다. 셋째, 자녀에 대한 수용은 무관심한 수용과 애정적인 수용으로 나타난다. 그 내용을 좀더 구체적으로 살펴보면 다음과 같다.

① 자녀에 대한 감정적 집중

㉠ 과보호적 분위기(Overprotecting climate) : 부모가 자식을 특별히 소중히 여기고 지나친 보호를 하려하며, 자식도 부모에게 의존하기를 기대한다. 이러한 부모들은 자녀의 낮은 수준의 요구는 즉시 들어주나, 상위의 요구는 아이의 행동이 부모나 사회의 기대에 일치할 때에만 들어준다. 이러한 분위기에서 자란 아이들은 훗날 타인에게 의존적이며 일반적으로 동조적인 행동을 많이 나타내게 된다.

㉡ 고요구적 분위기(Overdemanding climate) : 자식이 부모의 요구에 부합되고 성취를 한 경우에 부모는 자녀를 사랑하고 귀히 여긴다. 부모는 자식이 무슨 일을 하던 남보다 뛰어나길 바란다. 그래서 자식에게 엄격한 훈련을 시키게 되고, 취학 후에는 우수한 성적을 받아오도록 무리한 요구를 하게 된다.

② 자녀회피

㉠ 무시적 분위기(neglecting climate) : 자녀와의 접촉 및 자녀에 대한 부모로서의 책임을 회피하려는 경향이 있으며, 자녀의 욕구 충족을 위해서 별로 노력하지 않는다. 자녀에 대한 관심이 적으나 감정적으로 거부하지 않는다.

㉡ 거부적 분위기(rejecting climate) : 자녀의 행복을 전적으로 무시하고 자녀들의 신체적 · 심리적 필요를 충족시켜 주려는 노력을 거의 하지 않는다.

③ 자녀수용

㉠ 무관심한 분위기(Causal climate) : 부모가 자식을 수용하기는 하나 부모와 자녀관계가 별로 밀착되지 않는다. 그러나 자녀들의 필요나 욕구에 대해서는 비교적 민감하다.

㉡ 애정적 분위기(Loving climate) : 무관심한 분위기와 유사하나 그보다는 부모-자녀 관계가 더 튼튼하며, 부모는 자녀가 어떠한 것을 요구하든 들어주려고 노력하며 무관심한 분위기에 비해서 부모는 자녀에게 더욱 사려깊은 격려를 한다.

(4) Krumboltz의 사회학습이론

Krumboltz(1979)의 진로상담에서의 사회학습이론적 접근은 자아구조에 초점을 두고 진로결정에서의 인지와 행동을 강조하며 개인의 진로경로를 따라 나타나는 행동을 네 가지 요인들의 상호작용으로 설명하였다. 한편 개인의 진로결정에 영향을 주는 4가지 요인을 제시하였다.

① 환경적 요인

개인의 통제권 밖에 있는 요인으로 진로상담을 통해 변화시키는 것이 불가능하다.

㉠ 유전적 요인과 특별한 능력 : 개인의 진로기회를 제한하는 타고난 특질로 인종, 성별, 신체적 특징, 지능, 음악적 · 미술적 재능, 특정 신체적 질병 관련 소인 등이 포함된다.

㉡ 환경적 조건과 사건 : 개인의 진로선택, 기술개발, 활동, 진로선호 등에 영향을 미치는 요인으로 직업 및 훈련기회, 훈련생 및 근로자 선발관련 사회정책 및 절차, 퇴직률, 근로기준법 및 노동조합법, 자진, 홍수 등의 물리적 사건, 천연자원의 유용성, 기술개발, 사회조직의 변화, 가족 경험 · 훈련 및 자원, 교육제도, 지역사회 및 이웃의 영향, 기타 사회적 · 문화적 · 정치적 · 경제적 조건들이 포함된다.

② 심리적 요인

개인의 생각, 감정, 그리고 행동을 결정하는 요인으로 진로상담을 통해 내담자가 이러한 요인들을 이해하고 변화시키도록 도와줄 수 있다.

㉢ 학습경험 : Krumboltz는 현재 또는 미래의 교육과 직업에서의 의사결정에 영향을 미치는 개인의 학습경험을 두 가지 유형, 즉 도구적 학습경험과 연합적 학습경험으로 가정하였다.

㉣ 과제접근기술 : 진로 의사결정의 주요한 부분은 개인이 어떻게 과제에 접근하는가를 이해하는 것이며, 과제접근기술에는 목표설정, 가치명료화, 대안일반화, 진로정보획득 등이 포함된다(Sharf, 1997).

(5) Ginzberg의 발달이론

Ginzberg, Ginsberg, Axelrad, Herma(1951, 이재창, 2004 재인용)은 경제학자, 정신의학자, 사회학자, 심리학자로 진로발달은 개인의 생에 초기 20년 동안에 일어나는 직업선택의 과정이라고 생각하고 직업선택은 발달적 과정이다. 단 한번의 결정이 아니라 수년에 걸쳐서 이루어지는 일련의 결정들이다. 이 과정에서 각 단계는 서로 관련되어 있다고 주장하였다. 직업행동과 관련된 최초의 이론인 이 이론에 의하면 직업선택은 개인의 가치관, 정서적 요인, 교육의 기회와 성취(양과 종류), 실제 상황적 여건(지리적 위치, 고용기회 등) 등의 영향을 받고, 이 요인들은 직업선택을 결정하는 태도에 영향을 미치게 된다고 설명한다.

Ginzberg 등은 진로발달단계를 환상기(환상적 직업탐색단계), 잠정기(시험적 직업탐색단계), 현실기(현실적 직업탐색단계)의 세 단계로 구분하여 제시하고 있다.

① 환상기

11세 이전까지의 시기로, 개인의 욕구와 충동이 직업선택과 동일시되어 자신이 원하면 무엇이든지 될 수 있다고 생각하는 단계이다.

② 잠정기

11~17세에 해당되는 시기로, 개인의 흥미, 능력, 가치관 등이 진로선택 과정에서 고려되지만 현실적 요인이 적절하게 고려되지 않았기 때문에 잠정적으로 본다.

③ 현실기

18~20대 초반에 해당되는 시기로 자격요건이나 교육기회와 같은 현실적인 요인과 개인적인 요인을 고려하여 타협이 이루어지고 실제로 직업선택을 하게 된다.

(6) Super의 발달이론

Super는 진로행동 및 발달영역에 통합적인 접근을 시도하였는데, 그에 의하면 진로란 생애(life-span)와 생활공간(life-space) 속에 존재하는 것으로, 발달 · 차이 · 사회 · 성격 · 현상학적 심리학에서 적용되는 주요이론과 자아개념 또는 개인구성이론을 결합하여 진로발달의 특정측면을 취급하는 것으로 나타났다

(Super, 1990).

Super는 개인의 생애를 자아실현의 과정으로 보고, 생애진로 발달단계를 주요 사건이 일어나는 5개의 하위단계로 나누어서 설명하였다.

① 성장기

출생에서 14세까지로 가정이나 학교에서의 주요 인물과 동일시함으로써 자아개념이 발달하는 시기이다. 초기에는 욕구와 환상이 지배적이다가 점차적으로 흥미와 능력을 중요시하는 시기로 옮겨진다.

② 탐색기

15세에서 24세로 자기검증, 역할수행, 직업적 탐색 등을 하게 되며 잠정기, 전환기, 시행기의 하위단계로 구분된다. 학교, 여가활동, 시간제 일 등을 통해서 욕구, 흥미, 가치관, 능력, 기회 등을 고려하게 되며 잠정적인 선택을 하고 새로운 시도를 하게 된다.

③ 확립기

24세에서 44세까지로 자신에게 적합한 직업분야를 발견하고 그 분야에서 영구적인 위치를 확보하려고 노력하는 시기로 시행기와 안정기로 다시 구분된다.

④ 유지기

45세에서 64세까지로 직업세계에서 확고한 위치가 확립되고 이를 유지하기 위한 노력을 하는 시기이다.

⑤ 쇠퇴기

65세 이후로 직업활동에 변화가 오고 급기야는 중단하게 되는 시기로 관망하는 역할을 담당하게 된다.

(7) Bandura의 자기효능감이론

자기효능감이론은 Hackett와 Betz(1981)에 의해서 처음으로 진로상담에 적용되어 온 이래 진로발달과 관련된 다양한 변인들과의 관계연구가 이루어졌다.

자기효능감은 사회학습이론에서 외적 자극의 영향을 무시하지 않으면서도 인간의 인지적 재과정의 중요성을 강조한다. 즉 자기효능감은 여러 인지적 과정을 대표하는 중심개념이다. Bandura(1986)는 자기효능감(self-efficacy)은 특정한 수행을 하는데 필요한 행동과정을 조직하고 집행하는 개인의 능력에 대한 스스로의 판단이라고 정의하였다. 즉 자신의 능력에 대해서 스스로 어떻게 평가하는가를 말한다.

Bandura(1986)의 자기효능감 모델에 의하면, 일반적으로 사람들은 자기효능감에 대한 정보를 네 가지 원천, 즉 수행성취, 모방학습, 정서적 각성, 언어적 설득이나 격려 등을 통해서 획득하게 된다. 낮은 자기효능감을 가진 사람들은 자신이 그 과제를 잘 수행할 수 없을 것으로 생각하고 미리 낙담하게 되므로, 실제 자신의 능력과 자기효능감에 차이가 있을 수 있다. 개개인은 특정 진로영역에 대한 결정 행동을 수행하기 위해서는 그 결정에 영향을 주게 되는 개인적인 신념이라는 중재변인에 기초하게 된다. 따라서 진로결정행동은 일차적인 중재변인인 개인의 자기효능감에 대한 기대 수준에 의해서 결정된다.

이러한 Bandura의 이론을 바탕으로 하여 진로발달의 한 모델을 발달시킨 진로자기효능감은 Betz와 Hackett(1986)에 의해서 진로선택과 적응에 필요한 여러 가지 행동과 관련된 자기효능감 기대의 전체적인 수준으로 정의하였다. 자기효능감 기대는 세 가지 차원으로서, 수준(개인이 수행할 수 있다고 느끼는 임무의 어려움에 대한 정도), 강도(자신의 주장에 대한 스스로의 확신), 보편성(효과적이라고 느끼는 상황의 범위)으로 구성된다. 아울러 자기효능감 기대와 상호작용하는 변인으로는 결과기대와 동기를 들 수 있는데, 자기효능감 기대가 부족할 때 효과적이고 만족스러운 선택이나 계획, 그리고 성취를 제대로 달성할 수 없으며, 장애에 직면할 경우에도 이를 잘 극복하지 못하는 것으로 알려져 있다.

제 10 장

영역별 상담활동 : 학교폭력

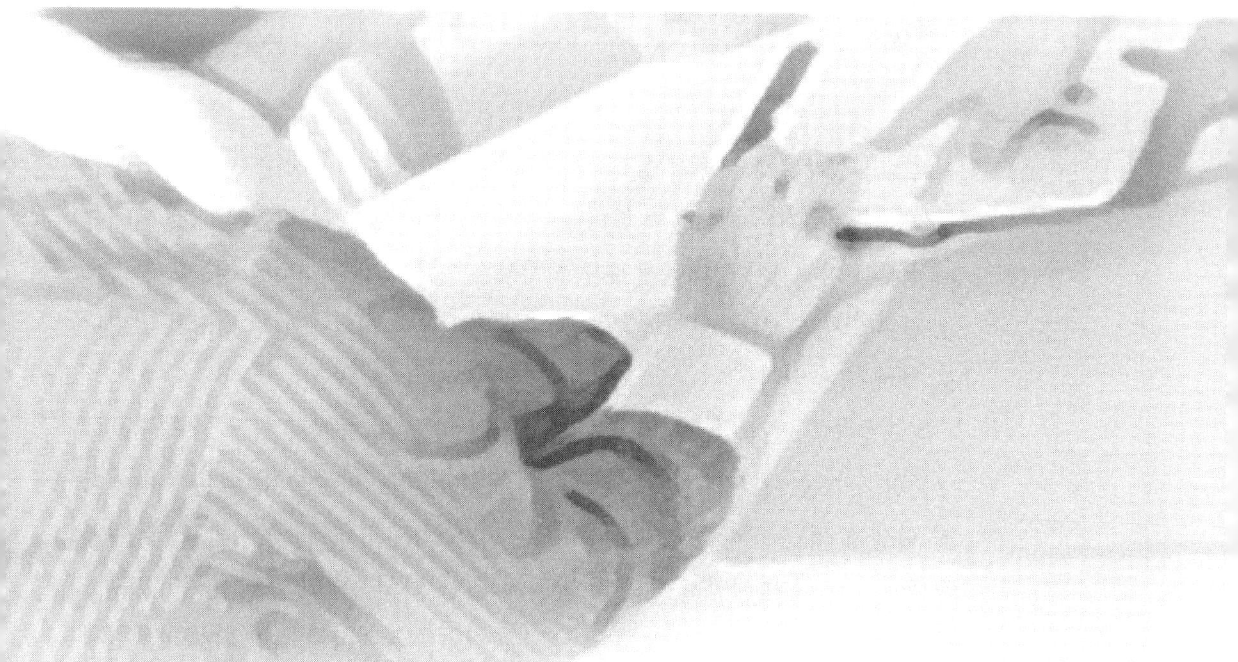

1. 학교폭력의 개념
2. 학교폭력의 발생원인
3. 학교폭력의 심리학적 이론
4. 학교폭력의 실태
5. 학교폭력 예방을 위한 대안

학교폭력은 인간관계를 파괴하여 반사회적인 행동으로 이끄는 주범 중의 하나라고 생각할 수 있다. 이것은 진정한 교육목적의 관점에서 보게 되면 매우 비교육적인 행태로 나타난다. 이미 학교폭력은 매우 심각한 상황에 놓여 있다. 우리는 그 실상과 학교폭력의 개념을 파악하고 적절한 대안을 찾아서 교육적인 측면에서 학교폭력을 해결하고 예방하는 것을 더 이상은 피할 수가 없게 되었다. 따라서 본 장에서는 학교폭력의 개념과 학교폭력의 심리적인 이해와 적절한 대안을 찾아보고자 한다.

1. 학교폭력의 개념

폭력은 상대에게 신체적 고통이나 상해를 가할 의도나 그러한 의도가 있다고 인식되어 행해지는 행위를 말한다. 폭력은 일반적으로 신체적인 피해로 이해하기 쉬우나 가해자가 상대에게 해를 끼치려는 의도를 가진 어떠한 행동도 폭력으로 간주될 수 있으며, 실제로 폭력은 신체적인 폭력 이외에 매우 다양한 방법으로 행해지고 있다.

학교폭력을 먼저 장소에 따라서 구분하면 학교 내 폭력과 학교 외 폭력으로 구분할 수 있는데 학교 내 폭력은 다시 교사에 의한 학생폭력, 학생간의 폭력 및 학생에 의한 교사폭력으로 구분할 수 있으며, 학교 외 폭력은 이들 외에 학생에 의한 일반적인 폭력과 일반인에 의한 학생폭력이 포함될 수 있다.

그러나 학교폭력에 있어서 학교 내의 폭력만을 고려하게 되면 학생들이 실제로 경험하게 되는 상당수의 폭력이 제외될 가능성이 있다(한국형사정책연구원, 1997). 또 교사에 의한 학교폭력의 문제는 교사의 체벌에 대한 정당성의 문제로 귀착되며, 학교폭력의 문제가 학교와의 연장선상에서 이루어진다는 점에서 특별히 일반적인 청소년비행과는 구분되어지고 있다.

학교폭력에서 '폭력'은 무엇을 의미하는가가 문제인데, 형법에서는 폭력이란 저항을 억압하기 위해서 행사되는 유형력을 의미하거나, 폭행죄의 폭행의 의미, 즉 사람의 신체에 대한 유형력의 행사(이재상, 1998)로 정의되고 있다.

한편 폭력이 학교라는 공간적 개념과 결합된 것이 학교폭력이라고 할 수 있는데, 학교폭력에 관한 연구자들의 견해에 따르면 다음과 같이 정의 내려질 수 있다. 오명식(1997)은 학교폭력을 학교 내와 학교 인근에서 유목적으로 개인 또는 집단이 신체적, 심리적, 일회성 또는 상습적으로 괴롭히거나 구타하거나 폭력을 행사하는 것으로 정의하였다. 조성호(2000)는 학교 내 · 외에서 서로 간에 힘의 불균형이 존재하는 상황에서 상대방에게 신체적 또는 심리적 위해를 가하기 위해 행해지는 학생들 간의 신체적, 물리적, 심리적, 언어적 공격행위라고 정의하였다.

이상의 내용을 요약해보면, 학교나 학교 주변에서 학생상호간에 발생하는 고의적인 괴롭힘이나 따돌림, 금품갈취, 언어적 놀림이나 협박과 욕설, 신체적 폭행이나 집단적 폭행, 성희롱이나 성폭력을 청소년의 학교폭력이라고 정의할 수 있다. 특히 학교내에서 일어나는 폭력은 안면이 있는 선배나 동료 또는 중퇴자, 복학자 등이 포함된 조직이나 개인에게 지속적으로 당하고 있기 때문에 우리가 인식하고 있는 것보다 훨씬 그 정도 및 피해자의 피해정도가 심각하다고 할 수 있다. 학교폭력은 그 정도나 문제의 심각성이 계속적으로 증가하고 있다.

2. 학교폭력의 발생원인

학교폭력은 청소년기의 발달과정에서 나타나는 일반적인 특성과 더불어 가해학생 및 피해학생의 개별적인 차원의 특성과 가정의 교육기능 약화와 입시위주의 학교교육, 비교육적인 사회환경 등으로 인해서 발생하는 경우가 많다.

1) 개인 심리적인 요인

아동기에서 청소년으로 들어가는 초등학교 고학년 시기는 발달과정상 큰 변화를 경험하는 시기로 정신적, 신체적으로 다양한 변화를 경험하게 된다. 청소년들은 자아에 대한 확고한 의식이 부족하기 때문에 주위 환경이나 자극에 의해 감정의 변화가 쉽게 일어나며, 각종 스트레스나 부담감을 자연스럽게 조정할 수 있는 능력이 부족하여 과격하게 표현하거나 극단적인 행동을 서슴없이 행하기도 한다. 또 사회질서나 규범을 고려하지 않은 채 감정대로 행동할 수도 있으며, 이들은 정서 불안적 요인도 가지고 있을 수 있다. 이러한 정서불안은 정서장애로 이어져 반항적이고, 충동적이고, 파괴적 행동을 하며 다른 사람을 괴롭힌다. 또한 열등의식과 적개심이 강하고 자기중심적이며 이지적인 성격으로 지적 판단력이나 표현이 부족하여 폭력을 저지르기도 한다(청소년개발원, 1996).

특히 청소년기의 경우는 자아정체감이 형성되고 지속적인 성격구조의 변화와 더불어 인생의 목표설정에 따른 스트레스를 해결하는 하나의 방식으로 폭력을 이용하는 경향이 있는 것으로 볼 수 있다(송정아, 김영희, 2001).

첫째, 개인의 성격적인 특성으로 충동에 대한 자제력의 부족과 순간적인 충동을 억제하지 못하여 분노표출의 한 방법으로 폭력이 발생한다.

둘째, 적대감과 반항심이다.

셋째, 친구관계가 비행행동에 미치는 영향을 들 수 있다.

넷째, 원만하지 못한 성격을 들 수 있다.

다섯째, 다른 학생들에 대한 열등의식을 들 수 있다.

(1) 공격성

공격성은 폭력행위를 하는 학생에게 나타나는 개인적 요인 중 가장 많이 나타나는 특성이다. 이러한 공격성은 아동기의 개인적 기질에서 반응형태가 발달하는데, 활동적이고 성미가 급한 기질을 가지고 있는 아동은 조용한 기질을 가지고 있는 아동보다 더 공격적인 청소년으로 발달하여 학교폭력을 발생시킬 가능성이 많다. 또 이러한 공격성향이 강하게 되면 사회질서나 규범을 고려하지 않고 자기중심적으로 그리고 감정대로 행동하는 경우가 많게 된다. 가정이나 학교환경으로부터 공격성을 학습하여 내재화한 사람의 경우 자신을 드러내는 수단으로 자연스럽게 공격적 행위를 사용하게 되는데 이는 폭력에 대한 긍정적인 인식을 반영하는 것이라고 본다.

가해아동들이 기본적으로 충동적이고 타인에 대한 지배욕이 크며, 보호자로부터 공격적 행동을 학습했을 경우에 폭력행위를 더 하는 경우가 있다. 또한 가해아동들은 자신의 공격성 행동이 성공할 가능성이 높은 아동을 피해아동으로 선택하며 대개의 경우에는 그러한 아동은 자신보다 신체적으로 왜소한 아동을 선택한다는 것이다.

즉 공격성은 개인이 가지고 있는 특성이기도 하지만 환경에 의해서 학습되어지는 것이기도 하다.

(2) 자아존중감

자아존중감은 스스로 자신에 대한 자신감 혹은 자신의 가치에 대한 존중감을 가지는 것으로 폭력을 행사하는 가해학생이나 폭력의 피해를 본 피해학생 모두가 낮은 자아 존중감을 가지고 있다. 가해학생의 경우에는 학교폭력으로 인해 교사 및 학교체계와 많은 갈등을 경험했기 때문에 자신을 불행하다고 생각하는 경향이 높으며, 학교에 대해서는 부정적인 생각을 많이 가지고 있다고 본다. 이와 같은 낮은 자존감 또는 패배적인 정체감을 형성하게 되면 결국은 현실을 있는 그대로 받아들이고 자신의 긍정적인 대처방안을 찾는 것이 아니라 왜곡된 지각세계를 통해서 현실을 인식하기 때문에 다른 사람들과 잘 지낼 수 있는 방법을 찾기 위해서 노력하는 것이 어렵고 어떻게 하면 다른 사람들과 관계를 악화시킬지에 대한 고민을 하게 된다. 결국 폭력행위의 출발은 다른 사람들과 잘 지내면서 자신의 욕구충족을 위한 것이었지만 결과적으로는 자신의 바램과 다른 결과를 만들어내고 있는 것이다. 이러한 현상은 악순환의 고리를 반복적으로 경험하게 한다. 그렇기 때문에 가해학생이나 피해학생이나 모두가 자존감의 회복은 어렵고 자신에 대한 정체감은 패배적인 정체감을 형성할 수 밖에 없는 것이다.

2) 가정적인 요인

가족구조 및 부모의 역할, 가정의 본래적인 기능이 가정 밖의 타기관으로 이양되면서 가정만이 갖고 있던 고유한 기능들이 상실되어 가고, 특히 맞벌이 부부의 증가로 자녀와의 대화가 단절되어 정서적인 기능이 어렵게 되었다. 한편 핵가족화로 인하여 가족간의 유대감이 약화되어 이혼이 증가하고, 결손가정의 문제와 더불어 상대적 빈곤으로 인해 청소년들의 일탈행위와 비행이 일어나고 있다.

가정환경 요인에서 가정은 사회를 구성하는 가장 기본적인 단위이다. 자녀가 태어나면 가족 구성원간의 공동생활을 통하여 인간관계를 형성한다. 또한 인격 형성의 기초를 이루는 최초의 집단으로서 사회생활에 필요한 기초를 구별해 볼 수 있는데, 이러한 요인들은 서로 상호작용 하여 청소년의 행동에 영향을 미치며 습관과 기본적 가치 형성에 중요한 역할을 담당한다(권이종, 1996). 즉 부모의 양육태도는 가족의 심리적인 변인의 하나로 부모가 자녀를 어떠한 방식으로 양육하는가에 따라 자녀들의 공격적이고 반항적인 행동 등의 문제를 유발할 수도 있다는 것이다.

가정은 가족구성원이 각자의 위치에서 각자의 역할을 원활하게 했을 경우에 편안하고 안정된 가정분위기를 이끌어낼 수 있다. 그런데 가정에서 갈등이 심하고 그것이 폭력행위로 연결되어질 경우에 자녀들은 행동이나 정서적으로 부모의 적절한 보호아래서 훈육되거나 바람직한 방법으로 양육되기가 어렵다. 부모가 자녀에게 폭력을 가하거나 또는 부부폭력이 행해지는 경우에 자녀들은 대인관계 및 욕구충족의 방법으로 폭력적인 행동을 학습하게 되는 가장 모범적인 장이 된다.

부부간의 불화로 인한 폭언이나 폭력행동은 청소년들에게 폭력을 당연시하고 문제해결을 하는데 있어 폭력행동을 우선으로 할 수 있다. 특히 공격행동이나 경쟁적 행동을 격려하는 부모 밑에서 자란 경우 또는 부모 간에 언어적 폭언이나 물리적 폭력이 행하여지는 경우 자녀에게 직접적 혹은 강화로 작용하여 학습될 수 있다고 하며, 이로 인하여 학교에서 학생들에게 폭력행동을 쉽게 할 수 있다고 하였다(김정옥, 박경규, 2002).

3) 학교 및 사회적인 요인

아동 및 청소년 문화는 아동 및 청소년 집단이 공유하는 특징적인 생활양식의 총체로서 아동 및 청소년의 가치, 신념, 사고에서부터 그들의 심미적 취향 및 행동 양식까지 포함된다. 특히 또래집단에의 지향과 동조가 매우 강한 시기이며, 이들은 친구와의 관계에서 많은 다양한 사회적 능력이 배양되고 심리적 지지를 얻으려고 한다. 학생들은 문제가 발생했을 때 친구와 의논하는 경우가 많으며, 서로의 문제를 이해하고 함께 해결해 나가는데 도움을 주고 받는다. 학생들이 학교에서 가장 중요한 것은 친구라고 밝히는 데에서도 또래집단의 영향력을 알 수 있다(조성남 등, 2002).

따라서 친구관계에서 자신을 지지하는 친구 즉, 자신의 문제를 말할 수 있고 자신을 정말 잘 이해해주고, 자신을 괴롭힌 문제에 대해서 불평할 수 있고 시간을 함께 보낼 수 있고, 자신이 말하는 것에 진심으로 귀 기울여 주는 친구가 있는가 등이 개인의 학교폭력 경험에 영향을 미친다는 것이다.

가정이나 학교에서 별다른 문제를 가지고 있지 않은 학생의 경우에라도 폭력성향을 가진 학생들과의 접촉이 빈번할수록 폭력가치와 폭력행동을 습득하게 되어 폭력을 하게 될 수 있는 것이다. 한편 교사와의 관계도 매우 중요하다. 교사는 교과수업을 통한 교과내용의 전달자이면서 생활지도를 통한 인성교육의 담당자이기 때문이다. 교사가 학생을 무시하거나 인정하지 않는 태도 역시 학생들에게 영향을 주는데 교사와의 관계는 학생들의 심리적인 문제행동을 일으키는데 영향을 줄 수 있다.

Rosenberg(1987)는 학교폭력에 기인하는 사회적 요인을 다음의 네 가지로 제시하였다. 첫째, 폭력에 대해 허용적인 우리 사회의 태도이다. 둘째, 산업화 및 도시화로 인하여 가치관의 갈등을 불러일으키고 물질만능주의, 개인주의가 만연되어 자신의 자녀가 아닌 청소년의 폭력 및 비행에 대해 무관심하게 되었다. 셋째, 대중매체에 의한 폭력의 모방과 학습을 들 수 있다. 넷째, 가정이나 학교 근처의 유해환경을 들 수 있다.

3. 학교폭력의 심리학적 이론

Freud의 정신분석이론에 의하면 인간의 성격구조는 이드(id), 자아(ego), 초자아(superego)로 구성되어 있어서 세 구조간의 조절이 끊임없이 이루어지는 과정에 놓이게 되는데, 우리는 태어나면서부터 이드의 지배를 받는다. 즉 이드는 본능적이고 충동적이기 때문에 쾌락원리를 따라서 행동하게 된다. 자신의 생리적인 욕구충족에 충실하게 된다. 인간이 이드에 의한다면 사회화가 이루어지지 못한다. 결국 교육을 통해서 사회화 과정을 경험하게 되고 사회구성원으로서 살아가기 위해서 이드와 초자아의 조화를 이루어야 하는 과제를 안게 된다. 그것이 자아이다. 현실접촉을 통한 자아의 기능이 강화되어야 할 것이다. 즉 정신분석이론에 의하면 자아의 기능이 약하고 초자아의 형성이 원활하지 않으면 공격적인 행동이 발생하게 된다. 따라서 폭력행동은 성격구조간의 갈등으로 인해서 발생하게 되는 현실불안을 다룰 수 있는 자아의 약화에 의한 것이라고 본다.

한편 Adler는 인간의 열등감 때문이라고 했다. 해결하지 못하는 문제에 봉착하게 되면 이것을 계기로 어릴때 부터 내면에 준비되어 있는 성향에 따라 최초의 폭력을 행하게 된다는 것이다. 여기서 응석받이는 고통스러움을 회피하고자 타인으로부터 금품을 빼앗게 되며 무시는 부모로부터 얻을 수 없는 온정을 또래들로부터 얻기 위해서 폭력을 행하게 된다.

행동주의적인 입장에서는 폭력은 학습되어진 것이다. 외부에서 주어지는 자극에 반응을 보이는 행동으로 폭력이 여타의 과정을 통해서 학습되어진 것이라고 하였으며, 선택이론적인 입장에서는 또 다르게 이야기되어진다. 선택이론에서는 인간의 행동은 자신의 내면의 욕구충족을 이루기 위한 선택이다. 그러나 자신의 욕구충족을 위해서는 타인의 욕구충족을 방해하지 않았을 때 보다 좋은 관계를 맺을 수 있을 테지만 폭력을 행사하는 경우에는 일시적인 욕구충족은 가능하지만 장기적으로 적절한 욕구충족의 방법으로는 부적절하다. 따라서 폭력을 행사하는 사람은 일시적으로 타인을 통제하기 위한 수단으로 폭력을 행사하기는 하지만 진정한 내부통제를 가져오기 어렵다.

4. 학교폭력의 실태

Olweus(1978)은 폭력의 피해자를 크게 두 가지 유형으로 구분한다. 소극적 피해자와 도발적 피해자인데, 소극적 피해자는 일반적으로 불안한 심리 상태를 갖고 있으며 공격을 도발하는 어떠한 행동도 하지 않으며, 또래로부터의 괴롭힘에 대해 자신을 방어하지 않으려는 모습을 보인다. 소극적 피해자는 학교에서 혼자 지내며 친구가 별로 없으며 동년배보다 신체적으로 허약한 특성을 가진다. 그리고 부모와 밀접한 관계를 유지하기 때문에 종종 교사들로부터 과잉보호를 받는다고 평가된다.

반면 도발적인 피해자는 불안한 심리상태를 갖는다는 점에서는 소극적 피해자와 유사하지만, 가해자와 비슷한 수준의 공격성을 갖고 있으며, 공격받았을 때 반격하려는 성향을 보이는 학생들이다.

청소년폭력예방재단(1997)에 의하면 학교폭력 피해를 경험한 학생들 중 치료를 요하는 신체적 피해를 입은 비율은 18.1%, 병원치료를 받지 않은 경상이 33.3%를 차지하고 있으며, 정신적 피해로 불안감이 56.1%, 등교거부11.3%, 정신과 치료 3.2% 등으로 나타났다. 이러한 현상은 폭력의 피해를 입은 학생들로 하여금 폭력발생장소에 대한 두려움과 불안감을 나타내게 한다. 학교결석, 학교 내 특정 장소의 회피, 가출, 자살 등 회피철회 탈출의 반응을 보인다. 또는 자기 방어나 보복을 위해 무기를 소지하는 등 보다 공격적인 행동을 보이기도 한다.

한편 이시형(1997)은 다른 학생들로부터 폭력 피해를 경험한 학생들이 그렇지 않은 학생들에 비해 외로움과 우울증 정도가 심하게 나타난 것으로 보고하였다. 이러한 심리적 부적응은 전반적인 생활 만족도에서도 피해경험이 없는 학생들에 비해 피해경험이 있는 학생들이 낮은 것으로 나타나고 있다.

국무총리 산하의 청소년보호위원회(2003)가 전국 150개 초 · 중 · 고교 1만 4638명의 학생을 대상으로 한 조사에서 조사대상의 26.1%가 학교폭력과 왕따를 경험한 것으로 나타났다. 초 · 중 · 고 학생 4명 중 1명 꼴로 폭력이나 집단따돌림(왕따)등 각종 학교폭력에 노출되어 있는 셈이다. 폭력과 왕따 피해학생 비중은 각각 19.1%와 7.0%로 2002년 조사 때 5.3%, 1.5%보다 크게 늘었다. 학교별 폭력피해 현황을 보면 초등학교가 24.3%로 중학 및 고등학교 19.9%, 11.3%보다 높았다. 폭력장소는 교내 건물 뒤 28.4%, 교실 27%, 화장실 18.3%로 동료학생들에 의한 폭력이 학교 안에서 집중되고 있는 것으로 나타났다. 왕따를 당하는 학생은 잘난 척 하는 학생이 17.2%로 가장 많았고, 고자질하는 아이 11.3%, 멍청해 보이는 아이 8.5%로 나타났다. 그러나 아무런 이유없이 학생들을 괴롭히는 경우도 적지 않아서 우리 사회의 학교폭력 실태가 예상외로 심각한 수준임을 보여주고 있다.

5. 학교폭력 예방을 위한 대안

학교폭력을 예방하기 위해서는 적절한 법적지원이 필요하고 사회적인 환경의 변화를 가져와야 할 것이다. 그러나 이러한 고민은 우리에게 심적인 부담감을 넘어서 엄청난 압박감을 가져다 준다. 왜냐하면 우리가 학교 현장에서 담당할 수 있는 부분은 매우 커다란 한계를 지니고 있다. 단지 교육을 통해서 해결되어 질 수 있는 부분은 아니기 때문이다. 앞에서도 살펴보았듯이 학교폭력은 이미 개인적인 특성, 가정적인 특성, 사회적인 특성 등에 의해서 매우 복잡한 형태를 이루고 있기 때문이다. 그럼에도 불구하고 학교현장에서 교과지도와 생활지도를 담당하고 있는 사람들이 할 수 있는 최선의 대안을 고려해보는 것이 중요할 것이다.

1) 학교폭력 예방교육

인간이 사회화 되어야 하는 타당한 이유를 배우는 곳이 학교일 것이다. 그렇기 때문에 학교에서 폭력예방교육으로 폭력의 개념을 이해하도록 하며, 좋은 인간관계를 맺는 방법에 대한 교육이 중점적으로 이루어져야 할 것이다. 우리가 혼자서가 아니라 다른 사람들과 서로 돕고 살아가야 한다는 사실을 의식적으로 받아들일 수 있도록 돕는 과정이 필요할 것이다.

2) 개인 및 집단상담의 실시 운영

일정한 교육을 통해서 사회화되기에 부적절한 경험으로 인해 언행일치가 어렵다면 개인의 내재적인 요인을 살펴서 다루어주는 것이 필요하다. 그렇기 때문에 상담을 통해서 내재적인 요인을 다루어 건강하게 기능할 수 있도록 도와야 할 것이다. 우리는 자신이 되어진 만큼의 행동을 하기 때문이다. 우리가 되어진 만큼 개인 및 사회에 필요로 하는 사람이고 그 과정 속에서 행복감과 만족감을 느끼게 될 것이다. 원활하게 기능할 수 있는 자원을 새롭게 구축할 수 있도록 돕는 것인 상담을 통해서 가능하기 때문이다.

3) 부모교육

학교폭력은 사회가 그 거울이 되었다고 해도 과언이 아니다. 가정, 사회를 이끌어가는 사람은 청소년들에게는 그들의 부모이다. 그들의 부모의 인식변화가 이루어지지 않으면 건강한 사회화가 이루어지기 어려울 뿐더러 부모역할도 원활하게 수행되기가 어렵다. 자녀를 돕기 위해서 이루어지는 것이지만 결과적으로는 부모자신을 돕는 차원에서 부모교육은 매우 커다란 의미가 있을 것이다. 자녀들과 의사소통하는 방법을 익히고, 인간이해를 돕는 내용 및 방법 등을 지도하고 부모자신의 문제를 다룰 수 있는 계기가 될 수 있도록 하는 것이다.

4) 지역사회와 연합한 학교폭력대책위원회 마련

교사가 학생을 돕는 일은 지극히 제한적인 시각에서 보았을 때이다. 교사가 하는 일은 학생을 지도하는 것이기도 하지만 때로는 가정을 지도하는 상황도 발생하게 되고 그것은 자연스러운 상황이 된다. 이와 같이 교사가 학생을 돕기 위해서 주변관련요인을 살펴보듯이 주변관련요인이 되는 지역사회에서도 학교를 도와서 건강하고 밝은 시민을 만들어내는 데 보다 적극적인 참여가 있어야 한다. 그렇기 때문에 지역사회에서 구체적인 지지와 지원을 할 수 있는 학교폭력대책위원회를 마련해서 다양한 분야의 전문가들과 보다 협력적으로 폭력을 예방하고 문제를 해결할 수 있도록 되어야 할 것이다.

제 11 장

영역별 상담활동 : 학업문제 상담

1. 학업문제의 이해
2. 학습장애
3. 학업문제의 상담
4. 학업문제 상담사례

학교에서는 보편적으로 호소되어지거나 발견되는 행동특징이 학업과 관련된 문제들이다. 학습과 관련된 문제가 표면화되는 것은 다양하지만 가장 대표적인 것은 학교 성적이 급격하게 하락하는 경우이다. 이러한 상황에서는 상담자가 내담자의 현실과 가능성을 바탕으로 적절한 가설과 추론을 세워 문제해결을 하도록 체계적으로 조력해야 한다. 본 장에서는 학업문제를 야기시키는 요인들과 상태를 파악할 수 있는 기준을 살펴보고, 학업문제 상담에 대해서 살펴보고자 한다.

1. 학업문제의 이해

서울시카운슬러협회(1995)에서는 성적부진과 관련된 상담이 어떤 영역에서 어떻게 탐색되어야 하는가에 대한 지침을 다음과 같이 설정하였다.

1) 언제부터 하락했는가?

일반적으로 성적하락에 대해서는 몇 가지로 추론할 수가 있는데, 교과의 난이도가 갑자기 높아진 것에 대한 부적응인가, 기질적인 원인인가, 가정에서의 일이나 친구관계의 급격한 변화 때문일 가능성의 여부를 파악한다. 이러한 상황적인 탐색이 이루어지면 구체적인 지침을 제공할 수 있을 것이다. 즉 구체적인 교과과정에 대한 교육보조, 신경심리학적 검사, 부모의 양육태도의 점검을 통한 지도안내, 상담 등을 통해서 도움을 제공할 수 있을 것이다.

2) 어떤 식으로 하락했는가?

우선 계속적인 하락인지, 급격한 하락인지, 과목별 하락인지, 마지막으로 교과시간에서의 활동과 시험성적간의 괴리인지 등을 검토한다.

(1) 계속적인 하락의 경우

과제의 어려움이 가중된다면 지능검사를 고려하는 것이 필요할 것이며, 가정에서의 양육방식의 문제일 경우인지, 기질적인 원인인지 등에 따라서 부모 양육태도를 검토하거나 신경심리학적인 검사를 실시한다. 낮은 자긍심의 경우에는 계속적인 수용, 격려, 잘하는 영역을 찾는다든지 한다. 주변에서의 부정적인 평가는 주변사람들의 인식변화를 시도하는 것이 필요하며, 계속적인 성공경험으로 자기충족 예언의 변화와 학습전략을 검토하도록 도와 준다.

(2) 급격한 하락의 경우

가정이나 친구관계에서의 특정사건일 경우에는 특정사건에 대한 검토와 상담을 실시하며, 발달단계에서 일어나는 변화의 경우에는 발달단계의 변화를 수용할 수 있도록 돕는 상담을 제공하는 것이 필요하다. 한편 갑작스러운 포기의 경우에는 주위환경의 급격한 변화 검토, 격려와 자긍심 고양을 위한 상담을 제공하는 것이 바람직할 것이다.

(3) 과목별 하락의 경우

두뇌의 일부 기질적인 문제나 과목에 대한 흥미의 차이에서 발생하는 경우라면 특정능력의 탐색과 장려를 할 것이며, 특정 흥미영역의 탐색과 진로상담을 실시할 필요가 있다.

(4) 교과시간에서의 활동과 시험성적간의 괴리의 경우

시험불안에 대한 과중한 부담의 경우에는 시험불안에 관한 상담과 가정배경 및 역동에 대한 탐색을 하는 것이 필요하다.

3) 성적과 관련된 정서 및 행동은 어떻게 나타나고 있는가?

(1) 열심히 하지만 성적이 좋지 않을 경우

두뇌기능의 문제, 가정에서의 압력, 발달단계상의 적응문제 등을 추론할 수 있으며 이와 같은 경우에는 신경심리학적 검사를 실시하거나 가정에서의 심리적인 역동을 검토하는 것이 필요하다.

(2) 주의집중문제의 경우

두뇌기능의 문제 및 집중장애로 추론될 경우에는 신경심리학적 검사와 약물복용을 검토할 필요가 있다.

(3) 공부에 대한 불안의 경우

공부에 대한 불안일 경우에는 과중한 압력이나 실패에 대한 두려움을 추론할 수 있으며, 이와 같은 경우에는 인지상담을 통한 도움을 제공하는 것이 필요하다.

(4) 공부에 대한 의미를 모를 경우

교육에 대한 경시, 가정풍토, 공부에 대한 지나친 압력, 불확실한 진로에 대한 부모와 자녀간의 갈등 등의 경우에는 가정에 대한 교육이나 상담, 진로상담이나 진로검사 등을 실시할 수 있는 도움의 제공이 필요하다.

2. 학습장애

1) 학습장애의 정의

학업문제와 관련해서는 학습자의 태도 및 학업환경 등의 요인을 고려해 보는 것이 중요하며, 이는 다양한 형태로 나타나는데 우선 학습장애에 대한 정의를 내려보는 것이 필요하다.

미국정신의학회(1994)의 DSM-Ⅳ의 기준에 따르면 학습장애는 읽기, 산술, 쓰기를 평가하기 위해 개별적으로 시행된 표준화검사에서 나이, 학교 교육, 그리고 지능에 비해 기대되는 수준보다 성적이 현저하게 낮게 나올 때 진단된다. 학습문제는 읽고, 계산하고, 쓰기를 요구하는 학업의 성취나 일상생활의 활동을 현저하게 방해한다. 점수의 차이가 유의미함을 밝히기 위해 다양한 통계적 접근이 이용될 수 있다. 현저하게 낮다는 것은 표준화검사 성적과 지능지수 사이에 2표준 편차 이상 차이가 날 때로 정의된다.

교육학사전(서울대학교 교육연구소, 1994)에 의하면 학습장애는 정신지체, 정서장애, 환경 및 문화적 결핍과는 관계없이 듣기, 말하기, 쓰기, 읽기 및 산수 능력을 습득하거나 활용하는데 심한 어려움을 한 분야 이상에서 보이는 장애이다. 이러한 장애는 개인에게 내재되어 있는 지각장애, 지각-운동장애, 신경체계의 역기능 및 뇌 손상과 같은 기본적인 정보처리 과정의 장애로 인하여 나타난다. 일반적으로 학습장애는 발달적 학습장애와 학업적 학습장애로 나누기도 한다. 전자는 학생이 교과를 학습하기 전에 갖추어야 하는 신체적 기능(주의 집중력, 기억력, 인지기능, 사고기능, 구어 기능)을 포함하며, 후자는 학교에서 습득하는 학습기능(읽기, 쓰기, 셈하기, 작문)을 포함한다.

학습장애의 가장 두드러진 특성이 학업상의 결함 또는 실패이기 때문에 일반적으로 아동의 지능, 나이, 학교교육 연수에 비해 학업성취도가 현저하게 뒤떨어진 경우에 학습장애라고 의심할 필요가 있다. 그래서 1차적인 진단으로는 표준화된 개인용 지능검사(K-WISC)와 학업성취도 검사를 실시하여 아동의 지능을 측정하고 인지능력상의 불균형이나 지적 능력과 학업성취도간의 불일치가 있는지를 평가한다. 만약 지능이 보통이나 그 이상이면서도 자신의 능력과 나이, 학년 수준에 비해 학업성취가 현저히 낮다면, 학습장애로 잠정적인 진단을 내릴 수 있다. 그 후에는 부모의 면담을 통해서 아동의 발달특성과 감각장애 등에 대한 정보를 파악하고 행동관찰과 정서적인 측면을 평가할 수 있는 심리검사(HTP, SCT, TAT, Rorschach) 등을 실시하여 정서적이고 행동적인 특성을 파악한다. 그래서 감각장애가 없고, 교육기회의 제공이 충분하다면 1차적으로 심각한 정서장애가 없는 경우에는 학습장애로 진단을 할 수 있다.

2) 학습장애의 분류

(1) 발달상 학습장애

발달상 학습장애는 출생부터 취학 전까지 발달단계를 중심으로 일어나는 문제로서 1차 장애는 주의집중, 기억, 지각 등이고 2차 장애로는 사고, 구어(말하기, 듣기), 협응까지 지칭한다. 이는 학습을 위한 정보처리 과정의 입력, 통합, 기억, 출력을 포괄하게 된다. 학습의 제일 첫 단계를 입력이라고 하는데, 이는 학습과정에서 얻은 정보, 눈과 귀로부터 받은 자극을 뇌에 집어 넣는 것이다. 일단 이러한 정보가 뇌에 들어오면 뇌는 즉시 이것이 무엇인가? 를 정리해야 한다. 이를 통합(integration)이라고 하는데, 통합과정이 끝나면 기억의 과정을 통해서 정보를 뇌에 저장한다. 뇌는 정보를 교류가 가능한 형태로 변형시켜 다시 신경세포나 근육에 되돌려 내보내게 되는데 이것을 출력이라고 한다. 이러한 4가지 과정 중 하나 이상에 문제가 생기면 학습에 악영향을 준다.

(2) 지각장애

외부 정보는 신경세포를 통해 주로 눈과 귀로부터의 충격 전파, 즉 전기적인 신경 전도의 형태로 뇌에 도착한다. 보거나 듣거나, 맛을 보거나 만지거나 하여, 즉 눈, 귀, 혀, 코, 피부 등 각종 감각 기관을 통해서 수집한 정보(외부의 자극)를 뇌안으로 받아들이는 중앙 입력 과정을 지각이라고 한다. 학습과정에서는 시각지각과 청각지각이 동시에 일어나야 하는데 지각장애 중에서 시각입력 과정에 장애가 있는 경우를 시각지각장애라고 하며, 청각입력 과정에 장애가 있으면 청각지각장애라고 한다. 한 가지 장애만을 가지고 있는 사람도 있고 두 가지 장애를 모두 가지고 있는 사람도 있다.

(3) 기억장애

기억에는 단기기억과 장기기억으로 나뉘어 질 수 있는데, 단기기억장애는 눈으로 보고 배운 지식을 기억하지 못하는 시각성 단기기억장애(visual short-term memory disorder)와 듣는 것을 통해 배운 지식을 기억하지 못하는 청각성 단기기억장애(auditory short-term memory disorder)의 두 가지 유형으로 나뉜다. 개인에 따라서 한 가지 혹은 두 가지 장애를 모두 가지는 경우도 있다.

(4) 출력장애

일단 뇌에 저장된 정보는 단어들, 즉 언어, 근육운동(쓰기, 그리기, 몸짓하기 등) 등을 통해 출력 또는 표현될 수 있다. 아동이나 사춘기 청소년들이 다른 사람들과 의사소통에 문제가 있다면 언어 장애나 운동장애 같은 출력과정에 문제가 있음을 의심할 수 있다.

(5) 학업상 학습장애

학업상 학습장애는 취학 후에 나타나는 특정 학습에서의 심각한 곤란을 말한다. 가장 발현율이 높은 것은 읽기장애이며, 산술장애와 쓰기장애는 흔히 읽기 장애와 동반되어 나타난다. 한 가지 이상의 학습장애의 진단 기준에 맞는다면 해당되는 학습장애 모두를 진단 내려야 한다.

(6) 읽기장애

읽기장애란 문자 매체를 읽고 의미를 파악하는데 곤란을 겪는 것을 말한다. 읽기에는 단어해독(word attack), 읽기 유창성 등의 낮은 차원에서 고도의 독해력까지 다양한 차원으로 이루어져 있다.

(7) 쓰기장애

쓰기는 자신의 생각을 표현하는 도구이다. 내적인 요인이나 운동기능의 통제, 지각, 시각 및 눈과 손의 협응 문제로 인하여 쓰기가 곤란하거나 다른 사람이 읽을 수 없을 정도의 난필로 글자를 쓰는 경우를 말한다.

(8) 수학장애

덧셈, 뺄셈, 곱셈, 나눗셈 등의 기본적인 계산 기능의 학습과 추리력, 언어를 요구하는 수학 교과 영역의 학습에 장애를 가지며, 언어문제, 주의집중문제, 시공간 변별, 감각통합문제 등이 수학장애를 일으키는 요인일 수 있다.

3) 학습장애아의 교육

학습장애로 진단받은 아동을 위한 치료교육은 평가를 통해서 파악한 현재 수준, 인지적, 정서적, 행동적 특성, 정보처리 과정상의 장점 및 단점, 학습유형 등을 고려해서 계획해야 한다. 치료교육의 궁극적인 목표는 학습장애의 특성을 완화 또는 제거하는 것이다. 아동이 현재 지니고 있는 수준을 고려해서 아동에게 무엇을 가르칠 것인가를 결정하고, 그에 따른 장기목표와 단기목표를 설정한다. 장기목표는 아동이 최종적으로 성취해야 할 단계이며, 이 장기목표를 달성하는 데 필요한 세부단계를 계열화하여 단기목표를 설정한다. 그리고 이에 따른 치료교육 기간, 횟수, 시간 등을 결정하고 교수방법과 과제유형, 사용도구를 선택한다. 학습장애 아동은 특히 실패의 경험을 최소화하는 것이 매우 중요하다. 따라서 난이도의 조절을 통해서 학습에 대한 흥미나 동기를 유발시키는 것이 가장 중요한 일이다. 그리고 적절한 피드백이 즉각적으로 이루어져야 할 것이다.

3. 학업문제의 상담

1) 상담에서의 유의점

학업에 심한 문제를 유발하는 장애를 지닌 아동들의 행동특성을 일률적으로 정할 수는 없지만 정상적인 개인 및 집단상담 과정을 진행하는 데 영향을 끼치는 몇 가지 특징을 생각해 볼 수 있다(DeBlassie & Lebsock, 1979).

첫째, 장애 아동들은 기대되는 수행 능력과 실제 능력 사이에 커다란 차이가 존재하여 주위의 부모, 교사, 또래들이 일관성이 없는 태도 혹은 부정적으로 대하는 경우에 이들은 상대적으로 대인관계나 자아 개념이 불안정하고 비현실적으로 높거나 낮다.

둘째, 주의집중 및 과잉행동장애의 경우는 매우 짧은 집중 시간과 주변의 미세한 자극에도 과도한 반응을 보이고 참을성이 없다. 또한 과도하게 주의를 끌려는 행동을 보이기도 하고 다른 학생들에 대해서 이해심이 높지 않아 소외당하기 쉽다.

셋째, 구어 및 문어 이해 및 사용이 적절하지 않기 때문에 지시를 제대로 알아듣지 못하고 정확하게 의사소통을 할 수 없는 경우가 있다. 더욱이 적절하지 못하거나 불완전한 문장을 사용하여 문맥에 맞지 않는 이야기를 할 수 있어 이해하기가 어렵다.

넷째, 기억 및 사고의 심리과정의 문제로 인해서 지시사항을 잘 잊거나 생각을 조리있게 정리하여 발표하지 못하는 경우가 많다. 따라서 수용적이고 구조화된 상담관계에서 학습장애를 지닌 아동들이 자기 자신과 환경에 대한 이해를 증진시킬 수 있도록 하고 효율적인 문제해결과 대인관계 기술을 익히고 수행하여 결과적으로 심리적, 사회적인 성장을 하게 된다.

2) 학업문제의 상담원칙

첫째, 타이밍에 민감해야 한다. 문제상황이 심각하면 보다 자주 만날 수 있도록 최대한 유연하게 진행해야 한다.

둘째, 하나의 목표에 초점을 둔다. 한번에 한 가지의 문제 행동에 상담자 및 내담자가 집중해서 해결하도록 한다.

셋째, 각 상담회기가 끝날 때마다 요약과 명료화를 하도록 한다. 내담자와 같이 회기 중 발생한 여러 가지 일들에 대해서 지각한 바를 이야기하도록 하며 과제를 통해서 무엇이 성취될 수 있는가를 확인한다.

넷째, 최대한 유연성을 발휘하여 절충적인 입장에서 가능한 여러 가지 기법을 사용하며, 학습장애의 다양성을 인정하고 보다 나은 개입을 위해서 다른 전문가들과의 네트워크를 형성한다(Price, 1988).

3) 바람직한 상담자의 역할

장애아동을 위한 능동적인 교육상담이 요구되는 시대적인 배경은 통합교육(inclusion)과 예방처치(preventive treatment)에 대한 강조이다.

이러한 통합교육과 예방 처치의 체제 하에서는 현재의 교육 체제의 틀은 그대

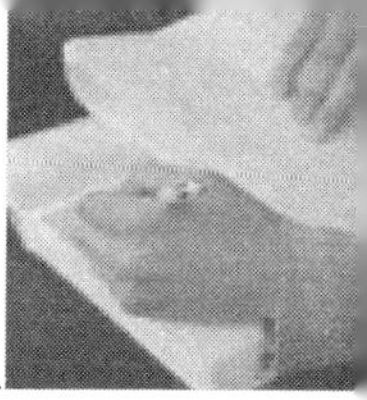

로 보존하며 다양한 서비스를 체계적으로 조직하고 제공하기 때문에 여러 관련 전문가들의 개입이 필수적이다. 상담자의 역할과 과제 또한 광범위한데, 상담자의 핵심적인 활동인 3C인 상담(Counseling), 자문(Consultation), 조정(Coordination)에 학습 기본기 지도로서의 교육(education)과 장애 아동과 가족을 위한 옹호(advocate)까지 포함해야 한다(박성수, 1986).

4. 학업문제 상담사례

중학교 2학년의 남학생인 영호는 담임선생님께 의뢰되어서 상담실에 오게 되었다. 영호는 아버지와 사별을 했고, 어머니는 집안에서 살림을 하시다가 아버지가 돌아가신 해부터 직장을 다니신다. 누나는 고등학교 3학년으로 대입시 준비로 매일 늦게 들어오고 실제로 가족들과 이야기할 시간은 많지 않으며 영호가 공부를 어느 만큼 얼마만큼 어떤 부분에서 어떻게 하고 있는지에 대해서 이야기를 한다거나 점검을 하는 경우는 거의 없다. 단지 각자의 생활에 나름대로 성실하게 지내고 있는 상황이다. 담임선생님이 상담의뢰를 요청한 이유는 영호가 이야기를 하면 제법 이해력도 있고, 현실감도 있고 책임감 있는 행동도 하고 친구들과의 교류도 활발하고 해서 공부를 제법 할 것이라고 생각하고 지켜보았지만, 실제로 학업성적은 부진한 편이라서 학업부진의 원인이 무엇인지를 파악하고 진단을 받아서 담임선생님께서 도움을 주고자 하는 부분이 어떤 부분인지를 알고 싶다고 하셨다.

상담자가 영호하고의 면접상담을 통해서 파악되어진 사실은 기초학습의 부진이었다. 초등학교 4학년부터 영호는 학교에서 돌아오면 혼자 지내는 시간이 많았고, 학원을 다니거나 공부를 돌봐줄 사람이 없었다. 친구들과는 잘 어울려 놀았지만 학업에 대한 부분은 생활에서 학교공부 이외에는 배제된 경험의 시간들이었다. 책을 읽은 경험도 거의 없고, 단지 학교의 숙제로 가끔씩은 읽었지만,

숙제를 위한 방편이었지 자신이 궁금하거나 책을 통해서 어떤 인물이나 사실에 대한 이해나 자신의 소망과 연결지어지는 것은 아니었다. 중학교에 들어와서 처음으로 시행되었던 시험에서 영호는 내심 불안함이 고조되었으나 불안함이 겉으로 드러나지는 않았다. 시간이 지남에 따라서 영호는 공부를 해야 한다는 생각이 커졌지만 책을 펴면 지루해지고 무료해짐을 느꼈다.

몇 달 전부터 학원을 다니기 시작했으나 알아들을 수가 없어서 답답하자 영호는 공부를 좀 잘하는 친구가 가르쳐 주면 좋겠다는 바램을 혼자서 가지고 있었는데 선생님이 학업문제로 상담을 의뢰한 터였다.

상담자는 일단 영호와의 면접을 통해서 선행학습은 부족하지만 학업에 대한 동기는 높다는 것을 파악할 수 있었다. 그렇지만 학업동기에 비해서 자신감이 현저하게 낮기 때문에 학습에 대한 불안감을 감소시키기 위해서 우선 학업의 목표를 설정하기로 하였다. 영호의 경우처럼 동기에 비해서 학업수행 능력이 낮을 경우에는 학업 목표를 구체적으로 설정하는 것이 가장 시급하게 이루어져야 한다.

영호는 학습상황에서 기본적인 개념 및 원리를 파악하는 훈련을 통해서 점진적으로 학습의 수행 정도를 조절해 나가는 것으로 목표를 설정하고, 사범대 남학생을 학습멘토로 연결시켜서 보다 적극적으로 학습활동을 전개할 수 있도록 도왔다. 학습멘토는 영호의 학습스케줄 관리와 더불어 상담자와의 협조를 통해서 공부하는 방법이나 공부하는 태도의 지속 등을 도왔다. 상담과정에서 영호는 누군가의 지지와 협조를 통해서 학습을 할 수 있다는 사실에 안정감을 회복할 수 있었고, 학습에 대한 어려움 등을 논의하는 방법과 실제로 적용하는 방법을 학습하게 되었다.

제 12 장

영역별 상담활동 : 정서 및 행동상담

1. 정서 · 행동장애에 대한 이해
2. 정서 · 행동장애아의 특성
3. 시험불안
4. 학교공포증
5. 정서 · 행동장애의 상담사례

인간은 감정의 동물이다. 인간이 느끼는 감정은 신호등과도 같다. 신호등이 어떻게 변화되느냐에 따라서 우리의 행동선택이나 행동방향이 달라질 수도 있고 지속될 수도 있다. 인간의 감정이란 어떻게 경험되느냐에 따라서 그 사람의 성격형성도 이루어질 수 있으며, 삶의 태도도 달라질 수 있다. 결국은 내면적인 작용에 의해서 우리의 생활상의 측면들은 달라질 수 있으며 내면적인 작용의 이해를 통한 정서적인 안정은 행동의 통제력을 회복할 수 있으며, 자신의 자리에서 자신의 본분을 원활하게 수행해 나가는데 바람직한 태도를 형성할 수 있을 것이다. 따라서 생활지도에서 많은 부분을 차지하고 있는 것은 인간의 정서 · 행동적인 측면일 것이다. 본 장에서는 이와 같은 정서 · 행동상의 어려움을 겪는 요인과 증상들 그리고 처치방법에 대해서 살펴보고자 한다.

1. 정서 · 행동장애에 대한 이해

1) 정서 · 행동장애의 정의

정서장애는 성격장애와 밀접한 관련이 있는데, 성격장애는 주로 행동장애와 결부되어 설명된다. 정서장애는 정서적인 상태, 즉 감정의 조절과 행동적 표현에 문제가 있는 것으로 감정상태가 극단적이 되거나 부적절한 감정상태가 지속되는 경우를 말한다.

학교 내에서 아동의 문제행동은 언제나 있었듯이 여전히 존재하며 최근에는 특수교육영역에서 정서 · 행동장애아를 위한 교육방법의 꾸준한 개발이 이루어지고 있다. 한국 특수교육진흥법에서는 정서 및 행동장애의 개념을 "정서적, 감정적인 혼란으로 인하여 이상행동을 하는 자로서 특수교육을 필요로 하는 자"라고 규정하였다. 그리고 정서 및 행동장애아동의 기준을 다음의 6가지 특성 중 한 가지 이상의 증상을 지니며, 장기간 심하게 그 증상을 나타내는 자로 규정하고 있다.

① 지적, 신체적 또는 감각적인 면에 이상이 없음에도 불구하고 학습성적이 극히 부진한 자

② 친구나 교사들과의 대인관계에서 부정적 문제를 지닌 자

③ 정상적인 환경 아래에서 부적절한 행동이나 감정을 나타내는 자

④ 늘 불안해 하고 우울한 기분으로 생활하는 자

⑤ 학교나 개인문제에 관련된 정서적인 장애로 인해 신체적인 통증이나 공포를 느끼는 자

⑥ 지적 능력과 상관없이 생후 30개월 이전에 나타나는 발달장애 증후군에 속하는 자로서 감각적 자극에 대한 반응, 언어, 인지능력, 대인관계 그리고 사물이나 사건 처리능력에 결함이나 자폐성 경향을 나타내는 자

2) 정서 · 행동장애의 원인

정서 · 행동장애의 주요 원인은 대인관계의 부조화나 이상에서 생기는 행동 또는 성격장애로 생물학적 요인과 사회심리학적 요인이 불균형을 이룰 때 나타난다.

(1) 생물학적 요인

정서 · 행동장애아들은 신체적으로 약하고, 자율신경계나 내분비의 기능이 과민하거나 불안정한 경우가 많다. 이런 경향은 부모의 과잉보호와 같은 양육행동 때문에 형성된 것이 아니라 신체적인 특질 때문에 야기되고 이 때문에 부모의 과보호를 받으면서 양육되면 신체적 허약성이 유지 혹은 강화된다. 기질 이외에도 질병, 영양부족, 뇌손상, 약물 등의 독극물 남용 등의 요인들이 정서 및 행동장애를 일으킬 수 있다(김승국, 1989).

(2) 성격적 요인

평상시에 불안감과 불만, 신경과민, 신경증 혹은 정신병을 지니고 사는 부모는 아동의 정서발달과 성격형성에 직접적인 영향을 준다. 이런 어머니의 양육행동은 때로 특수아의 정서와 관련이 있으며 이들은 유아기에 난폭, 함묵, 야뇨 등의 문제행동을 나타내기도 한다.

(3) 환경적 요인

① 가정환경

가정환경에서는 특히 건강한 부모 양육태도를 들 수 있는데, 아동의 요구를 무시하거나 외면하기보다는 상황적으로 적절하게 반응하는 것이다. 정서적인 문제는 주로 부모와 자녀관계에서 발생하는데, 가족은 특히 아동의 초기 행동발달에 매우 중요한 영향을 미친다. 특히 부모의 거부나 거절의 행동, 얕보는 행동, 위협하는 행동, 소외시키는 행동, 파멸시키는 행동, 착취하는 행동, 부인하는 행동 등을 통해서 영향을 받게 된다.

② 학교환경

학교에서의 부적응으로 인해 아동은 정서적으로 혼란되고 공격적 행동, 도벽행동, 혹은 퇴행행동이 야기되는 경우가 많다. 이런 현상은 흔히 부모의 과보호 행동과 그에 따르는 아동의 의존적 태도와 관련이 있다. 이 같은 아동들은 불안한 정서를 지니고 생활하면서 친구들의 압력이나 경쟁에 위협을 받으면 더욱 불안해한다. 혹은 신체가 허약한 아동이나 사회적으로 미성숙한 아동들은 또래와 만족스러운 교우관계를 형성하지 못하고 심한 불만이나 불안감을 경험하기도 한다. 정서 · 행동장애는 부모의 잦은 직장이동으로 인해서 아동이 새로운 학교환경에 적응하기 어려운 경우에도 발생한다.

2. 정서 · 행동장애아의 특성

1) 지능 및 학업성취

정서 · 행동장애아동들의 평균지능은 일반아동들에 비해서 많이 떨어지며, 대부분 평균 이하의 지능을 나타내고, 평균 이상의 지능을 나타내는 아동은 비교적 적다. 이들은 또한 대부분 낮은 학업성취를 보이며 학습활동에 어려움을 겪고 있다. 책을 바르게 읽지 못하고, 산수 문제를 푸는 데 어려움을 보일 뿐만 아니라 기타 과목들을 학습하는데 있어서도 문제를 보인다. 정서 · 행동장애가 심한 아동들은 기초학습 기술 외에도 기본적인 자조 기술을 갖추지 못하는 경우도 있다.

김경숙(2003)은 그의 연구에서 아동의 정서지능은 문제행동에 중요한 변인이 되는 생활스트레스, 스트레스 통제감 및 대처행동과 의미있는 관계가 있음을 밝혀냈다. 아동의 정서지능이 높으면 전반적으로 스트레스는 낮고 통제감은 높으며 적응적으로 대처한다는 것이 확인되었다. 따라서 아동들이 개인적으로나 사회적으로 수용될 수 있는 대처행동을 하여 효율적으로 욕구를 충족시키고 적응능력을 향상시키기 위해서는 정서지능의 유용성을 고려할 필요가 있다. 그리고 정서지능의 향상을 위해서 가정과 학교 나아가 지역사회는 아동뿐만 아니라 부모와 교사를 대상으로 정서지능 향상과 관련된 다양한 교육프로그램의 제공을 위한 노력이 요구된다.

2) 사회 · 정서적 특성

(1) 공격행동

공격적인 행동은 학습되는 것으로 공격적인 환경에서 자란 아동이 그렇지 않은 아동에 비해서 공격적인 행동을 더 많이 하는 경향이 있다.

성장하면서 이들은 오히려 사회적으로 퇴행적인 행동을 보인다. 예를 들면, 때리기, 싸우기, 친구 놀리기, 소리 지르기, 반항하기, 울기, 기물 파괴하기, 강탈하기 등의 행동을 보인다. 이런 행동이 지나치면 정서 · 행동장애 평가를 해 보아야 한다. 학교생활에서의 실패는 품행장애나 청소년 비행과 관련이 많기 때문에 문제행동을 드러내면서 학업성취도가 낮은 아동들에 대해서는 각별한 관심을 두고 체계적인 지도를 해야 한다.

(2) 회피행동

학교에 가기 싫어하는 것이 아동의 보편적인 특성이며 친구와 어울리기보다는 집안에만 머물러 있으며 친구가 찾아와도 만나려고 하지 않는다. 힘이나 능력은 있지만 경쟁력이 떨어지고 싸움을 회피하는 경우이다. 즉 회피행동은 환경과의 접촉을 피하는 것으로 선천적 · 유전적 요인에 의해서 일어나는 경우도 많지만 학습된 행동이라고도 한다.

(3) 불안 및 위축행동

열등감이나 자의식, 과잉반응행동 경향이나 사회적 기술의 결함과 관련된다. 쉽게 당황하고 소심하며 환상에 빠져드는 경우가 종종 있으며, 사회적으로 고립되기도 하며, 우울증과 공포감을 느끼기도 한다. 여러 가지 활동에 참여하기보다는 신체적인 호소를 많이 한다.

(4) 과잉행동 및 주의력결핍장애(ADHD : Attention Deficit Hyperactivity Disorder)

과잉행동 및 주의력결핍장애는 과잉행동, 주의산만, 충동성의 3요소의 행동 특성을 보인다. 과잉행동이란 끊임없이 움직이거나 연령 및 주어진 과제에 비해

서 움직임의 양이 부적절하게 많은 경우를 의미한다. 주의산만이란 학교활동으로부터 쉽게 방해를 받거나 특정 과제에 주의를 충분히 기울일 수 없는 경우이다. 산만함을 평가하기 위해서는 아동이나 환경과 관련된 변인들을 반드시 고려해야 한다. 충동성은 주의 깊은 생각이나 목적 없이 발생하는 행동들을 의미한다. 이들은 생각하기 전에 충동적으로 행동하기 때문에 이들의 행동은 부절적하거나 부정확한 경우가 많다. 충동성은 돌발적인 공격적 행동으로 나타나기도 한다. 이런 이들의 특징 때문에 2차적으로 학업성취가 낮고 또래로부터 소외되어 나이가 들수록 부적응적인 행동을 더 뚜렷하게 보이기도 한다.

주의력결핍 및 과잉행동장애에는 세 가지 유형이 있는데 과활동성만 있는 유형, 주의력결핍만 있는 유형, 그리고 과활동성과 주의력결핍 증상이 모두 있는 유형들을 말한다.

주의력결핍이 있는 사람들은 어느 한 가지 일이나 생각에 마음을 집중하는 것이 어렵고 대개 어느 한 가지 일을 할 때 몇 분 내에 금방 싫증을 낸다. 조금이라도 복잡하고 의식적으로 노력해서 주의를 집중해야 하는 일들, 예컨대 어느 과제를 완수해야 하거나 새로운 과제를 익혀야 하는 일 등은 이들에게는 매우 어렵다. 그렇지만 자기에게 쉽고 재미있다고 생각하는 것들에는 힘 안들이고 주의를 집중할 수는 있다.

♣ 원 인

아동의 나이, 성별, 심리적 특성, 사회 및 문화 등 여러 가지 요소들과 신경조직의 미세손상, 기능장애 등이 상호작용한 결과라고 여겨진다. 현재까지 정리된 의학적인 연구 결과에서는 주의력결핍 및 과잉행동장애가 뇌의 신경화학 물질 결핍 때문에 생기는 뇌신경 기능장애 때문이라는 학설이 가장 보편적으로 받아들여지고 있다.

♣ 치료원칙

첫째, 정확한 진단을 조기에 내리는 것이 중요하다.

둘째, 가족상담을 통해서 부모들로 하여금 아동의 행동을 의학적, 심리학적으로 충분히 이해할 수 있도록 교육해야 하고, 올바른 양육방법을 제시해야 한다.

셋째, 이 아동들의 학교 선생님들과 매우 밀접한 연락과 협력을 통한 교육과 치료의 효과를 동시에 높여야 한다.

3. 시험불안

시험불안은 개인이 시험을 어떻게 평가하며 시험을 어떻게 보면 더 좋은 성적을 얻을 수 있는가 걱정 근심하는 정도에 따라 달라지게 된다. 시험불안을 느끼는 경우에는 대개 시험 상황을 어렵고 위협적인 상황으로 받아들이며, 자신에 대해서는 자신이 처해있는 상황에 대해서 적절하게 대처할 능력이 결여되어 있다고 받아들여지는 경향이 많고 항상 실패에 대해 걱정하며, 다른 사람들의 평가에 대해서 지나치게 예민하게 반응하는 경향이 있다.

이와 같은 시험불안은 시험이 예측되는 시기, 시험을 치르는 시기, 또는 시험이 끝난 시기 등 시험과 관련된 경우에는 어느 시기라도 경험될 수 있다. Wine(1971)은 시험불안이 높은 사람과 낮은 사람은 서로 사고 유형을 달리 하기 때문에 시험불안이 과제 수행에 미치는 부정적인 영향을 주의력(attention)의 문제로 해석하였다. 따라서 시험불안이 높은 사람들은 시험을 치르는 동안 걱정이나 자기비판과 같은 부적절한 인지적 행동으로 과제의 요구 특성을 분산시키기 때문에 주의력과 수행능력이 낮아진다고 보았다.

1) 시험불안의 요인

Liebert와 Morris는 시험불안을 걱정 요인(Worry)과 정서성 요인(Emotionality)으로 분류하고 있다(김형태 외, 1996).

(1) 걱정 요인

걱정 요인은 성취에 대한 관심, 실패의 결과, 부정적인 자기평가, 다른 사람들과의 관계 맺는 능력 등을 포함하는데 여기에는 자신이 시험에 대한 자신감이 결여되어 있다고 느끼고, 항상 걱정을 지나치게 하며, 남들이 자신에 비해서 얼마나 시험을 잘 치를까에 대한 걱정이 있고 시험결과에 대한 걱정을 하며, 자신이 시험에 대해서 충분한 준비를 하지 못하였다고 느끼는 면들이 있다. 걱정수준이 높은 사람은 자신의 유능감에 대한 확신이 없고, 다른 사람들이 얼마나 총명한가를 생각하고 자신의 실패 결과에 좀 더 민감하게 지각한다.

(2) 정서성 요인

정서성 요인은 시험상황과 관련되어 야기되는 자율신경계통의 반응으로 정의되는데 여기에는 너무 긴장되어 기억력이 감소되거나 심장박동이 빨라지거나 소화장애가 나타나거나 불안, 초조함을 느끼거나 극심한 불안장애－공황장애에 빠지는 등의 감정－신체적인 반응들이 포함된다. 이는 주로 평가에 대한 기대와 예상이 변화를 나타내는 것으로 보인다. 정서성 요인은 교실의 자극상황, 교사의 감독 행동, 시험에 대한 학생들의 대화 등 비교적 일시적이고 비평가적 단서에 의해 유발되고 지속된다.

(3) 사회문화적 조건과 교육적 조건

김남성(1988)은 시험불안인 경우에 있어서 외적 원인으로서는 사회문화적 조건과 교육적 조건을 드는데 학문 숭상의 문화적 풍토, 높은 교육열, 대학 진학을 위한 치열한 교육적 경쟁, 부모의 자녀에 대한 높은 교육적 기대 등이 학생들로 하여금 학업 성적 향상에 대한 압박감을 일으키고 그것은 바로 시험불안으로 연결되는 것으로 보았다. 시험불안의 내적 원인으로는 낮은 지적 능력, 학업에 대한 실패감 내지는 성공감 결여, 비효율적인 학습방법, 충동성, 그리고 불안에 대한 높은 감수성 등을 들 수 있다.

2) 시험불안 감소를 위한 상담

(1) 인지 재구성법(Cognitive Reconstruction)

인지 재구성법은 Ellis의 합리적 정서 상담에서 파생된 것으로 어떤 사람의 부적절한 행동은 그 사람이 불합리한 사고방식과 부적절한 정서적 특징에서 비롯된다고 보았다. 따라서 부적절한 행동을 수정하기 위해서, 비합리적인 사고 유형들을 합리적이고 체계적으로 재구성하여 상황을 불안하게 평가하도록 만드는데 영향을 미치는 특수한 자기 진술을 수정하는 절차를 말한다. 무엇보다도 인지 구조를 변화시키는 것이 상담의 주된 목표인데 이때 두 가지 행동 수정의 절차가 요구된다.

첫째는 비합리적인 사고 및 신조를 합리적 방향으로 재구성하고자 하는데 초점을 둔다. 이는 부적응적 정서 반응을 줄이고 적응하는 방법을 배우게 한다. 둘째는 문제해결을 위한 훈련 과정으로서 여기서는 생활 상황을 보다 예리하게 그리고 현실적으로 이해하여 문제해결을 위한 현명한 결정을 내리게 하는 방법을 가르친다.

이 같은 두 가지 절차를 충족시키기 위해서는 4단계의 절차를 밟게 되는데 1단계는 인지적 재구성의 일반적 원리를 설명한다. 2단계는 내담자 유형에 따라 각자의 비합리적인 사고를 탐색하도록 한다. 3단계는 내담자 스스로 문제를 분석하게 하고 해결방법이 무엇인지 찾아보도록 한다. 4단계는 행동 실천과 실제 연습을 통해 합리적인 대처 행동을 일으키는 방법을 배우게 된다. 이 때는 심상법을 흔히 사용한다.

(2) 근육이완 훈련(Muscle Relaxation Training)

이완이란 신체적 · 정신적 수축 상태에서 그와 전혀 반대되는 상태로 이해하는 과정을 말한다. Jacobson의 점진적 이완 훈련 절차는 3단계로 구성되는데 첫째는 피훈련자에게 안락한 의자에 가장 편안한 자세로 앉도록 지시한 다음 두 눈을 지그시 감게 한다. 둘째, 손과 팔의 근육에서 완숙한 이완감(feeling of relax)을 느낄 수 있을 때까지 눈을 감은 채 훈련자의 지시에 따라 숨을 복부 깊숙이 들여 마시면서 손과 팔의 근육에 일어난 긴장을 이완시키는 동작을 되풀이한다. 마지막으로 심리적 이완이 필요하면 근육을 수축-이완시키는 동작을 반복하지 않고 온몸과 마음이 편안하고 느긋해진다는 생각과 동시에 심신의 이완을 얻을 수 있는 순간까지 마음 속으로 온몸과 마음이 편안하고 느긋해진다는 말을 하면서 근육의 수축-이완 훈련을 계속한다(김형태 외, 1996).

4. 학교공포증

학교공포증은 학교에 있는 것에 대해 심한 불안감을 가지고 있어 학교 가기를 싫어하거나 학교 가기를 아예 거부하는 현상을 말한다(강진령 외, 1993). 학교공포증은 우선 다른 공포증과 마찬가지로 비현실적인 공포감을 갖고 있다는 점에서 학교에 대한 현실적인 공포와는 구별할 필요가 있다.

1) 행동 특징

(1) 심리 신체적 증상

이들의 전형적인 호소내용은 두통, 복통, 메스꺼움, 목이 아프다는 것 등으로 나타난다. 그러나 학교공포증 아동들은 꾀병으로 나타나는 경우도 있지만 이 같은 증상이 실제로 나타나서 신체적인 고통을 당할 수도 있다.

(2) 학교 상황에 대한 비판

학교에 가고 싶지 않은 이유로 학교 상황에 대한 갖가지 비판을 하는 경우를 말한다. 예를 들어, 선생님이 실력이 형편없고 매우 편파적이라든가 통학거리가 멀어서 힘들다든가, 같은 반 아이들이 싫어서라든가 등등의 불평을 통해서 합리화를 한다.

(3) 집 근처에서의 배회

지속적인 결석과 함께 집 근처를 떠나지 않는 경우인데, 이 때는 집을 떠나게 되는 것에 대한 두려움을 나타내는 것이다. 어머니에 대한 걱정이나 두려움으로 인한 행동이 따르는 경우이다.

(4) 학업성적

학교공포증 아동들의 성적은 대체로 중위권 이상이고 성적이 떨어지는 데 대해 상당히 염려하는 경향이 있으며, 지능이나 학업성취도는 다른 아동들과 큰 차이가 없는 것으로 나타난다.

2) 학교공포증의 원인

(1) 심리 사회적인 요인

지나친 의존심을 낳게 하는 가족 상호작용의 형태에서 나타나는데, 아동이 아버지와 어머니 사이에서 갖게 되는 건강하지 않은 상호작용에 의해서 싹틔워진다. 무엇보다도 과잉보호적인 양육태도에 의한 경우가 많은데, 과잉보호를 받아온 결과 의존적이고 남에게 매달리는 사람으로 성장하게 된다. 독립심이 부족한 상태에서 혼자 활동해야 할 경우 상당한 불안감을 느끼게 된다. 이들은 부모를 굴복시키는 데 매우 능숙한데 실제로 밖에서 다른 사람들에게서는 성공하기가 매우 어렵다는 것을 알게 되면서부터 자신감이 급격한 하락세로 접어들게 된다.

(2) 촉발요인

① 실질적인 분리

지나치게 의존적인 아동은 흔히 집을 떠나게 되면 부모에게 무슨 일이 일어날지 모른다는 불안감을 갖는다.

② 변 화

전보다 더 독립적으로 처신해야 할 상황에 놓일 때마다 더 많은 어려움을 느끼게 된다. 이사, 전학, 학년의 변화 등은 직접적인 요인이 될 것이다.

③ 당혹감

고학년 아동들에게 있어서의 학교공포증은 학교생활에서의 불쾌한 경험으로 인하여 발생하기도 하는데, 학교에 가고 싶지 않은 이유로 자신이 학교에서 겪었던 불쾌한 경험에 대해 쉽게 말하려 하지 않기도 하는데 이는 경험에 관해 이야기하는 것은 물론 생각하는 것조차 고통이 따르기 때문이다. 일반적으로 교사나 또래친구들로부터 자신의 용모나 행동에 대해 계속해서 지적이나 조롱을 받게 되면 학교에 가기가 싫어지게 된다.

3) 학교공포증의 상담

(1) 행동주의적 접근

교실 내에서 불안감을 덜어 주기 위한 연습을 시키면서 학교에 대한 인식을 점진적으로 재구성해 주며, 처음에는 하루에 한 시간, 그리고는 반나절, 마지막 단계에서는 하루 종일 학교에 있도록 한다. 무엇보다도 중요한 것은 학교 출석을 가로막는 역할을 하는 과잉보호적인 태도와 행동을 삼가도록 부모를 교육하는 일이 필요하다. 상담자는 또한 학교공포증 아동들로 하여금 주요 관심사를 잘 표현하고 평가해 보도록 도와 주는 일이다. 구체적인 어려움에 대한 경험을 자연스럽게 이야기할 수 있도록 해줌으로써 현실성 여부를 직접 평가해 보고, 여러 대안을 고려할 수 있을 때, 적절한 대안행동을 찾아 실행하게 될 것이다.

(2) 가족 치료적 접근

가족을 대상으로 하여 가족구성원들이 서로 원활한 상호작용을 통해서 적절한 변화를 촉진시킴으로써 아동의 부모에 대한 지나친 의존심을 덜고, 지나친 요구적인 행동과 태도에 동요되는 경우를 예방할 수 있는 도움을 제공한다.

(3) 인지적 접근

학교공포증을 야기하는 사고의 체계를 탐색함으로써 역기능적인 사고방식을 이해하고 순기능적인 사고방식을 재학습하도록 도와주므로 증상을 완화시키는 것이다. 따라서 비현실적인 불안이나 공포반응에 내재되어 있는 비현실적인 사고방식을 발견하고, 검증함으로써 현실적이고 합리적인 사고를 갖도록 도와 주는 것이다.

5. 정서 · 행동장애의 상담사례

영호는 중학교 1학년으로 학교에서 점심시간이면 늘 운동장 한켠을 쉼 없이 몇 바퀴고 돈다. 담임선생님은 영호를 불러서 면담을 한 결과 수업시간에는 친구들과 이야기를 하지 않아도 되고 친구들이 자신을 놀리지 않아서 좋은데 점심시간에는 친구들이 놀려서 견디기가 어렵다고 하였다. 평상시에 조용히 앉아 있고 수업시간에는 열심히 집중하고 있는 것 같았는데, 선생님은 영호에게 다소 놀라셨다. 그리고 학부모 면담을 요청했고, 학부모 면담시에 발견된 사항은 영호는 초등학교 때에도 친구들을 한번도 집에 데리고 온 적이 없고, 늘 언제나 혼자서 놀았다고 하는 내용이다. 학교에서의 일을 물으면 언제나 '잘해요'라는 한 마디만 있었지 학교에서 점심시간에 친구들을 피해서 혼자 지내리라고는 생각하지 못했다고 학부모도 놀랐다는 듯한 반응을 보였다. 영호는 점심시간에 늘 언제나 운동장을 도는 행동이 발견된 후에 담임선생님과 영호 부모님은 영호에 대한 문제인식을 객관적으로 하게 되었다. 자연스레 영호는 상담실에 의뢰되었고, 상담과정 중에 영호는 친구들에게 놀림받고 맞았던 기억을 매우 어렵게 토로하기 시작했다.

처음에는 어찌할 줄을 몰라 말로 하기가 어려워 종이에 적어서 자신의 상황이나 심정을 전달하는 매우 힘든 작업이었지만 영호는 인내심 있게, 그리고 매우 성실하게 상담에 임했다. 영호는 어느 때부터인가 자신의 심정을 토로하지 않게 되었다. 어릴 때 부모님의 불화로 인해서 발생하는 폭력상황을 목격했고, 자신을 지키기 위해서는 심정을 드러내지 않는 것과 친구들과도 싸우면 안 된다고 굳게 믿고 있었다. 그래서 친구들이 놀리는 것이 함께 지내려고 하는 방법이라는 것을 생각할 수조차 없었다. 그리고 언제나 좋은 감정만 교류해야 한다는 생각이 매우 지배적이었다. 불편한 감정이 생기면 친구들을 피하는 방법을 찾았다. 영호는 학교를 가기가 싫었지만 엄마가 속상해할까 봐 참고 학교를 다녔다는 사실을 털어놓았다.

상담선생님은 영호의 대인관계 훈련이 필요하다는 것을 인식하였다. 대인관계 훈련은 어떤 특정한 사람을 정하는 것도 필요할 것이다. 그러나 상담선생님은 친구들하고의 관계 맺기가 영호에게는 매우 필요한데 우선되어야 하는 과제는 자신의 이야기를 조금 더 용기있게 할 수 있고, 자신의 이야기에 긍정적인 반응을 보여주는 경험이라고 생각했다. 그래서 상담자와의 관계에서 좀 더 친밀한 관계 맺기에 비중을 두었다. 그 후에는 영호가 친구들에게 자신의 생각이나 의견을 용기내서 이야기할 수 있게 되고 친구들과 함께 하는 시간을 조금씩 갖도록 돕는 것이 필요하였다. 상담목표가 설정이 되자 선생님은 영호의 어떤 표현이라도 존중하였고 귀를 기울이고 경청하였다. 그러자 영호는 점차로 자신에 대해서 이야기하는 것이 편안해졌고, 좀 더 적극적으로 이야기하게 되었다. 점차적으로 자신의 이야기가 많아지면서 주변상황이나 다른 사람들에 대해서도 호기심을 가지게 되었고 다른 사람들의 행동이나 말에 대해서 상담자에게 물어보기도 하였다. 지속적인 상담이 진행되자 영호는 점심시간에 밖에 나가서 혼자 운동장을 빙빙 도는 행동은 점차로 줄어 일주일에 한두 번 정도로 나타났고, 그럴 때는 무엇 때문에 그랬는지를 상담자에게 털어놓았다. 그리고 속상했던 점들을 말하고 그럴 때 자신이 어떻게 처신해야 하는지 등에 대해서도 물어오곤 했다.

영호는 상담이 종료되었지만 학부모의 상담을 의뢰하였다. 좀 더 가족들의 변화가 요구되며 집안 식구들의 대화의 필요성을 영호가 가장 많이 느꼈으며 영호가 어머니에게 상담을 권하게 되었다.

제 13 장

영역별 상담활동 : 성격문제 상담

1. 성격의 정의
2. 성격문제의 유형
3. 성격문제 상담사례

우리 모두는 감정의 변화를 경험하게 되는데, 때로는 불안하고 두렵고 긴장되고 우울하기도 하다. 하지만 그러한 증상이나 징후의 강도가 심하거나 비교적 오랫동안 생각에 잠기기도 하고 자신이 느끼는 불편감의 정도가 심하다면 전문가를 찾아가 보는 것이 좋겠다. 그래서 정확한 진단을 받아보는 것이 도움이 될 것이다. 이것은 자신에게 부적응 문제가 있는지를 판단할 수 있는 두 번째 방법이기도 하다. 전문가를 찾게 되면 여러 심리검사를 통해 객관적으로 자신의 문제에 대해 측정해 볼 수 있으며 면접을 통해 전문가의 의견도 들을 수 있다. 그 결과 부적응 행동이라는 결론을 얻게 되면 전문가의 도움을 받아 함께 문제를 해결할 수 있을 것이다. 본 장에서는 성격관련 어려움에 대해서 알아보고 그 증상과 처치방법을 살펴보고자 한다.

1. 성격의 정의

성격(Personality)이란 말은 어원적으로 탈 혹은 가면의 뜻을 함축하며, 라틴어의 persona에서 어원을 찾는다. 그 뜻은 겉으로 사람들에게 보여지는 개인의 모습 및 특성을 나타낸다. 즉 겉으로 드러난 탈의 모습을 통해 그 사람의 성격을 미루어 알 수 있는 의미이다. 이 말은 Jung이 페르조나를 적응의 원형으로 지적한 것도 겉으로 드러난 개인의 성격을 함축하는 것이다.

Allport(1961)는 성격을 개인의 특유한 행동과 사고를 결정하는 심리 신체적 체계인 개인 내의 역동적인 조직이라고 했다.

Forgus와 Shulman(1979)에 따른 성격에 대한 몇 가지 가정은 다음과 같다.

첫째, 모든 행동은 적응적이다.

둘째, 성격은 학습된 행동패턴이다.

셋째, 문화는 성격패턴에 영향을 준다.

넷째, 각각의 성격은 그것 자체의 고유하고 독특한 조직을 가진다.

다섯째, 성격은 반응의 선택을 결정한다.

여섯째, 패턴의 이해는 행동을 예언하도록 한다.

일곱째, 기본적인 성격패턴의 이해는 어떤 행동의 구체적 기능을 이해하게 해준다.

2. 성격문제의 유형(DSM-Ⅳ)

1) 섭식장애

(1) 신경성 식욕부진증(거식증)

신경성 식욕부진증은 섭식장애 가운데에 가장 흔하고 잘 알려진 장애에 속한다. 신경성 식욕부진증은 최소한의 정상 체중 유지를 거부하며 체중 증가에 대한 심한 공포를 보이고 객관적으로 봤을 때는 평범하거나 괜찮은 자신의 외모에 대해 왜곡하여 지각하는 경향을 드러낸다. 보통 신경성 식욕부진증을 보이는 사람들은 정상체중의 85%를 넘지 못하는 체중을 보이지만, 이런 낮은 체중에도 불구하고 체중감소에 지나치게 집착하여 음식물을 지나치게 통제하고 때로는 체중 감소의 방법으로 구토제나 이뇨제를 사용하기도 하며 심지어는 그 부작용으로 사망에 이르기까지도 한다.

(2) 신경성 폭식증(과식증)

신경성 폭식증은 폭식을 한 후에 체중 증가를 막기 위해 토해 버리거나 이뇨제, 변비약을 사용하는 등의 양상을 보인다. 폭식은 자기조절 능력의 상실과 관련되며, 기분상태, 대인관계에서의 스트레스, 자신의 체중이나 체형에 관련된 느낌 등에 의해 유발된다. 폭식은 일반적으로는 불쾌한 기분을 감소시키는 효과도 있기는 하지만 빈번하게 되면 자기경멸이나 자기비난을 수반하게 되어 우울한 감정에 빠지게 한다. 폭식은 보통 구토를 동반하게 되는데, 폭식을 한 후에는 폭식 후의 불편감, 체중 증가에 대한 걱정 등으로 인해 억지로 먹은 것을 토해내 버리는 것이다. 때로는 폭식한 것을 보상하기 위해 하루 이상 안 먹기도 하고 무리한 운동을 하기도 한다.

2) 불안장애

(1) 사회공포증

사회공포증은 흔히 대인공포증이라고도 하며 다른 사람들을 만나거나 다른 사람들 앞에서 무엇인가를 수행해야 할 때 두려움을 경험하는 장애이다. 즉 대인관계적 상황이나 여러 사람들 앞에서의 수행상황에서 현저한 두려움을 호소하는 경우를 사회공포증이라 할 수 있다. 이 장애의 진단기준은 다음과 같다.

① 대인관계적 상황 혹은 수행 상황에 대한 뚜렷하고도 지속적인 두려움을 보인다.

② 본인 스스로 그러한 두려움이 과도하거나 불합리하다고 인식하고 있다.

③ 두려워하는 대인관계적 상황 혹은 수행상황을 회피하거나 혹은 심한 불안을 경험하며 견딘다.

④ 두려워하는 상황에 대한 예기불안, 상황의 회피, 실제상황에서의 고통으로 말미암아, 직업기능, 학업기능, 사회적 활동, 일상생활에 상당한 지장이 초래된다(DSM-Ⅳ, 1994).

이러한 사회공포증이 있는 사람들은 사람들 만나기를 꺼려해서 대인관계를 회피하려 하기 때문에 인간관계가 위축되고 일상생활에 큰 지장을 받게 된다.

(2) 강박장애

강박장애는 강박적 사고(강박관념)나 강박행동을 수반하는 장애이다. 강박관념이란 본인도 불합리하다고 인정하지만 통제할 수 없는 어떤 생각이나 심상이 반복적이고 지속적으로 떠오르는 것을 말한다. 강박행동이란 손씻기, 정돈하기, 확인하기 등의 어떤 의식적 행동이나 기도하기, 숫자 세기, 주문 외우기 등의 정신적 활동을 몇 번이고 되풀이하여 반복하려는 억제할 수 없는 충동에 따른 행동이다. 강박관념은 불안을 증가시키는 한편 강박행동은 불안을 감소시켜 주는 역할을 하지만 이는 일시적인 효과에 지나지 않는다.

강박증 환자들은 이러한 강박관념이나 강박행동 때문에 많은 시간을 소모하며 일상생활에서 현저한 고통이나 지장을 느끼게 된다. 이 장애의 진단기준은 다음과 같다.

① 강박적 사고 혹은 강박적 행동

② 이 장애가 경과되는 도중 어느 시점에서 강박적 사고나 강박적 행동이 지나치거나 비합리적임을 인식한다.

③ 시간을 소모하는 강박적 사고나 행동은 심한 고통을 초래하거나 정상적인 일, 직업 혹은 학업기능, 또는 사회적 활동이나 사회적 관계에 심각한 지장을 초래한다(DSM-IV, 1994). 강박증 환자들은 강박관념이나 강박행동 때문에 일상생활에 적응하는 것이 어렵게 되며, 또한 그들이 보이는 강박관념이나 강박행동이 다른 사람들에게 이상하고 기이하게 보여지기 때문에 원만한 사회적인 관계를 맺기도 어려워진다.

3) 우울증

우울증은 기분장애의 하위 유형으로, 기분장애란 기분이나 감정이 극단적인 양상을 보여서 일상생활이 어려운 정도에 이르는 경우를 말한다. 기분장애는 크게 우울장애와 양극성장애(조울증)로 분류할 수 있는데 우울장애는 기분이 지나치게 침울한 상태를 말하고 양극성 장애는 우울증과 조증(기분이 지나치게 고양되어 있는 상태)이 번갈아 가며 나타나는 상태를 말한다.

Mahoney(1980)는 우울증을 부적응 행동으로 진단하려면 다음과 같은 기준이 적용되어야 한다고 주장하였는데, ① 경험한 스트레스에 비하여 우울증이 지나치게 심하게 나타나는 경우, ② 우울증을 일으킬 수 있는 선행 사건이 전혀 불분명할 경우, ③ 우울증 증상이 너무 심해 일상생활을 못할 만큼 혼란될 경우, ④ 우울증상이 심한 상태에서 만성화되어 장기간 지속될 경우의 4가지 기준이 그것이다.

우울증의 증상은 정상인에게서 보이는 기분의 고저와는 달리 기분이 심하게 저조해서 일상생활을 못할 정도이고 식욕을 잃어서 체중도 감소하고 신체적으로 초조하거나 활동이 지체되는 것으로 나타나는데, 이를 몇 가지 영역으로 나누어 살펴보면 다음과 같다.

정서적으로는 슬픔, 불행감, 절망감, 외로움, 무가치감, 걱정, 죄책감을 보인다. 인지적으로는 극히 약한 자존감을 보이며 부정적, 비관적, 무능력함, 열등감, 자기비하 등의 사고를 보이며, 주의집중, 기억력, 사고력의 어려움 등을 호소하기도 한다. 심한 경우 죽음에 대한 생각이나 자살 생각을 자주 반복하는 경향이 있다. 행동적으로는 무슨 활동이던지 시작하기를 무척 어려워하고 쉽게 지치고 피곤하며 즐거운 활동에도 흥미를 잃게 된다. 신체적으로는 식욕을 잃어 체중이 감소하는가 하면 반대로 너무 많이 먹어 살이 찌기도 한다. 불면증을 호소하는 경우도 많고 반대로 과다수면을 보이는 경우도 있다. 소화불량이나 두통을 호소하며 성적욕구도 사라진다.

우울증은 보통 남자보다 여자에게서 발생률이 2배 정도 높게 나타나며, 특히 여성에게는 산후우울증이나 폐경기에 즈음하여 갱년기 우울증도 많이 나타날 수 있다. 우울증에 걸리게 되면 만사가 귀찮고 의욕이 생기지 않기 때문에 사회적인 활동을 하지 않는 경우가 많고 집안에만 틀어박혀 지내기도 한다. 따라서 인간관계가 점점 위축되고 그래서 더욱 고립감이나 외로움을 느끼게 되기도 한다.

4) 신체형장애

신체형장애란 신체적 증상을 보이지만 신체 의학적 조건으로는 충분히 설명되지 않는 장애를 말하는 것으로, 건강염려증, 신체화 장애, 전환장애 등이 이에 속한다.

(1) 건강염려증

건강염려증은 자신의 신체 증상을 잘못 해석하여 심각한 질병에 걸렸다고 몹시 두려워하고 그러한 생각에 집착하는 것이다. 이 장애에 속하는 사람들은 의학적인 검사로 이상이 없음을 확인했음에도 불구하고 질병에 대한 두려움이 지속된다. 때문에 이 병원 저 병원을 찾아다니며 검사를 받게 되므로 시간과 경비를 낭비하게 되고 이에 집착하여 다른 생활에 심각한 지장을 초래하게 된다.

(2) 신체화장애

특별한 이상을 발견할 수 없는데도 다양한 신체 증상을 호소할 때 신체화장애라 진단한다. 호소하는 증상은 다양한데, 예를 들어 두통, 피로감, 알레르기, 비뇨기 증상, 위장 관련 증상, 가슴 두근거림, 구토 등의 증상을 보인다. 보통 사춘기 후기부터 해서 30세 이전에 발병하며 여자에게서 많이 나타난다.

(3) 전환장애

전환장애는 심리적인 갈등이나 압박이 신체증상 또는 신체장애를 일으키는 경우로 다음 두 가지 기준에 일치할 경우를 말한다. 첫째로 신체적 장애를 호소하는데 머무르지 않고 실제로 감각의 상실이나 마비 등 뚜렷한 신체증상이 있어야 하고 이런 증상이 심리적 갈등과 관련이 있어야 한다. 둘째로는 이런 증상의 신체적인 원인이 없어야 한다. 전환장애는 주로 감각기관의 장애나 운동기관의 장애로 나타나는데 예를 들어, 신체 생리적인 원인이 없이 눈이 멀거나 귀머거리가 되거나 손에 감각이 없어지는 경우이다. 전환장애는 보통 10세 이전이나 35세 이후에는 드물게 발병하며 일반적으로 급성으로 발병하는 경우가 많아 증상이 갑자기 시작된다. 전환장애로 병원에 입원하는 환자들은 대체로 2주 내에 증상이 회복되는데 1년 내에 재발되는 경우가 20~25%에 이르기도 한다. 또한 급성으로 발병된 경우와 발병 전 스트레스가 분명한 경우 예후가 양호한 것으로 알려져 있다.

5) 성격장애

성격장애는 만성적인 행동양식으로서 거의 사춘기에서 시작되고 성인초기에는 그 특성들이 뚜렷하게 드러난다. 성격장애에는 많은 하위 유형들이 있는데, 임상적 증상의 유사성에 따라 군집 A, 군집 B, 군집 C 성격장애의 세 가지로 크게 분류할 수 있다((DSM-IV, 1994).

(1) 군집 A의 성격장애

이는 이상한 행동이나 증상이 특징인 성격장애로 분열형 성격장애, 분열성 성격장애, 그리고 편집성 성격장애가 속한다.

① 분열형 성격장애

분열형 성격장애는 생각이나 행동이 다소 기괴하고 말하는 것도 때로는 뜻을 알아듣기 어려울 경우가 있어서 대인관계를 잘 유지하지 못하며 혼자 지내는 경우가 많다. 이는 다른 성격장애보다 더 심각한 사회적 부적응을 경험하게 한다. 또한 심한 스트레스를 받게 되면 일시적으로 정신병적 증상을 나타내기도

하여 망상에 가까운 이상한 생각을 보이기도 하고 때로는 마술적 사고나 텔레파시, 천리안 등의 초능력에 지대한 관심을 보이기도 한다.

② 분열성 성격장애

분열성 성격장애는 다른 사람과의 관계를 갖지 않고 혼자 지내는 것이 특징적이다. 이들은 혼자 일하기를 선호하고 타인에 대해서 무관심하며 칭찬이나 비판 또는 다른 사람이 표현한 감정 등에 대해 무감각하거나 반응하지 않는다. 그들은 기쁨이나 고통 등을 경험하지 않는 것처럼 보이며 감정이 메말라 있는 듯한 인상을 준다. 따라서 친밀한 인간관계를 잘 맺지 않으며 아예 사회적 관계에 대한 동기가 없는 것처럼 보인다. 이들이 지니는 두드러진 인지 도식은 다음과 같다. "왜 내가 다른 사람과 친해야 하나?", "다른 사람과 친하게 지내는 것은 중요하지 않다", "나의 가장 친한 친구는 나일뿐이다", "다른 사람이 무슨 말을 하든 상관없다."

③ 편집성 성격장애

편집성 성격장애는 근거 없는 의심을 많이 하고 사람을 믿지 않으며 극도로 다른 사람들을 경계하고 정서는 메말라 있는 것이 두드러진 특징인 장애이다.

이들은 타인의 성의나 진심을 그대로 받아들이지 못하고 숨은 동기를 찾는데 몰두하는 경향을 보이며 늘 누군가를 경계하고 위협상황에 대해 대처할 준비가 되어 있는 것처럼 보인다. 타인을 믿지 못하고 의심이 많기 때문에 대인관계에서는 잘 싸우고 다른 사람의 분노를 불러일으키는 경우가 있다. 또한 자신의 약점이나 잘못을 받아들이지 않고 모든 잘못을 상대방에게 돌리는 성향이 있어서 상대방의 분노를 사기도 한다. 따라서 이 장애를 지닌 사람들은 친밀한 대인관계를 맺기가 어려우며, 지나치게 사람들을 경계하기 때문에 비밀이 많거나 냉정한 사람으로 보여진다.

이들이 지니는 두드러진 인지 도식은 다음과 같다. "사람들은 결국 나를 해치려 할 것이다", "사람들은 언제나 나를 이용하려 들기 때문에 믿을 수 없다",

"누가 나를 모욕한다면 사소한 일일지라도 꼭 복수를 해야 한다", "다른 사람과는 거리를 두어야 한다. 가까이 하면 나의 약점을 잡을 것이므로".

(2) 군집 B의 성격장애

극적이고 감정적이며 변덕스러운 것이 특징인 장애로 히스테리성 성격장애, 자기애적 성격장애, 반사회적 성격장애 그리고 경계선적 성격장애가 포함된다.

① 히스테리성 성격장애

히스테리성 성격장애는 자기 연출적이며, 자신이 다른 사람들의 주의를 끌지 못하면 불편하게 느끼고 자신이 인정받지 못한다고 생각한다. 이들은 타인과의 관계에서 개방적이며 열정적이므로 처음에는 주의 집중의 대상이 될 수 있다. 그러나 남을 조종하려 들고 과시적이며 피상적이고 변덕스럽고 끊임없이 뭔가를 요구하는 경향을 보여서 처음의 좋은 인상을 계속 유지하지 못한다. 또한 대인관계에서는 다른 사람의 칭찬이나 관심에 너무 의존되어 있어서 다른 사람들의 보살핌이나 관심이 없으면 견딜 수 없을 만큼 불안해진다. 또 성적으로 남을 유혹하고 용모에 관심이 많아 외모를 치장하는 데 시간과 돈을 낭비한다. 감정 표현의 깊이가 얕고 정서적으로 변화가 심해 금방 신이 났다가도 권태로워하고, 관계에서도 금방 좋아했다가도 분노를 드러낸다.

이들이 보이는 주요 인지 도식은 다음과 같다. "외모가 중요해", "나는 언제나 다른 사람의 주의를 끌어야 해", "내가 원하는 것은 무엇이든 어떻게 해서든지 얻어야 해", "감정은 즉각적으로 직접 표현해야 해", "미모가 사람을 판단하는 데 가장 우선시되는 기준이야".

② 자기애적 성격장애

그리스 로마 신화에 나오는 미소년 나르시스가 우물에 비친 자신의 모습에 반한 나머지 거기에 빠져 죽었다 하여 '자기에게 반한 상태의 사람', 또는 '자기밖에 모르고 무한한 성공욕에 꽉 차 있는 상태의 사람'을 나르시스트(narcissist), 즉 자기애적 성격장애자라고 한다. 이렇게 자기애적 성격장애는 자기가 주요 인물이며 그래서 특별한 대우를 받아야 한다는 과장된 생각과 느낌을 드러내는 것이 특징이다. 이들은 사려가 깊지 못하고 다른 사람을 공감하거나 배려해 주지 못하며 명성이나 부, 성공욕에 집착하고 이를 위해 남을 이용하는 행동양상을 보인다. 또한 이들은 타인의 평가에 극도로 예민하여 부정적 평가를 받을 경우 분노나 부인으로 반응한다. 거만하고 자기중심적이며 자기의 능력을 과장하며 자신보다 더 의미있는 인생을 살아가는 타인들을 시기하거나 경멸하기도 한다.

이들이 보이는 주요 인지 도식은 다음과 같다. "나는 언제나 내 뜻대로 해야 하며, 다른 사람들은 내 뜻대로 따라야 한다", "나는 어느 누구보다도 특별하고 잘난 존재이다", "나와 비슷한 특별한 사람과만 교제해야 한다", "나는 존경과 숭배를 받아야 한다".

③ 반사회적 성격장애

반사회적 성격장애에 해당되는 사람들은 사회적인 규범과는 거리가 먼 공격적이고 폭력적인 행동을 하며 자신의 이득과 쾌락을 위해 남을 조정하거나 속이기 일쑤이다. 이들은 생활 전반에서 남들의 권리를 무시하거나 침해하는 것을 일삼으면서도 자신의 행동에 대해 별로 반성하지 않으며 죄의식을 느끼지도 않는다. 충동적이고 책임성이 없기 때문에 사회적인 역할이나 직업적인 수행상에서 문제를 보인다.

이들이 보이는 주요 인지 도식은 다음과 같다. "타인을 이용하거나 속여서라도 내가 원하는 것을 얻어야 한다", "때로 법이나 규범은 지키지 않아도 된다", "내가 공격적이고 폭력적인 행동을 하더라도 잘못된 게 없다".

④ 경계선 성격장애

경계선 성격장애는 정서적인 불안정성과 예측할 수 없이 유동적인 대인관계,

그리고 손상받기 쉬운 자기 개념이나 정체의식 등이 특징적이다. 이 장애에 속하는 사람들은 대인관계에서 특히 타인으로부터 버려진다는 것에 민감하고 혼자 있지 못하며 타인과 함께 있기를 갈망하지만, 항상 거절의 두려움 때문에 친밀한 관계를 급히 형성하였다가도 장기간 지속하지 못하고 금방 관계를 끊는다. 이 과정에서 처음엔 상대방을 지나치게 이상화하거나 자신에게 붙들어 두려고 하다가 얼마 안가서 그 사람과의 관계가 자신의 기대에 미치지 못해 실망감이 느껴지면 상대를 무시하고 비난하고 증오하는 등 변덕스러운 반응을 보이므로 친밀한 관계를 지속하기가 어려운 사람들이다. 가까운 타인으로부터 거절이나 이별을 경험하게 되는 등의 공허감이나 권태감에 빠지게 되면 자기파괴적인 행동을 하는 경우가 많은데 심한 경우 자살시도를 하기도 한다.

이들이 보이는 주요 인지 도식은 다음과 같다. "세상은 위험할 뿐 아니라 악의에 차 있다", "나는 연약하고 취약하다", "나는 기본적으로 받아들여지지 못한다", "사람들은 나를 사랑해 주던가 아니면 버리던가 둘 중의 하나이다".

(3) 군집 C의 성격장애

불안하고 두려우며 근심스러운 것이 특징인 성격장애로 회피적 성격장애, 의존적 성격장애, 그리고 강박적 성격장애가 이에 속한다.

① 회피적 성격장애

회피적 성격장애는 낮은 자존감, 거부에 관한 극도의 예민함, 불안과 불신, 사회적 두려움, 소심함, 사회적인 불편 등이 특징적인 장애이다. 이 장애는 분열성 성격장애와 마찬가지로 사회적 철수경향을 나타내지만 분열성 성격장애가 사회적 무관심과 정서적 메마름이 특징인 반면, 회피적 성격장애는 사회적 관계를 갖고자 하지만 이에 대한 불안과 근심으로 인해 관계를 잘 맺지 못하는 것이 특징이다. 즉 이 장애를 지닌 사람들은 관계에 대한 요구는 크지만 너무 수줍고 억압되어 있어 관계를 맺기가 두렵고 어려운 것이다.

이들이 보이는 주요 인지 도식은 다음과 같다. “나는 관계를 잘 맺지 못할 것이다”, “나는 다른 사람들과의 관계에서 당황하거나 바보스럽게 행동할지도 모른다”, “사람들은 나를 거부할 것이다.”

② 의존적 성격장애

의존적 성격장애는 일상적인 일이나 사소한 결정에 있어서도 혼자서 하지 못하고 다른 사람에게 의지하는 성향이 특징적이다. 이 장애에 속하는 사람들은 혼자 있을 땐 무력감을 느끼고 자신이 없으며 따라서 매사에 끊임없이 타인의 보증을 필요로 하며, 자기 주장을 잘 못하고 다른 사람의 요구에 순종하는 경향을 보인다. 이들은 의존관계를 중시하고 이 관계를 지속하기 위하여 상대방이 무시하거나 학대를 해도 잘 참고 견디며 자신의 지위를 격하시키기도 한다.

이들이 보이는 주요 인지 도식은 다음과 같다. “나 혼자서는 아무 것도 할 수 없다”, “내가 잘 했는지에 대해 타인의 보증이 필요하다”, “상대방에게 무시를 당하더라도 이 관계를 지속시켜야 한다.”

③ 강박적 성격장애

강박적 성격장애는 정리정돈을 지나치리만큼 잘하고 완벽주의적이며 엄격하고 대인관계에서도 마음의 통제를 많이 하기 때문에 정서적으로 위축되어 있고 개방적이지 못하며 실수를 용납하지 못하는 특징을 보인다. 이들은 지나치게 양심적이고 고지식하여 융통성이 없고 따라서 자신과 타인 모두에게 엄격한 도덕적인 원칙과 기준을 따르도록 강요한다. 의사결정에 있어서도 최선의 방법이 무엇인지를 고려하고 숙고하는 일에 많은 시간을 소비하게 되어 정작 결정을 잘 내리지 못하게 되고 그래서 오히려 우유부단해 보일 수 있고, 과제를 할 때에도 너무 꼼꼼하게 완벽을 기하려다가 마감일을 놓쳐 할 일이 계속 누적되는 경우가 많다. 하지만 이들은 스트레스에 취약하기는 하지만 정도가 심하지 않으면 그 완벽주의적인 성향으로 인해 성공적인 생활을 하는 경우도 많다.

이들이 보이는 주요 인지 도식은 다음과 같다. “모든 일은 완벽하게 해야 한다", "정리정돈은 항상 잘 되어 있어야 한다", "최선의 방법이 분명 있을 것이고 그걸 꼭 찾아야 한다", "규칙이나 절차 등은 꼭 엄수해야 한다."

3. 성격문제 상담사례

고등학교 2학년인 내담자는 상담실에 누나의 안내로 찾아오게 되었다. 처음에 호소한 내용을 들어보았을 때는 단지 자신은 말을 할 때 매우 많이 더듬어서 집에서 아버지에게 자꾸만 혼이 나고, 자신이 무엇인가를 한다고 해도 믿어주지 않아서 힘들다는 내용이었다. 친구들하고 이야기할 때도 자꾸만 말을 더듬게 되니까 "다시 말해봐"라는 이야기를 반복해서 듣게 되고 친구들과 이야기하는 것도 자꾸만 피하게 되고 내가 뭘 또 잘못 했나라는 생각을 하면서 행동의 제약을 스스로에게 가하게 된다. 공부를 해야 하는데 자꾸만 불길한 예감이 들고 마음 속에서는 '너는 바보야'라는 소리가 자꾸만 들린다. 왜 그런가 생각해보니 아버지는 언제나 자신이 이야기만 하면 '다시 해봐' '다시 해봐'라는 말을 반복해 하시며 이야기를 알아듣지 못한다고 말씀하시고 아버지 앞에서 이야기를 하려면 매우 신경이 쓰인다. 그런 말을 들을 때면 자신이 바보가 아니라면 그런 이야기를 자꾸만 들을 수 있을까라는 생각을 한다.

사실 내담자는 중학교 3학년까지 반장도 하고 말도 제법 잘 한다고 스스로도 생각하고 친구들도 그렇게 기억하고 있다. 최근에 들어와서는 친구들도 '더듬지 말고 천천히 말해봐'라고 한다. 상담 진행 과정에서 상담자는 내담자가 경험하게 되는 그때그때의 느낌을 확인해서 자신의 감정을 인식하도록 하였다. 자신의 감정인식의 기회가 점차로 늘어나면서 내담자는 점차로 자기의 목소리를 내게 되었으며, 사실 그동안 내담자는 자신의 소리를 내지 않게 되면서 변화가 나타났다는 것을 알게 되었다. 목소리는 안으로 들어가듯이 작아지게 되었고, 다른 사람들에게 자신의 견해나 감정을 표현해야 하는 상황에서조차 매우 객관적인 견해만을 피력하였다. 그렇게 하다 보니 성격이 변했다는 이야기를 들을 만큼 냉정하다는 이야기를 들었고, 실제로 내면에서는 분노가 차오르기 시작했다. 그래서 누군가가 자신의 감정을 건드리면 매우 논리적으로 비판하거나 비난을 하면서 상대방에게 면박을 주거나 상대방의 단점을 꼬집어서 논박하거나 싸움을 하게 되었던 것이다. 자신의 감정을 수용하기가 어렵게 되면 될수록 자신의 개인적인 견해나 감정보다는 누구라고 논박할 수 없는 상황적인 전개에 따른 문제해결 및 대처방법을 찾았던 것이다. 그러다 보니 자신도 모르게 속으로 욕을 하는 모습을 발견하게 되었다.

욕을 하는 자신의 모습을 자각하게 되는 빈도가 증가하였고, 그렇게 할 때마다 내담자는 자신의 감정을 인식하였고 감정인식이 이루어지면 자기감정 조절을 위한 방법을 적용시키게 되었다. 자기감정 조절능력이 향상되면서 아버지의 이야기에 대해서 자신의 소신을 밝히고 자신의 행동 계획에 대해서 분명한 제시를 하게 되자 점차로 말을 더듬는 행동은 사라졌다. 물론 예전처럼 친구들을 대할 때 당당하고 자신있는 모습을 드러낼 수 있었다.

제 14 장

영역별 상담활동 : 인터넷 중독상담

1. 인터넷 중독의 개념
2. 인터넷 중독증의 원인
3. 인터넷 중독증의 종류
4. 인터넷 중독을 돕는 집단상담

현대사회는 정보화시대 또는 사이버시대이다. 사이버문화의 급속한 발달로 인해서 새로운 삶의 태도변화를 직면하고 있는 상황이다. 그래서 많은 청소년들은 그들의 삶의 문화 속에 사이버 세상을 펼치고 있다. 현실 생활에서 경험하게 되는 희로애락을 사이버 문화를 통해서 경험하고 있다. 여러 중독적인 증상들을 새로운 삶의 자리로 옮겨 놓았지만 그중 인터넷을 통한 전반적인 생활을 하면서 자신의 내적 통제력을 상실하게 되고 현실적응 능력을 갖추기 보다는 현실회피 수단의 부적응적 행동을 발달시키며 적정 수위를 넘기고 있는 실정이다. 본 장에서는 인터넷 중독의 개념 파악 및 그 원인과 종류를 구체적으로 살펴보고 인터넷 중독에서 벗어날 수 있도록 돕는 집단상담에 대해서 살펴보고자 한다.

1. 인터넷 중독의 개념

중독이란 개념은 임상 장면에서 처음에는 알코올이나 약물 사용과 관련하여 적용되어 왔다. 그러나 최근 들어 식사, 일, 운동, 도박, 섹스 등과 같은 특정 행위와 관련된 중독 가능성이 인정되고 있으며, 이는 약물 복용과는 무관하게 발생할 수 있음이 지적되고 있다(안정임 · 김동규, 2000). 이런 맥락에서 최근에 컴퓨터의 급속한 보급과 함께 많은 관심을 받고 있는 문제가 바로 인터넷 중독이다.

인터넷 중독 장애(Internet Addiction Disorder : IAD)라는 용어를 처음 제안한 Goldberg(1996)는 중독 개념을 병리적이고 강박적인 인터넷 사용으로 규정하고 진단기준으로서 내성, 금단 등의 요소를 포함시키고 있다. Young(1996)은 인터넷 중독 개념을 충동 조절장애의 하나로 규정하고 DSM-Ⅳ에 수록된 병리적 도박(pathological gambling)의 기준을 원용하여 진단 기준을 제안하였다. 여기에는 내성 및 금단현상, 그리고 사회적 · 직업적 역할 기능의 손상 등이 포함되어 있다. Griffiths(1996)는 인터넷 중독의 핵심 준거로서 집착, 활용시 긍정적 감정, 내성, 금단, 일상생활의 지장 등을 들고 있다. 국내의 경우 정보통신부가

운영하는 사이버 중독센터에 따르면 사이버 중독의 개념을 컴퓨터에 지나치게 접속함으로써 일상생활에서 심각한 사회적, 정신적, 육체적 및 금전적 지장을 받는 상태로 규정하고서 여기에는 의존성, 내성 및 금단 현상이 나타난다고 하였다. 또한 반복적이고 만성적인 표현 및 활동장애를 포함시키고 있다.

중독이라는 용어는 몰입과 구별해서 사용하는 것이 마땅한데 황상민(2000)도 몰입과 중독을 구분하였다. 중독이란 자기통제감을 상실한 심리적 혼란과 무기력의 상태라고 기술하고 있다. 이러한 관점에서 보면 단순히 인터넷의 과다한 사용기간을 가지고 중독으로 판정하는 경우 커다란 오류를 가져올 가능성이 높다고 할 수 있다. 과다한 사용시간이 중독이 아닌 몰입의 차원일 수 있기 때문이다. 이 밖에도 인터넷 중독이 다른 장애의 한 징후라고 보거나 다른 원인에 의한 이차적인 증상으로 보는 관점이 있다(어기준, 2000). 따라서 인터넷 중독에 대한 논의는 보다 신중하게 접근해야 할 필요가 있으며, 중독 판정에 있어서도 좀더 엄격한 기준을 적용해야 할 것이다.

강만철과 오익수(2001) 등은 인터넷 중독의 구성 요인에 집착, 강박적인 인터넷의 사용, 재발, 내성 및 의존성, 그리고 생활상의 장애를 포함시키고 이들 요인을 모두 충족시킬 때 인터넷 중독으로 규정하였다. 각 중독 구성 요인이 지니는 의미는 다음과 같다. 첫째, 집착이란 인터넷을 위해서 자신의 책임을 소홀히 하고 중요한 일이나 대인관계를 미루거나 포기하는 것을 의미한다. 즉 인터넷을 최우선으로 하여 다른 일은 소홀히 하고 인터넷에 몰입하는 것을 말한다. 둘째, 강박적 인터넷 사용이란 의도한 것보다 더 많은 시간을 인터넷에 소모한다거나 해야 할 일을 하지 않고 인터넷을 하거나 금단 증상을 보인다거나 혹은 부정적인 결과를 경험하면서도 계속 인터넷을 사용하는 경우를 의미하고 있다. 셋째, 재발이란 인터넷 사용을 중단하거나 사용기간을 줄이는데 실패하는 것을 의미하고 있다. 넷째, 내성은 동일한 효과를 얻기 위해서 인터넷 사용시간이 증가하는 것을 의미하고 의존이란 금단 증상을 완화시키기 위해 인터넷을 사용하는 것을 의미한다. 다섯째, 생활상의 장애란 인터넷 사용으로 인하여 가정, 학교, 직장 등의 생활에서 부적응이나 피해를 경험하는 것을 의미하고 있다.

2. 인터넷 중독증의 원인

첫째, 인터넷 중독증은 근본적으로 의사소통 장애로 인한 장애이다(Walther, 1994 ; 김헌수, 2001 재인용). 이는 인터넷 중독의 원인을 바라보는 가장 설득력있는 이론 중의 하나인데, 인터넷은 현실세계의 의사소통에서 비효율성, 혹은 실패의 경험을 하는 사람들에게 중요 보상수단의 하나가 될 수 있다. E-mail, 채팅, 게시판 글 올리기와 같은 인터넷 사용은 현실 상호작용을 대체하는 의사소통의 한 방법인데 이에 중독되는 것은 비현실적인 의사소통 방법에 의존하는 것이라고 할 수 있다. 이러한 인터넷을 통한 대인관계 교류의 특징은 익명성(anonymity)으로 인해서 생겨나는 여러 가지 파급효과들을 가져올 수 있다. 즉, 억압해제효과(disinhibiting effect) 및 정서적 투사효과가 있다. 정체성이 드러나지 않기 때문에 자신의 감정을 실어서 마음대로 표현할 수 있다는 점이 중독 상태를 유발하는 요인이 된다.

둘째, 인터넷 중독은 과각성 상태 추구로 인한 장애라고 할 수 있다(Walther, 1994 ; 김헌수, 2001, 재인용). 인터넷은 자기 자신에 대한 지각과 타인에 대한 지각을 극대화시키는 요소가 있는데 이를 통해 자기와 타인의 관계가 이전보다 잘 유지되고 있는 것으로 알게 된다. 이런 과각성 상태의 추구가 인터넷 중독의 원인이 된다.

셋째, 인터넷 중독은 관음증적(voyeuristic) 상태, 혹은 노출증(exhibition)의 변형으로 나타나는 현상이다. 이는 인터넷 세계에서 자신이 뛰어들지 않으면서도 타인을 관찰하고 탐색할 수 있는 것을 말한다. 채팅 방에서 남들이 이야기하는 것을 엿볼 수도 있고, 섹스 사이트에서는 동영상의 섹스행위를 엿볼 수 있다. 이와 반대로 인터넷은 익명성을 바탕으로 노출증적 요소를 지니고 있다. 공격적 언어, 공격적 행위를 인터넷 안에서 분출하는 것은 이런 노출증적 요소의 표현이라고 할 수 있다.

3. 인터넷 중독증의 종류

1) 게임중독

게임중독증은 현재 청소년들에게 가장 문제가 되는 병적 인터넷 사용 중의 하나이다. 우리 나라 청소년들이 많이 이용하는 PC방은 지금 '게임네트워크 스테이션'으로 불리울 만큼 게임으로 들끓고 있으며, 게임은 이미 많은 청소년들의 대중적 언어가 되어 있다.

청소년들이 게임에 빠져드는 이유에 대해 Suler(1996)는 욕구실현이론에서 자신이 현실에서 획득하기 위한 욕구가 게임을 통해 실현된다고 보았다. 즉, 공부로서는 도달할 수 없는 자신의 지위가 게임을 통해서 세워질 수 있다는 것인데, Suler는 이를 '가상실현', 한 마디로 '가짜 자기실현'이라고 했다. 특히 ADHD(주의력결핍 및 과잉행동장애) 아동 및 청소년들이 게임에 흔히 중독되기 쉽다. 이는 이들이 가지고 있는 끊임없는 각성과 주의력 이동(Attention Shift)이라는 현상을 게임이 만족시켜 주기 때문이다. 게임을 통해서 청소년들은 단지 중독될 뿐만 아니라 폭력적으로 변할 수 있다. 예컨대, 한 게임을 마치면서 수만 명을 죽이게 된다. 그 수만 명이 죽는 전투를 치르는 아이들의 머릿속에는 온갖 폭력적 계획들이 난무하게 된다. 더군다나 성격상 인터렉티브(Interactive)한 게임은 정말 상대방을 죽이는 듯한 스릴이 있다. 이러한 종류의 게임은 교육적으로 문제가 될 수 있다.

또한 과도하게 게임에 몰두하는 청소년들은 밤새워 게임을 하기 때문에 낮에 졸거나, 학습에 집중하지 못하게 된다. 특히, 게임중독증을 보이는 청소년의 경우에는 대인기피증, 강박증, 편집증, 체력저하 현상이 발생한다고 보고되고 있다. 결국, 이러한 게임중독은 청소년들로 하여금 학교에 부적응하게 만들며,

부모와도 대립하게 되는 등 심각한 문제로 대두되고 있다.

2) 통신중독

통신중독은 정보이용자가 대화방, 머드게임, 동호회 등 인터넷을 과도하게 즐겨 전자우편이나 정보검색을 주로 이용하는 일반인들과 달리 현실도피의 수단으로 사이버공간에 빠져드는 것을 말한다.

통신중독에는 채팅, 머드게임, 정보서핑, 사이버트레이닝, 도박, 쇼핑 등이 있지만 우리 나라 청소년들은 채팅을 하느라 많은 시간을 소비하고 있다. 즉, 청소년들은 PC통신의 대화방을 이용하거나 인터넷의 채팅 사이트에 접속해 채팅을 즐긴다. 특히, 화상 대화방은 대화 상대의 외모를 확인할 수 있어 인기가 높다.

이러한 통신중독증의 원인을 살펴보면 다음과 같다. 첫째, 통신상에서는 익명성을 보장받을 수 있어 자신의 고민이나 욕망을 솔직하게 드러낼 수 있을 뿐만 아니라, 매번 새로운 상대를 만날 수 있는 기대감으로 인하여 채팅에 빠지게 된다. 둘째, 채팅을 이용한 이성간의 만남을 낭만적으로 묘사하는 영화, TV드라마 등으로 인하여 채팅에 대한 환상을 갖게 된다. 셋째, 심리적인 위안을 얻기 때문이다. 채팅 공간은 익명성이 보장되는 공간이므로 자신의 고민을 솔직히 드러낼 수 있다. 친구나 가족에게도 털어놓을 수 없는 문제를 익명성을 이용해 이야기하고 익명의 상대에게 위안을 얻을 수 있다(사이버중독정보센터, 2001).

한편 통신중독으로 인한 문제점은 다음과 같다. 첫째, 통신중독으로 인한 증상으로는 자기통제력의 상실, 통신을 통한 행복감의 추구, 사용량의 증가, 일상생활의 부적응, 감정조절 능력의 감소, 대인관계 장애 등의 현상이 나타난다. 둘째, 단어의 압축화, 은어 사용으로 인한 언어파괴로 올바른 언어생활에 악영향을 미칠 수 있으며, 또한 채팅을 통하여 모르는 사람과 만나는 것은 매우 위험할 수도 있다. 실제 채팅을 통한 만남의 부작용으로 인신매매, 성매매, 성폭력 관련 사례가 다수 발생하고 있다.

3) 음란물 중독

인터넷은 '클릭' 한번만으로 다양한 정보를 다운받을 수 있고, 특히 성(sex)에 대한 정보 또한 쉽게 이용할 수 있다. 따라서 성에 대한 호기심이 왕성한 청소년기에 인터넷을 통한 음란물 중독은 청소년에게서 쉽게 나타날 수 있는 현상이다.

청소년 음란물 중독의 원인을 몇 가지로 나누어 살펴보면, 첫째, 부모들이 컴퓨터를 잘 다루지 못하기 때문에 컴퓨터를 통한 음란물의 유통은 통제의 사각지대에 놓인다는 측면, 둘째, 컴퓨터 음란물을 친구, 컴퓨터 상가, 인터넷 등 다양한 경로를 통해서 쉽게 구할 수 있고 요즘은 컴퓨터 네트워크를 통해 비용을 들이지 않고도 방대한 양을 제한 없이 구할 수 있다는 측면, 셋째, 기존의 음란물과 달리 컴퓨터 음란물은 여과과정이 없으며, 우리의 정서와 맞지 않는 변태적 내용도 고화질로 그대로 전달되고 있어서 더욱 강력한 영향을 끼친다는 측면을 들 수 있다.

음란물 중독의 문제점은 다음과 같다. 첫째, 컴퓨터 음란물 중독 현상을 보이는 청소년들은 대체로 지속적으로 음란물에 접근하고, 밤새도록 보고 낮에 졸거나, 부모와 대립하기도 한다. 또한 죄의식으로 결벽증에 걸리거나 신경쇠약 증세를 보이기도 한다. 둘째, 청소년의 경우, 음란물을 보고 나서의 연상작용으로 공부에 지장을 받으며, 성충동의 증가를 경험하게 되고 비정상적인 내용의 설정이 대다수인 음란물을 여과없이 받아들여 성에 대한 왜곡된 인식을 갖게 되며 모방 성범죄로 이어질 가능성도 있다.

4. 인터넷 중독을 돕는 집단상담

다음은 한국정보문화진흥원에서 진행되고 있는 인터넷중독 집단상담 프로그램의 내용을 제시하고자 한다(한국정보문화진흥원, 2004).

◘ 1회기 : 반갑습니다, 반갑습니다.

목 표	〈프로그램 참여를 위한 동기유발과 프로그램 목표 인식〉 · 집단구성원 간의 친밀감 형성하기 · 프로그램의 목표가 게임사용을 조절하여 적당하게 하는 것임을 파악하기 · 자신이 게임에 얼마나 몰두하는지 인식하고 게임조절의 중요성을 인식하기 · 부모님의 적극적인 협력을 유도하기
주요내용	· 프로그램 소개(5분) · 나의 소개 및 집단 규칙 정하기(10분) · 자신의 게임 사용 습관 알아보기(5분) · 게임에 몰두하면서 생겼던 문제에 대해 이야기하기(10분) · 게임 사용과 관련된 "나의 다짐 작성하기(10분) · 부모님께 편지쓰기(10분) · 숙제 및 마무리

◘ 2회기 : 게임아 놀자! 친구야 놀자!

목 표	〈온라인 게임 중독에 대한 교육과 자기지시 강화〉 · 자신의 온라인 게임 사용 습관 인식하고 Self-monitoring강화하기 · 온라인 게임 사용과 관련하여 좋은 점과 문제점 교육하기 · 부모님의 참여 유도하기
주요내용	· 자기소개 및 집단 규칙과 나의 다짐 큰소리로 읽기(5분) · 숙제 및 게임시간 기록지 점검(10분) · "X맨을 찾아라" : 게임사용에 따른 문제점 파악하기(10분) · "맞아, 맞아" : 게임을 하고 싶은 자신의 욕구 파악하기(10분), 또는 "도전 골든벨" : 게임 중독 및 올바른 컴퓨터 사용에 대한 지식전달(10분) · 컴맹에 대비되는 명칭 짓기(5분) · 나에게 편지 쓰기를 통해 스스로 게임 사용에 대한 약속하기(10분) · 부모님 답장 낭독하기(10분) · 숙제 및 마무리(5분)

◆ 3회기 : 가슴을 열어라!

목 표	· 실제 생활에서 경험하는 감정에 대한 인식을 높이기 · 자신의 감정을 주장적으로 표현하기 · 자신의 컴퓨터 조절행동에 대해 부모님에게 강화를 요구하기 · 자신이 컴 행동에 대해 자기지시 및 자기강화 공고히 하기 · 게임 사용 외에 다른 대안활동을 탐색하기 · 대안활동이 실현가능성과 장단점을 평가하기
주요내용	· 집단규칙과 나의 다짐 읽기 및 지난회기 과제 점검(5분) · 도입활동 : 빨래 풀기 게임(5분) · 일상생활(게임이나 인터넷사용)에서 느끼는 감정표현하기(15분) · 인터넷이나 게임을 계속하고 싶은 마음이 들 때 극복할 수 있는 방법이나 대안활동 생각해보기 : 빙고게임(15분) · 부모님의 관심과 도움을 적극적으로 요구하기(10분) : 부모님과 계약서 작성하기 · 자기지시로서 "나만의 구호"정하기(5분) · 숙제 및 마무리(5분)

◆ 4회기 : 이젠 나도 스타!

목 표	· 자신의 긍정적인 측면을 인식하도록 한다. · 자신의 강점을 개발할 수 있는 구체적인 방법을 모색한다. · 자신에 대한 효능감을 높인다. · 게임 사용관련 갈등 상황에서 문제해결력을 높인다.
주요내용	· 인사나누기, 숙제 점검 및 본 회기에 대한 소개(5분) · 이젠 나도 스타! 나의 장점 발견하기(15분) · 나의 스타 홍보하기(5분) · 스타가 되기 위한 하드 트레이닝 : 갈등 상황에서의 대안적인 방법 모색(20분) · 숙제 및 마무리(5분)

◆ 5회기 : 시간관리

목 표	· 시간관리의 중요성을 배운다. · 일의 중요도와 급한 정도에 따라 일의 우선 순위를 파악하기 · 자신의 일상 활동들을 점검하여 우선순위를 매기고 실천하기 · 자신의 효능감을 증가시키고 게임사용시간을 줄이도록 노력하기

주요내용	· 인사나누기, 숙제 및 게임시간 기록지 점검(5분) · 회기 목표 설명하기(5분) - 기간관리란, 일상생활에서 시간관리의 중요성, 시간관리 못해서 어려웠던 경험 등 · 해야 할 일 정하기(10분) · 우선 순위 정하기(10분) : 우선순위에 따라 활동 계획표 작성해 보기 · 나의 생활계획표 짜기(10분) : 학교 싫은 일, 해야 할 일을 나열한 후 우선순위를 정해보기 · 숙제 및 마무리(5분)

◘ 6회기 : 레벨 업! 컴짱!!

목 표	· 위기 관리 : 프로그램 종결 이후, 생길 수 있는 위기 상황을 효율적으로 다룰 수 있도록 한다. · 행동계약을 통해서 자기관리를 공고히 한다.
주요내용	· 인사나누기 및 숙제 점검, 본 회기 활동 소개(5분) · 위기관리 : 게임대신 활용할 수 있는 대안행동 점검(10분) · 행동계약서 : 대안행동 목록에 따라 위기상황에서 대안행동을 실행할 것을 서약한다.(5분) · 프로그램 회기 정리 게임(15분) · 수료증 전달 및 프로그램 마무리(10분)

제 15 장

학부모상담

1. 학부모상담의 의미
2. 학부모상담의 목표 및 원리
3. 학부모상담의 역할
4. 학부모상담의 내용
5. 학부모상담의 진행과정
6. 학부모 상담사례

학교에서 생활지도는 학생을 대상으로 하는 것이 기본이지만 학생을 구성하고 있는 요소를 살펴보면 가장 중요한 구성요소는 부모라고 할 수 있다. 그래서 교사는 학생 생활지도를 위해서 자발적이든지 비자발적이든지 간에 학부모를 면담해야 하는 경우가 빈번하게 발생한다. 학부모를 면담하는 과정에서 발견하는 중요한 요소 중 하나는 학부모를 위한 도움이 지원되어야 학생이 보다 적응적인 행동을 할 수 있게 되거나, 교사와 부모의 협력 하에 학생생활지도가 원활해지는 경우들이 있다. 따라서 본 장에서는 학생지도를 보다 적극적으로 하기 위해서 학부모의 특성이해를 바탕으로 학부모의 문제해결 및 자녀의 문제해결을 협력해서 할 수 있는 방법을 구체적으로 알아보고자 한다.

1. 학부모상담의 의미

일반적으로 상담이라 하면 문제해결 및 성장을 원하는 내담자를 면접과정을 통해서, 그리고 문제해결 능력을 향상시키고 자기발견의 과정을 통해서 성장을 돕는 과정이라고 한다. 학부모상담은 학부모의 자질향상과 학부모의 자기실현에 변화를 일으키기 위해서 부모 지도자, 부모와 예비부모, 그리고 자녀를 대상으로 부모 자신의 문제, 부모와 자녀관계의 문제, 그리고 자녀의 문제를 모든 상담의 원리와 기술을 동원하여 상담하는 활동이라고 한다.

학부모는 하나의 역할수행에 따른 명명이다. 학부모를 상담하는 것은 한 개인을 이해하는 것에서 그치는 것이 아니라 한 개인을 포함한 그가 구성하고 있는 환경과 환경 속에서 자신이 수행하고 있는 역할과 관련된 내용을 다루어야 한다. 따라서 학부모 상담은 한 사람의 문제해결 뿐만 아니라 그가 원활하게 수행하고 있는 역할에 대한 구체적인 탐색과 이해가 병행되어야만 효율적인 상담이 이루어질 것이다.

따라서 학부모상담은 부모 자신의 문제, 자녀와의 관계, 그리고 자녀지도를 위한 방법 등에 대해서 논의가 이루어져야 한다. 부모자신의 문제라 함은 개인의 성장과 발달을 위한 과업의 측면과 자녀지도 기술의 향상 등을 들 수 있다. 그리고 자녀와의 관계란 정서적인 교류가 원활할 수 있도록 돕는 인간관계의 개선에 대해서, 가족 공동체 의식을 증진시키는 부분에 대해서, 상호협력적인 관계를 가꾸기 위한 부분 등을 말한다. 자녀지도를 위한 방법이라면 자녀의 양육과 훈육을 위한 교육, 자녀의 학습지도 및 학업성취를 고취시킬 수 있는 효율적인 협조를 들 수 있다. 학부모는 그들의 발달단계상 청소년 자녀를 동반하고 있기 때문에 상담시 매우 중요한 고려가 있어야 한다. 그래서 학부모 상담에서는 청소년 자녀와 관련된 문제가 많다.

학부모상담은 자녀의 경험을 관리하는 부모의 역할로서 청소년의 건전한 발달을 위해서 필요하며 청소년상담의 효과를 증진시키기 위해서 부모의 협조가 절대적으로 필요하다. 청소년 문제는 청소년 부모와 상당 부분 서로 상관되고 청소년 문제를 해결하기 위해서 부모의 협조를 받아야 한다(Damon, 1998).

2. 학부모상담의 목표 및 원리

1) 학부모상담의 목표

학부모상담은 상담자가 만나고 있는 학부모(내담자)의 복지증진 뿐만 아니라 그 부모의 자녀인 청소년의 복지증진이 중요한 상담의 목표가 된다. 다시 말해 상담자의 이론적 입장에 따라 청소년 및 청소년 부모의 복지가 증진된 상태가 무엇인지에 대한 구체적 내용은 다를지라도 상담자가 현재 상담하고 있는 내담자 외의 다른 인물의 긍정적 변화를 돕는 것이 학부모상담의 중요한 목표가 되는 것이다.

2) 학부모상담의 원리

학부모 상담은 자녀의 문제해결을 위해 부모의 에너지를 효과적으로 투여하도록 인도할 수 있어야 할 것이며 이를 위해서 상담자가 학부모를 대상으로 상담할 때에 필요시되는 몇 가지 유념해야 할 원리를 살펴보고자 한다(김진희, 1999).

① 부모로 하여금 자녀의 문제행동이 일시적으로 개선되는 수준을 넘어 좀 더 궁극적으로 어떤 긍정적인 변화를 조력하는 역할을 효과적으로 수행할 수 있도록 부모 역할의 효능성을 향상시키는데 초점을 두어야 할 것이다. 즉 부모상담이 종결된 후에도 부모가 자녀의 요구에 적절하게 반응하고 자녀와의 관계에서 발생하는 크고 작은 갈등이나 문제상황에 효과적으로 대처할 수 있는 능력을 향상시키는 일이 필요하다는 것이다.

② 자녀의 문제행동의 심각성을 파악하여 그 정도에 따라서 상담 개입전략과 전략실행 시점을 달리하는 융통성을 발휘할 수 있도록 도와야 할 것이다. 부모가 변화하는 자녀의 상황을 정확하게 파악하고 자녀에 대한 적절한 기대를 가지고 융통성 있는 개입을 할 수 있을 때 자녀의 문제해결에 보다 나은 환경을 제공하는 일을 지속적으로 수행하는 일이 가능해질 것이기 때문이다.

3. 학부모상담의 역할

부모-자녀 관계는 다른 인간관계와 매우 다른 독특성을 지니고 있으며, 부모가 수행하는 부모 역할도 성인들이 일반적으로 사회에서 경험하게 되는 어떤 역할과도 동일하지 않은 독특한 면이 있다. 부모의 역할이 복잡하고 다양하지만 부모 역할만이 갖고 있는 다음과 같은 몇 가지 특징을 살펴보고자 한다(김광웅, 1996).

① 부모의 역할은 본능적이고 절대적으로 강하게 이루어진다.

부모의 역할은 인위적으로 만들어진 것이라기보다는 본능적으로 이루어진 무조건적이고 절대적인 역할이다. 부모 역할의 수행은 초월적인 면이 많아 부모가 아니고서는 할 수 없는 경우가 많다. 동물의 경우 양육 초기는 절대적 관계로 이루어지다가 성장이 이루어짐에 따라 부모의 역할이 달라진다. 성장 후엔 전연 무관하게 되기도 한다. 그러나 고등동물일수록 특히, 인간에게는 성장 후에도 사회적 관계로 부모관계가 계속된다. 부모의 역할은 학습된 것이 아니라 본능적이며 자녀와의 관계도 같다. 논리적으로나 과학적으로 설명할 수 없는 부분이 많다.

② 부모 역할은 자녀의 발달단계에 따라 달라진다.

부모는 자녀의 발달단계, 즉 영아기, 유아기, 아동기, 청년기 등을 거치면서 자녀의 요구가 달라지며 부모 또한 자녀의 변화하는 요구와 행동에 맞추어 그들의 행동을 변화시켜야 한다.

③ 부모 역할은 다른 사회적 역할과 비교할 수 없을 만큼 희생적으로 수행된다.

자기 자녀에 대한 부모의 사랑은 본능적이며 무조건적이기 때문에 부모는 자식의 출생에서부터 결혼에 이르기까지 자식을 위한 일이라면 주저 없이 행한다.

④ 부모 역할은 연습을 할 수 없다.

부모의 역할은 언제나 현재 상황이다. 부모와 자녀는 늘 생방송으로 만나며, 녹화하여 재편집하거나 잘못되었다고 그 상황을 지워버릴 수도 없다. 그래서 부모 역할은 어떤 역할보다 신중해야 하고 잘못 수행하지 않도록 사전준비가 철저해야 한다. 부모 역할은 계속 발달하고 있는 인간인 자녀를 대상으로 수행되는 것이므로 결과가 수정되거나 잘못되었다고 해서 없었던 일로 지워버리기에는 너무 시간과 노력이 많이 든다.

⑤ 부모 역할은 중도에 포기할 수 없다.

부모가 자녀를 사랑하는 것이 본능적이고 무조건적이라고 하여도 부모 역할이 늘 기쁘고 만족스러운 것만은 아니다. 오히려 그 과정은 고통스러울 때가 더 많다. 그러나 부모 역할을 포기할 수도 없고 포기될 수도 없다. 중도에 포기하는 것이 아니라 부모는 다만 자신의 수행으로 받아들이고 인내하고 견디어 내는 시간을 갖는 것이 필요할 뿐이다.

4. 학부모상담의 내용

학부모상담은 청소년자녀를 둔 부모의 상담이기에 다루어지는 내용도 매우 다양하다. 발달, 학업, 진로, 성격, 비행, 약물, 가족 등의 문제가 상담의 주요 내용으로 다루어지게 된다(장대운, 1999).

학부모 상담에서 호소되는 주된 내용으로는 청소년의 발달단계상 아동이나 성인과는 구별되는 신체발달, 인지발달, 자아정체감 발달, 도덕성 발달, 가족관계의 발달, 친구관계의 발달, 학교생활의 발달 등이 학부모상담의 기본 내용이다. 따라서 상담자는 내담자의 발달배경의 평가, 청소년 내담자와의 초기면접 및 상담과정, 청소년의 관계 문제와 상담, 청소년의 발달 문제와 상담 등을 다룬다.

학업상담은 청소년기가 초등학교와 중 · 고등학교, 그리고 대학교 과정에 이르는 주로 학교교육 기간이므로 가장 관심이 되는 영역이다. 이는 청소년 자신뿐만 아니라 교사, 학부모 등의 관련문제이기도 하다. 주로 여기에서는 학업과 학업문제, 학업에 관련된 문제들, 학습의 관련 요인, 학업상담을 위한 평가, 효율적인 학습방법, 학업문제의 이해와 상담전략, 학습전략의 실제, 학업상담 사례, 학업증진을 위한 조언 등이 다루어진다.

5. 학부모상담의 진행과정

학부모 상담의 진행과정을 5단계로 나누어 살펴보고자 한다(김혜숙, 1999).

1) 학부모상담의 준비와 시작

(1) 학부모의 입장과 태도 파악

누가 내담자이며 초점이 어디에 있는가?

상담자는 여기에서 청소년의 부모를 만날 때 과연 부모가 어떤 입장으로 상담자를 만나고 있는지를 파악하고 그에 따라 상담의 전개과정을 적절히 조정할 필요가 있다. 청소년의 부모가 취하는 입장 중 가장 대표적인 경우는 청소년 자녀에게 문제가 있으며 부모는 그 자녀를 데리고 온 보호자라고 보는 것이다. 한편 내담자로서의 부모로 오는 경우, 배우자에 대한 불평자로서의 부모, 부부관계 혹은 자신의 문제를 상담하고자 하는 부모, 학교의 의뢰나 강권에 의해서 상담실을 방문한 부모 등이 있다. 무엇보다도 이 단계에서 상담자에게 중요한 것은 학부모가 상담자를 어떤 입장에서 만나고 있는지를 파악하는 것이다.

(2) 청소년상담의 연장으로서 부모상담을 준비하기

상담자는 학부모를 만날 때 상담에 필요한 정보를 탐색하는 것이 우선 과제이며, 누구를 만날 것인지를 제안할 수 있어야 하지만, 부모 양쪽이 다 상담에 참여하도록 권유하는 것이 바람직하다. 왜냐하면 부모의 협조가 필요하다는 교육적인 효과가 있기 때문이다. 실제로 많은 청소년 자녀가 보이는 문제행동은 가족 구조 및 관계상의 문제를 반영하고 있거나 혹은 청소년 자녀의 문제행동과 가족 관계상의 문제가 서로 얽혀 있어서, 가족 구조 및 관계상의 문제를 다루지 않으면 청소년 자녀의 문제 해결이 어렵거나 불가능하다.

2) 상황(문제)과 부모-자녀 이해하기

자녀에게 어떤 어려움이나 문제가 있다고 느껴서 혹은 학교나 기관에 의해 상담을 의뢰받아서 상담실을 찾는 부모는 누구나 심리적으로 불편한 상태에 있기 마련이다. 자녀에 대한 분노, 실망, 또래 친구들이나 학교 권위체제에 대한 불만과 분노, 부모로서의 자신에 대한 회의 및 좌절감과 수치심, 배우자에 대한 원망 등등 갖가지의 부정적 감정을 가지고 오기 마련이다. 따라서 부정적인 방어자세로 상담에 임하는 경우가 많다. 그렇기 때문에 상담자는 부모에 대한 공감과 이해가 적극적으로 이루어져서, 부모가 상담자에게 이해받는다는 느낌을 가질 수 있도록 노력해야 한다.

그런데 내담자는 상담자가 자신을 도울 수 있는 사람인지를 탐색하게 되는데, 부모는 상담자가 자녀의 부모를 이해하고 도울 수 있는지, 또 자기 자녀를 도울 수 있는지를 탐색하려고 한다.

우선 상담자는 내담자를 이해하기 위해서 다음과 같은 사항을 고려해야 한다. 첫째, 문제의 이해 : 어떤 일로 오셨습니까? 둘째, 문제 유발 요인의 이해 : 문제가 어떻게 일어납니까? 셋째, 문제의 결과 : 문제가 일어나면 어떤 결과가 생깁니까?

한편 문제해결의 가능성과 자원을 구축하기 위해서는 다음의 사항을 고려하는 것이 필요하다. 첫째, 무엇보다도 문제를 이해하되 문제에 빠지지 않는다. 둘째, 해결을 위한 노력의 이해(해결 가능성의 발견)이다. 셋째, 부모의 감정과 자원의 발견 등을 말한다.

상담자는 부모의 이해와 더불어 자녀에 대한 이해, 부모-자녀관계에 대한 이해를 해야 할 것이다. 자녀를 부모의 입장에서 어떻게 보고 있는가? 자녀 자신에 대한 견해는? 상담자의 눈을 통해서 본 자녀는? 그리고 부모와 자녀가 서로를 대하는 행동과 부모와 자녀가 서로에 대해 갖는 느낌을 파악하고, 부모-자녀의 역할에 관한 생각은 어떠한가? 가족구조는 어떠한가? 가족 발달 주기와 가족구성원 개인의 발달과업은 어떠한가? 등을 파악하는 것이 이루어져야 한다.

3) 상담목표의 설정

학부모상담은 자녀의 변화를 돕고자 하는 것이지만 자녀의 문제와 상황에 따라서 구체적인 목표는 매우 다양하게 설정될 수 있다. 목표설정에 있어서는 상담자와 내담자가 함께 협의해야 하는데 부모의 상담에 대한 기대, 자녀의 상담에 대한 기대를 파악하고 상담의 목표는 변화의 가능성에 대한 확신을 갖도록 하는 것이 매우 중요하다. 그리고 무엇보다도 목표는 달성 가능한 목표를 설정해야 하며, 변화에 따른 득과 실을 탐색하는 것이 이루어져야 한다.

4) 변화를 위한 개입

변화를 위해서는 상담의 초기부터 진행되어지는 것이지만 좀 더 구체적으로 이야기하면 부모나 자녀가 혹은 부모-자녀관계가 변화할 수 있도록 부모의 행동, 생각, 느낌의 변화가 일어날 수 있게 상담자가 활용할 수 있는 다양한 기법과 전략을 사용하는 것이다. 부모 자신의 변화, 자녀를 대하는 행동의 변화, 가족관계의 변화 등을 위해서 상담자는 주력해야 할 것이다.

5) 학부모상담 과정에 대한 평가와 종결

상담자는 상담이 전개되는 전체 과정을 통해서 자신의 개입이 적절한지 또 상담의 방향이 목표를 이루는 쪽으로 나아가고 있는지를 계속적으로 평가하여야 한다. 즉 상담자 개입에 대한 평가는 종결의 시점에서 한번만 이루어지는 것이 아니라 상담의 전 과정에 걸쳐서 이루어져야 하며 종결의 시점에 근접하여 이루어지는 총괄적 평가는 계속적인 평가의 연속과 종합으로 간주되어야 한다.

6. 학부모 상담사례

딸이 가출이 빈번해지자 자발적으로 상담실을 방문한 내담자는 딸의 가출을 예방하고 딸아이가 중학교라도 마치고 기술을 배울 수 있게 되기를 바랬다. 현재 가정에서는 부부가 맞벌이고 윗층에 살고 있는 할머니가 자녀들을 돌봐주고 있었다. 그러나 내담자의 일상생활을 탐색한 결과에 의하면 직장에서 보내는 시간이 하루의 3/4을 차지하고 있었고 아이들과 함께 보내는 시간은 매우 빈약했다. 따라서 아이들의 일상생활에 대한 정보와 탐색이 어렵고 딸아이가 가출을 하게 되면 찾으러 다니거나 걱정을 하는 것도 남편의 몫이었다. 자꾸만 부부싸움을 하게 되었고 문제해결을 위해 들어가는 비용은 점차로 늘어나서 내담자 월수입의 2/3를 차지하였다. 시어머니와 남편은 직장을 그만두고 집에서 살림하면서 아이들을 키우는 것이 당연하지 않겠느냐고 종용을 하지만 내담자는 그만둘 수가 없다. 이유는 자신이 유일하게 인정받을 수 있는 곳은 직장이고 직장에서 자신이 차지하는 위치와 책임도 시간이 갈수록 증가하기 때문에 직장을 다니는 것은 자신의 인생에서 더없이 중요한 부분이다. 그러나 엄마로서 딸아이가 자꾸만 가출하는 것은 가슴이 아프고 딸아이가 부부의 희생양이 되는 것 같아서 죄책감이 매우 크며, 자신에게는 엄마역할도 중요하며 직장에서 한 인간으로서 무엇을 할 수 있는 역할이 있다는 것은 또한 중요하다고 호소하였다.

우선 상담자는 한 사람의 여성으로서 사회에서 차지하고 있는 역할과 그 역할을 수행하고자 노력하는 부분에 대한 지지와 격려를 하였다. 그리고 자신이 한 사람의 여성으로서 뿐만 아니라 엄마로서 한 남자의 아내로서의 자리와 역할을 수행하는 것도 내담자에게는 중요하다는 것을 재인식시키고 의식하지 못하지만 자신의 내면의 바램이라는 것을 명료화시키는데 주력하였다.

상담의 진행과정상 내담자는 자신에게는 아내와 엄마로서의 이름이 직장인으로서 얻게 되는 보상보다 값으로 측정이 불가능할 만큼의 가치가 있음을 인정하고 수용하면서 직장에서 투자되는 에너지와 집안에서 필요로 되어지는 에너지를 조절하고 시간투여의 시간을 조절하는 부분으로 변화가 이루어졌다.

물론 내담자에게는 남편하고의 결혼생활을 통해 도박, 빚 등의 문제가 너무나 컸기 때문에 쉽게 자신의 마음이 열리는 것은 아니었다. 그럼에도 불구하고 내담자는 엄마가 자녀를 보호하는 것은 본능이라는 것을 강조하며 남편하고의 관계는 추후에 다루어 볼 것을 약속하였다. 자신의 역할과 집안에서의 위치 또한 자기 삶의 목적이 뚜렷해지자 딸아이의 입장에서 무엇을 기대하는지?, 엄마로서 무엇을 할 수 있으며 무엇을 해야 하는지에 대해서 고민하고 딸에게 마음을 열게 되었다.

딸과 함께 하는 시간을 갖고, 딸을 마음으로 받아들이게 되자 우선 자신의 표정이 밝아졌으며 딸아이도 차츰 집에 들어오는 시간이 많아지고 최소한 엄마에게 자신의 어려움을 의논하기 시작했다. 물론 이 내담자는 상담이 지속되어야 할 것이다. 그러나 자녀를 돕기 위해서 도움을 필요로 할 때 기꺼이 청할 수 있는 것도 진정한 부모역할을 위한 용기라고 할 수 있다.

제 16 장

멘 토 링

1. 멘토링의 개념
2. 멘토링 프로그램의 유래와 역사
3. 멘토링 관련 이론
4. 멘토링 프로그램의 기대효과
5. 멘토링 프로그램의 적용

생활지도자로서의 역할을 잘 수행하려면 지도자로서의 자질, 전문적인 소양과 능력, 건전한 인격 등을 지니고 있어야 한다. 또한 생활지도를 받는자의 적성, 흥미, 욕구 등 개인적 배경을 파악하고 있어야 그들의 능력과 소질에 맞는 방향으로 지도해 나갈 수 있을 것이다. 따라서 본 장에서는 멘토링을 통해서 사람들을 어느 부분을 어떻게 어느 만큼 지도할 것인가를 가늠해 보고자 한다. 따라서 멘토와 멘티의 개념을 파악하고 멘토의 역할과 역할수행을 위한 이론적인 배경을 살펴보고 실제 적용사례를 통한 보다 적극적인 생활지도자로서의 자질 향상 및 적용방법을 알아보고자 한다.

1. 멘토링의 개념

교육이란 불완전한 인간에게 전인적인 성장의 기틀을 마련해 주어서 잠재적인 가능성을 계발시켜 주는 것이다. 이렇듯이 교육의 가장 중요한 요소는 바로 교사이다. 교육의 질은 교사의 질을 능가하지 못한다는 말에서 교사의 전문성에 대한 중요성을 찾아볼 수 있다. 이러한 전문성에 논란이 대두되고 있는 시점(이은화 외, 1996)에서 교사교육을 위한 대안으로 떠오른 것이 멘토링이다. 이는 오늘날 교사교육에 있어서 중요한 주제로 부각되고 있다(Feiman-Nemser, 1996).

멘토링(Mentoring)이란 사람과 사람이 일대일의 관계를 맺어 서로가 도움을 주면서 개인과 공동체의 목표 달성을 위하여 꾸준히 노력하여 가는 과정으로 요즈음 기업체, 교육계, 교회 등에서 멘토링에 대한 관심과 이해가 점차 깊어져 가고 있다.

멘토링을 보다 자세하게 설명하면 초보자가 성장하고 성숙하여 사회의 유능한 구성원이 되는 것을 돕기 위해, 경험과 기술 수준이 높은 사람과 경험과 기술 수준이 낮은 초보자 사이에 발생하는 복잡하고 상호작용적이며 역동적인 지원과정을 의미하며(Scott, 1999), 세부적인 훈련기술이나 직업, 또는 다른 사람과 지식을 공유하는 것 이상의 의미를 내포하고 있다. 즉 멘토링이란, 한 사람이 다른 사람과 일정한 관계를 맺음으로써 장 · 단기적으로 혹은 정규적, 비정규적으로 주어진 시간을 통해 격려하고 돌보고 교육하고 지도하며, 아이디어를 공유함으로써 개인적인 영향을 끼치는 모든 과정을 의미한다.

이러한 멘토링의 개념은 심리, 경영, 종교 분야에서 널리 사용되어 왔으며, 교사교육에서의 멘토링 프로그램은 1990년까지 미국의 30개주 이상에서 실시되었고(Feiman, 1996), 의약, 사회, 공공서비스 분야에서 일반적으로 사용되고 있는 것으로 보고 되고 있다(Fagan & Walter, 1982 ; Gray & Gray, 1985 ; Dever, Johnson, Hobbs, 2000).

'멘토(Mentor)'라는 용어의 유래를 살펴보면 '멘토르(mentor)'라는 말에서 시작되는데 이는 그리스의 신화 '오디세이아(odyssey)에 나오는 오디세우스의 충실한 조언자의 이름에서 유래한다. 오디세이가 트로이 전쟁에 출정하면서 집안일과 아들 텔레마코스의 교육을 그의 친구인 멘토르에게 맡긴다. 오디세이가 전쟁에서 돌아오기까지 무려 10여 년 동안 멘토는 왕자의 친구, 선생, 상담자, 때로는 아버지가 되어 그를 잘 돌보아 주었다. 이후로 멘토라는 그의 이름은 지혜와 신뢰로 한 사람의 인생을 이끌어 주는 지도자의 동의어로 사용되었다.

즉, 멘토는 현명하고 신뢰할 수 있는 자로 상담자, 본을 보이는 자, 양육자, 스승, 선생의 의미이다. 그리고 멘토의 상대자를 멘티(mantee) 또는 멘토리(mentoree)라고 하는데 '도움을 받는 자'라고 이해할 수 있다. 효과적인 멘토링은 멘토와 멘티간의 깊은 인격적 만남에서 이루어진다. 이러한 관계 안에서 한 개인은 도움을 필요로 하는 사람의 욕구에 초점을 두고, 그들이 자신의 잠재력을 개발하여 학업, 직업, 사회적, 개인적 목표를 달성하도록 지지하고, 상담하고 돕는다.

1) 멘토링의 유형

멘토링은 크게 두 가지로 구분될 수 있다. 하나는 자연스럽게 발생한 비공식적 멘토링이며, 또 하나는 계획된 공식적 멘토링이다.

(1) 비공식적 멘토링

비공식적 멘토링이란 대개 부모님이나 선생님과 청소년, 선후배 사이에 자연스럽게 발생한 일대일의 관계이다. 이러한 비공식적 멘토링 관계는 서로 멘토링이라고 명명하지는 않지만 신뢰를 바탕으로 도움과 지지를 제공하여 멘토는 멘티의 역할 모델이 되어 주고, 적절한 조언이나 기술을 전달해 준다. 비공식적 멘토링은 멘티가 나름의 목적을 성공적으로 달성하는 데 큰 도움을 준다. 그러나 모든 청소년들이 가정이나 학교에서 멘토링의 기회를 가질 수 있는 것은 아니며, 멘토링의 효과가 멘토 개인의 역량 자체에만 의존하게 되는 한계를 가진다.

(2) 공식적 멘토링

공식적 멘토링은 가정이나 학교에서 역할모델(멘토)을 갖지 못하는 청소년들에게 초점을 맞춘다. 도움이 필요한 청소년의 욕구를 측정하여 목적과 세부목표들을 설정하고, 훈련된 멘토와 일대일 관계를 맺게 해준다.

공식적 멘토링에 포함되어야 할 요소로는 멘토와 멘티간의 공식적인 관계, 만남이나 활동에 대한 지침들, 일반적으로 12개월 또는 한 학년 이하의 시간에 대한 계약, 지속적인 훈련프로그램, 경험이 많은 전문가들에 의한 감독과 지지, 지속적인 사정과 평가 노력 등이 있다(유성경 · 이소래, 1999).

2) 멘토링 프로그램의 구성요소

(1) 인적 구성요소

① 멘티(Mentee)

멘토링 프로그램에서 멘티의 대상은 일반청소년을 대상으로 할 수 있는데,

실제로 1980년대 말부터 등장한 미국의 사회복지 프로그램 중에는 기업-대학과의 파트너십을 기반으로 하는 자원봉사 지원 프로그램이 많으며, 일반 청소년들을 대상으로 한 문제 예방 및 교육 파트너십(개별학습 지도를 목표로 하는 교육구청-대학-기업의 연계를 통한 학습지원)의 형태로 된 멘토링 프로그램이 많이 등장했다(주성수, 1998).

그러나 현재는 청소년 문제는 자신이 처해있는 환경과 계속적인 상호작용 유형을 보이는 경우가 있으며, 이렇게 위험요소가 확대된 청소년을 고위험군에 속한 청소년이라고 할 수 있다. 이러한 고위험군 청소년들은 특별한 사회복지 서비스를 필요로 한다는 의미에서 '요보호 청소년'이라 할 수 있으며, 학교부적응 학생을 위한 멘토링 프로그램에서 프로그램 대상자인 학교부적응 학생 역시 고위험군에 속한 요보호 청소년이라고 할 수 있다(채형일, 2001).

따라서 멘토링 프로그램의 성격에 따라 멘티는 일반청소년에서 고위험군 청소년까지 다양한 상황에 처한 청소년들이 포함되며, 정서적 지지와 사회적 지지를 필요로 하는 모든 청소년들이 멘티가 될 수 있다. 이에 멘티는 멘토를 도와 공동관심사를 개발하는 일, 개별 프로그램을 계획하고 내용을 구성하며 실제로 수행하는 일에 적극 참여할 수도 있다. 특히 적극적인 상담 및 개별활동에의 참가를 통해 멘티는 멘토에게 자원봉사에 대한 보람과 정서적 결연을 통한 만족감을 느끼도록 도울 수 있다(권지성, 1999).

② **멘토**(Mentor)

멘토는 청소년인 멘티에게 건전한 가치관과 긍정적인 자아상을 소유하고 있으며, 사회 내에서 자신의 역할과 기능을 수행하는 성인으로서의 역할모델(role model)을 제시해 줄 수 있는 사람이어야 한다. 멘토가 대학생 또는 대학원생인 경우, 청소년에게 학습자아와 관련된 역할모델을 제공할 수 있으며, 멘토가 직장인인 경우 청소년에게 직업자아와 관련된 역할모델을 제공할 수 있는 장점이 있다.

이에 멘토 사회복지사 등 상담 전문가가 제공할 수 있는 상담 서비스에 준하는

준 전문가로서의 개별상담을 멘티에게 제공할 수 있어야 하고, 멘티의 개별적 · 가족적 · 사회적 특성 및 상황을 파악하고, 특정한 환경 속에서 특정한 상호작용 유형을 보이는 가운데 환경에 적응하고 있는 멘티에게 정서적 · 사회적 · 경제적 지원 및 원조를 해야 한다. 또한 개별상담을 포함하는 개념으로서의 개별활동, 즉 공통의 관심사를 활용한 멘티-멘토 공동 활동에서 계속적으로 멘티의 필요와 관심에 부합하는 내용을 준비하며 멘티의 상황에 맞게 공동 수행할 수 있어야 하고, 청소년을 위험요인과 위협사건, 비행 또래집단과의 접촉, 개인적 분노 등으로부터 지켜줄 수 있는 보호자가 되어야 한다(이진희, 1999 ; 채형일, 2001).

멘토를 역할별로 구분해 보면 다음과 같다.

- 보호자(friend, supporter, sponsor)로서의 멘토 : 멘티에게 사랑과 관심을 보여 주며, 지지해 주며, 필요한 것을 지원해 주는 자
- 모범자(role, model, guide)로서의 멘토 : 멘티가 존경하거나 닮고 싶으며, 목표나 진로를 정하는데 결정적인 역할을 하는 자
- 조언자(counselor, advisor) : 중요한 선택을 할 때나 고민이 있을 때 올바른 선택과 결정을 하도록 충고나 조언을 해 주는 자

③ 멘토링 관리자

멘토링 관리자는 멘티와 멘토로 구성된 결연관계를 형성시키며, 멘토를 도와 개별상담의 계획 및 내용구성의 과정에 참여하고 멘티와 멘토의 개별상담 수행에 관한 지속적인 슈퍼비전을 제공한다. 또한 멘토링 관리자는 멘토 교육프로그램을 기획하여 멘티와의 개별상담을 진행하기 위해 멘토에게 필요한 교육을 수행하며, 이 교육 프로그램에 보다 전문성을 지닌 각 분야의 전문가로부터의 교육을 포함시켜야 한다.

멘토링 프로그램에서 매우 중요한 멘토링 관리자의 역할로서 집단 프로그램의 기획과 지도를 하는 것이고, 또한 자신이 관리하는 결연 사례 가운데 성공적

인 결연관계를 맺고 있는 사례들을 다른 멘토들에게 소개하여 멘토들이 각 사례의 성공요인을 연구하도록 지원해야 하며, 성공적이지 못한 결연관계에 대해서는 멘티와 멘토를 격려하여 문제의 원인을 파악하며 관계 개선의 시도를 할 수 있도록 도와야 한다(채형일, 2001).

④ 슈퍼바이저(Supervisior)

멘토링 프로그램에서는 멘토들의 활동에 대한 확신을 갖게 하기 위해 슈퍼비전을 실시하는데, 슈퍼바이저는 멘티-멘토의 만남을 통한 보고서나 정기적인 모임에서 각 사례에 대해 슈퍼비전을 제시해 주어야 한다. 슈퍼비전에서는 멘티와의 활동에 대한 보고와 토의, 멘토의 역할 수행에 대한 어려운 점 공유, 향후 활동에 대한 제언 등을 슈퍼바이저로부터 도움을 받을 수 있어야 한다.

⑤ 학교사회사업가

학교부적응 학생을 대상으로 한 멘토링 프로그램에서 학교사회사업가는 담임교사의 멘티 추천 및 멘티에 대한 정보를 멘토에게 제고해 주어야 하고, 학교와 멘토를 연결시켜 주어야 한다. 그리고 프로그램에 필요한 지역 내 인적 · 물적 자원을 파악하고 활용해야 한고 멘토링 프로그램에 대한 평가를 하는 역할을 담당해야 한다.

(2) 내용적 구성요소

멘토링 프로그램의 내용은 멘토링 프로그램이 목표로 하고 있는 청소년(멘티)에 따라 다양하며 유연하게 구성될 수 있다.

① 개별상담

멘티와 멘토는 정기적으로 주 1회 정도의 개별적인 만남을 수행하게 된다. 개별상담의 내용은 필요한 문제에 대한 상담, 정서적 유대 및 공감대 형성을 위한 공동 관심사 개발 및 공동 여가활동, 공동 문화활동, 진로 탐색활동, 상호 가정방문 등으로 구성된다. 멘토는 멘티와의 개별상담을 통해 멘티의 가족 간의 어려움을 다룰 수 있으며, 멘티의 어려움과 문제에 대해 멘티의 부모님과 상담할 수 있다.

② 집단 프로그램

멘티와 멘토는 평균적으로 월 1회씩의 집단 프로그램을 수행하게 된다. 멘토링 프로그램에서의 집단 프로그램은 집단 내에서 멘티-멘토의 결연관계를 유지하는 가운데 다른 멘티-멘토와의 집단 활동에 참여함으로써, 공동으로 멘토링 프로그램에 참여하고 있는 멘티-멘토들과의 접촉 및 집단 역동에서의 관여를 통해 멘티에 대한 집단적 지지를 보내며, 멘티를 돕는 멘토들을 격려하는 한편, 멘티와 멘토의 개별적인 결연관계가 집단 내 하위집단을 구성하도록 돕는 방법을 통해서 멘티-멘토 관계의 친밀함을 배가하여 결연관계의 강도를 강화할 수 있다. 또한 멘토들은 다른 멘티-멘토 관계를 관찰할 수 있는 기회를 가지게 되므로 자신의 개별 프로그램 수행에 대해 제고(reflection)하며 평가할 수 있다(채형일, 2001).

③ 멘토교육

멘토는 멘티에 대한 멘토링 전체 프로그램을 진행하기 위해 반드시 사전교육을 이수해야 한다. 청소년인 멘티를 깊이있게 이해하고 도울 수 있는 이론적, 실제적인 교육 과정을 모두 이수한 지원자가 멘토로 임명되는 것이 바람직하다. 사전교육 내용은 '청소년의 이해', '학교 부적응 청소년에 대한 이해', '멘토링 프로그램에 대한 이해', '발달심리' 등의 사항이 포함되며, 각 주제별 교육은 해당 분야의 전문가에 의해 구조화된 교재 및 교육 계획 가운데 수행되어야 한다. 이 과정에서 전달된 실천지식 및 기술이 실제 멘토링의 상황 속에서 어떻게 적용되는가를 관찰하며 감독하여 후속적인 지도를 실시해야 하며, 이들 주제별 교육의 강사는 향후 프로그램 감독자 및 멘토링 관리자에 대한 슈퍼바이저로서 멘토링 프로그램 과정에 참여하게 된다. 더불어 멘티에게 좋은 역할 모델이 되어야 하는 멘토가 자신의 성격적인 특성과 멘토로서의 동기를 사전에 점검하는 시간을 갖는 것도 매우 필요한 멘토교육 요소라고 할 수 있다.

④ 멘토링 활동에 대한 슈퍼비전

멘토링 관리자는 또한 개별상담을 계획하고 수행하는 멘토의 활동을 멘토로부터 보고받아 멘티와 멘토의 관계 및 멘토의 프로그램 수행에 관한 슈퍼비전을 제공해야 한다. 멘토링 관리자는 멘토가 멘토링 관리자와의 지속적인 연락 및 상의 가운데 개별상담을 진행하도록 지시해야 하며, 개별상담이 주 1회 이상 지속적으로 이루어질 수 있도록 멘토를 동기부여를 해야 한다. 멘토가 멘티와의 관계에서 어려움에 직면했을 때, 멘토에 대한 지지를 보내 결연관계가 지속되도록 원조해야 한다. 또한 멘토는 지속적인 슈퍼비전 제공을 통해, 멘토가 개별상담의 진행상황에 따라 멘토교육을 통해 교육받은 상담 지시와 기술을 개별상담에 적용하도록 사후 지도해야 하며, 월말평가, 중간평가, 최종평가 및 사례회의를 통해 각 멘토의 활동을 평가해야 한다(전미진, 2003).

2. 멘토링 프로그램의 유래와 역사

1) 미 국

미국의 멘토링 프로그램은 19세기 후반 불우한 아동을 위한 역할 모델인 "친근한 방문자"에서 유래를 찾을 수 있다. 1904년 Ernest K. Coulter는 사회화, 지도, 긍정적인 성인 역할 모델의 제공이 필요한 아동들에게 일대일의 결연관계를 통한 정서적 원조를 보내는 Big Brothers라는 운동을 전개하였다. 그 결과로 확대되기 시작한 Big Brothers/Big Sister(BB/BS) 프로그램은 미국 내에서 현재까지 전국적인 멘토링 프로그램으로 확대되어 실시 운영되고 있다. 또한 JUMP(The Juvenile Mentoring Program)은 미국 청소년비행예방사무국(OJDP : Office Juvenile Justice and Delinquency Prevention)에서 관리하는 미 연방 전체의 멘토링 프로그램으로서 서로간 관계가 없던 개인들을 일대일로 연결하여 장기간의 정규적인 관계를 유지함을 통해 정서적 지지, 자아관의 확립 등의 원조를 보내는 프로그램이다. 요보호 청소년을 위한 멘토링 프로그램이 점차 확대되면서 1974년 발효된 미국 청소년범죄 및 비행방지법(JJDPA : The Juvenile Justice and Delinquency Prevention Act)이 1992년 미 의회에서 개정되기에 이르렀으며 이 때 멘토링이라는 파트가 공식적으로 청소년범죄 및 비행방지법에 첨가되었다. 이 법을 근거로 미국의회는 1994~1996년에 걸쳐 멘토 정책에 지원하여 멘토 제도의 효시가 되었다(U.S. Department of Justice, Office of Juvenile Justice and Dlinqency Prevention, 1996 ; 이진희, 1999, 재인용).

2) 한 국

한국에서는 1953년부터 사회복지법인인 월드비전(구 한국선명회) 등의 무상원조기구에서 저소득층 아동 · 청소년 및 소년소녀 가장을 위한 후원자와의 일대일 결연사업(sponsorship)이 공식적으로 사무실을 갖추고 실시되었으나, 여기서의 결연은 정서적 결연보다는 지속적인 경제적 후원을 목적으로 하는 결연이었으며, 이러한 결연 사업을 통해 경우에 따라서는 경제적 후원 외에 후원대상자와 후원자간의 만남이 지속되어 요보호 아동 · 청소년의 보호와 지지를 위한 결연관계의 유용성에 대한 가능성을 제시하였다.

한편 1989년에 전국 12개 지방검찰청 소재지에 보호관찰소가 설치된 이후, 보호관찰대상 소년범에게 민간 자원봉사자인 범죄예방위원이 지정되어 지도 · 감동이 시행되었으나, 역시 정서적 결연이라기 보다는 보호관찰 대상자의 준수사항을 점검하기 위한 개별 감독이 그 목적이었으며, 보호관찰 대상자와 범죄예방위원과의 개별적인 만남이 제대로 이루어지지 않거나 범죄예방위원의 활동이

체계적으로 관리되지 않아 보호관찰관이 범죄예방위원의 지도 · 감독을 대신하여 수행하는 경우가 많았으며, 관계의 형성과 유지가 실질적으로 어려운 상황이 지속되었다.

한국에서 구조화된 멘토링 프로그램이 시작된 것은 1997년으로, 서울시교육청의 주관으로 서울대학교 사회복지연구소에서 기획하여 실시한 학교사회 사업 시범 프로젝트에서 서울시 3개 중 · 고등학교에 파견한 학교사회사업가를 통해 학교 내의 저소득층 청소년, 비행청소년 등 요보호 청소년들을 지역사회의 직장인과 일대일로 연결하여 정서적 지지를 위한 서비스를 실시한 멘토링 프로그램이 효시였으며, 이 후 각 대학의 대학부설복지관 및 학생생활연구소의 주도로 대학생 자원봉사자를 활용하는 대학기반의 멘토링 프로그램이 실시되었는데, 이 가운데 특히 전북대학교 부설 지역종합사회복지관에서 실직자 가정의 자녀들을 대상으로 사회복지학과 학생들의 자원봉사를 통해 학습지도 및 개별상담, 집단프로그램을 실시한 '담쟁이학교'의 경우, 멘토와 멘티의 결연관계를 통해 실직가정 청소년의 적응 유연성을 유의미하게 향상시킨 효과를 거두었다. 보호관찰대상 청소년에 대한 멘토링 프로그램은, 1998년 한양대학교 제3섹터연구소에서 서울동부지청 보호관찰소와 공동주관으로 실시한 기소유예 대상 청소년을 위한 대학 기반 선도 멘토 프로그램이 계기가 되어 1999년 사단법인 한국청년연합회(KYC)에서 보호관찰 청소년들을 대상으로 직장인 멘토들과의 정서적 결연을 통한 재범 예방 및 사회적응 원조를 목표로 실시된 '좋은 친구 만들기' 프로그램으로 확대된 바 있다. 제 1기 좋은 친구 만들기 프로그램에 참여한 9명의 보호관찰 청소년들은 3개월 간의 멘토와의 개별상담, 멘토와 멘티가 한 조를 이뤄 참여한 집단프로그램을 통해 사회 적응과 태도 개선에 있어 많은 변화를 보여, 멘토링 프로그램에 끝까지 참여한 청소년 8명 전원이 보호관찰 재심사에서 보호관찰 처분 가해제를 받게 되었다(김순이, 2000). 이 후 기소유예 및 보호관찰 청소년에 대한 멘토링 프로그램이 각 대학 부설 복지관 및 학생생활연구소와 전국 지방검찰청의 공동 주관으로 서울, 광주 지방검찰청에서 기획되어 실시되고 있거나 대전, 대구, 경기 지방검찰청에서 멘토와 멘티 모집, 멘티교육 등의 준비

과정이 진행되고 있는 상황이다(채형일, 2001).

3. 멘토링 관련 이론

1) 사회학습이론

A. Bandura의 사회학습 개념은 대부분의 학습이 다른 사람의 행동을 관찰하고 모방한 결과 일어난다는 인식에서 비롯되었다. 그는 인간은 자신이 관심을 갖고 있고 존경하는 사람들의 행동을 열심히 배우려는 경향이 있다고 주장한다. 이 이론에 따르면, 청소년들은 자신들이 좋아하고 존경하는 사람들과의 관계 속에서 자신들이 성공하는 데 필요한 행동을 빠르고 쉽게 배우게 되며, 관찰학습을 통해서 인간은 인지적으로 다른 사람의 행동을 자신의 것으로 만들게 된다.

사회학습이론가들은 우리가 이러한 행동, 사고, 느낌과 같은 것을 다른 사람의 행동을 관찰함으로써 습득한다고 믿으며 이러한 관찰은 인간의 발달에 있어서 중요한 측면을 이룬다고 말한다.

2) 사회적 지지이론

사회적 지지란 의미 있는 타인들로부터 받는 애정이나 신뢰, 정보, 물질적 원조, 자기보고, 대인관계를 통해 의미 있는 타인들로부터 얻을 수 있는 모든 형태의 긍정적 자원을 의미하는 것이다.

인간의 기본적인 사회적 욕구를 충족시켜 주고 환경에 대한 통제감을 제공함으로써 인간의 발달과정과 적용에 중요한 기능을 하는 것이라고 할 수 있다.

G. Caplan에 의하면 사회적 지지는 개인의 지배감을 증진시키는 사회적 활동으로서 개인간 또는 개인과 집단 간의 지속적으로 상호작용하는 사회적 집합체

에 의해 제공된다. 이는 정서적 제어력을 증진시키고, 지침을 제공하며, 정체감과 수행에 관한 환유를 제공하는데 기여한다고 정의 내렸다. 즉 의미 있는 타자는 위기시에 심리적 자원을 동원하여 정서적 부담을 경감하도록 돕고, 과업을 분담해 주며, 나아가서 금전, 물질, 도구, 기술 및 인지적 지도를 제공하는데 기여한다는 것이다. 사회적 지지원으로는 부모, 형제를 포함하는 가족, 친구, 교사 등을 들 수 있다.

사회적 지지의 일반적 기능은 개인의 발달을 증진시키고, 발단단계에 따른 과업을 성취하도록 돕는 것이다. 그러므로 청소년기의 사회적 지지의 역할은 청소년들에게 다양한 긍정적인 대인 관계를 형성하게 하고, 물질적, 정서적으로 필요한 자원과 서비스를 제공하여 청소년발달을 조력하는 것으로 볼 수 있다.

3) 생태학적 이론

생태학적 접근(ecological approach)은 인간의 발달을 개인이 몸담고 있는 실제 삶의 맥락 내에서 연구하고자 하는 접근으로 청소년기의 생태학적 맥락과 발달과의 관계에 대한 관심은 청소년기의 사회적 관계, 즉 부모-자녀관계, 교우관계, 이성관계 등과 청소년 문제 행동(학교 중퇴, 음주와 흡연, 약물남용, 혼전성교 및 임신, 자살) 등을 연구하고 이해하기 위한 새로운 이론적 모형으로 크게 각광받고 있다.

Urie Bronfenbrenner의 생태체계학적 체계이론은 발달을 항상 변화하고 있는 사람과 환경과의 상호작용으로 본다. Breonfenbrenner는 자연환경은 실제로 상호작용하는 맥락이나 체계－미시체계, 중간체계, 외체계, 거시체계－를 구성하며 각 체계는 시간체계, 즉 개인이나 다른 환경맥락에서 시간이 흐름에 따라 발생하는 변화에 의해 영향을 받는다고 제안한다.

4) 선택이론

선택이론(Choice theory)은 모든 생물체는 생래적인 내적 욕구에 의해서 행동을 선택한다고 강조한다. 인간은 다섯 가지 기본욕구, 즉 생존의 욕구, 사랑과 소속의 욕구, 힘과 성취의 욕구, 자유의 욕구, 즐거움의 욕구를 가지고 태어나는데 우리는 매순간 다섯 가지 욕구 중 하나나 그 이상의 욕구를 충족시키게 되는데 개인마다 욕구충족의 방법이 풍요로울수록 성공적인 정체감을 지니게 된다. 그러므로 각 개인은 자신의 효율적인 욕구충족의 방법을 풍요롭게 할 책임과 선택을 배우므로 해서 자신의 삶을 보다 잘 통제할 수 있는 상황을 만들어 갈 수 있도록 돕는 것이다. 즉 환경에 영향을 받는 부분을 최소화하고 자신의 내부 통제를 강화시키므로 환경에 적절한 대처양식을 갖도록 돕는 것이다.

4. 멘토링 프로그램의 기대효과

멘토링의 효과는 우선, 멘토는 멘티에게 학습적인 지원뿐 아니라 심리적인 후원자로 전반적인 생활에 원활하게 적응을 하는데 도움을 줄 수 있다. 멘티는 생활상의 어려움이나 학습적인 곤란에 대해 멘토에게 조언을 얻고 대응함으로써, 안정적이고 자신감 있는 생활이 가능하다. 또한, 적절한 훈련을 받은 멘토는 멘티의 능력 개발을 원활하게 하며 자긍심을 높여줄 수 있다.

한편, 멘토링은 멘토에게도 많은 이점을 줄 수 있다. 가장 대표적인 것이 새로운 지식과 다양한 관점에 대한 이해와 학습이다. 멘티를 지도하면서, 이론으로는 접하기 힘들었던 실질적인 교육적 경험을 할 수 있으며, 청소년들의 가치관이나 관점에 대해 이해할 수 있는 계기도 된다. 또한, 멘티를 지도 · 조언하면서 대인관계 기술이나 리더십 역량도 향상시키는 효과도 얻을 수 있다. 이를 통해, 멘토들은 인재 육성 능력뿐만 아니라, 멘티가 갖고 있는 새로운 지식이나 사고의 다양성도 학습할 수 있다.

이와 같이 그간의 우리 교육이 학교에서는 물론이려니와 가정에서까지도 지식 전달의 수준에서 이루어져 왔으나 멘토링 개념을 도입하게 되면 그간에 결여되어 있었던 인격적인 지도 양육에 획기적인 전환을 이루어 나갈 수 있을 것이다.

1) 멘토링 프로그램이 멘티에게 주는 긍정적 효과

(1) 청소년에게 새로운 역할모델을 제공

한부모가정의 청소년의 경우 부모의 공백을 멘토가 대신 제공해 줌으로써 청소년기의 멘티에게 필요한 정서적 안정을 줄 수 있으며 좋은 역할모델을 제공한다.

(2) 건전한 대인관계를 통한 사회적응력 향상

멘토와의 건전한 만남을 통하여 사회문화에 대한 올바른 적응력을 키워나갈 수 있으며 진실한 관계를 맺음으로써 대인관계 능력에 향상을 가져올 수 있다.

(3) 건전한 문화 및 정보소개

멘티들이 평소에 체험하지 못한 건전한 문화를 체험하도록 도울 수 있으며 더 나아가서 관심 있는 분야의 정보를 제공해 줌으로써 멘티의 진로나 취업방향에 긍정적인 영향을 미칠 수 있다.

2) 멘토링 프로그램의 효과에 대한 연구

멘토링 프로그램의 효과성은 미국에서 92년 '청소년 선도법'의 개정이래 미법무성, 교육성, 보건복지성의 제도적 지원 하에 미의회의 입법으로 94년부터 97년까지 실시된 청소년 멘토링 프로그램의 결과 평가에서 입증된 바 있다.

미법무성에서는 멘토링 프로그램 실시 전후 18개월간의 청소년의 문제행동을 비교하여 평가하였는데, 그 결과 초기 약물사용 45.8% 감소, 초기 음주 27.4% 감소, 구타행위 31.7%감소, 학교 성적 3.0% 증가, 수업 결석 36.7% 감소, 학교 결석 52.2% 감소, 부모에게 거짓말 36.6% 감소의 효과를 나타내었다(이진희, 1999). 또한 Frecknall과 Luks(1992)의 연구에서는 뉴욕시의 BB/BS(Big Brother/Big Sister) 프로그램에 참여하고 있는 청소년 자녀를 둔 76명의 부모들을 대상으로 조사한 결과 63%의 부모가 그들의 자녀들이 태도와 행동 면에서 현저한 개선이 있었음을 보고하였고, 또한 자녀가 프로그램에 참여한 시간이 많을수록 더 많은 개선이 있었음을 보고하였다.

일본에서도 보호관찰제도에 따라 자원봉사자 선도위원들 한 명이 두 명의 범죄자들을 감독하고 상담하며 가족들과 이웃들과의 관계를 원만하게 돕고 있으며 90% 이상이 50대 이상이며, 약 80% 정도가 남자들로서 농부, 어부, 주부, 종교지도자들이 10년 이상 봉사하고 있다.

국내의 멘토 활동은 비정부 · 비영리를 탈피한 민간차원에서 실시하고 있으며, 1998년 한양대학교 제3섹터연구소가 비행청소년을 대상으로 멘토 활동을 실험적으로 실시하였으며, 그 결과 거짓말(40.0%)이 가장 크게 줄었으며, 성적향상(20.0%), 폭력(13.3%), 흡연(13.3%), 무단외박(13.3%) 등의 순으로 개선된 것으로 나타났다. 특히 학교부분에서 결석이 줄고 성적이 향상된 것으로 나타났는데, 이는 멘토링 프로그램이 멘티들에게 가장 많은 영향을 준 것으로 조사되었다. 또한 가정부분에서는 효과가 가장 적었지만, 무단외박이나 거짓말이 많이 개선된 것으로 분석되었다(김흔기, 1999).

우리 나라에서도 멘토링 프로그램을 실시한 결과 결손가정 청소년들의 자아정체감이 향상되고(한정우 ; 2002, 최이원, 2003) 학교부적응 학생들의 적응력이 향상(전미진, 2003)되는 등 멘토링 프로그램의 효과를 긍정적으로 보고한 연구들이 있다.

5. 멘토링 프로그램의 적용

1) 한부모가정의 자녀들을 위한 멘토링

한부모가정이란 이혼, 사별, 유기, 미혼모에 의하여 발생하는 가정으로 현재 18세 미만의 자녀와 살면서 자녀를 부양하고 부모 역할을 담당하고 있는 한부모와 자녀의 집단을 의미한다. 한부모가정의 자녀들은 경제적인 어려움에 처하기도 하지만, 부모의 이혼, 사별 등 여러 가지 이유로 심리적인 갈등상태에 놓여 있다. 이러한 가정의 청소년들은 가정이 해체된 이후 새로운 환경에 적응하지 못해 어려움을 겪거나 또한 부모의 이혼의 자신의 탓이라고 생각하거나 자신의 부모님이 이혼했거나 안 계시다는 사실을 친구들이 알까봐 함께 어울리기를 두려워하기도 한다. 그래서 친구들과의 관계 속에서 과민반응을 보이거나 소극적인 태도를 보여 집단으로부터 고립되는 경우가 많고 외로운 생활을 보내는 경우가 있다. 이러한 한부모가정의 자녀들을 위해서는 무엇보다도 따뜻한 관심과 지지가 필요한데, 남은 한부모는 가정의 경제를 책임져야 하기 때문에 아이들과 함께 시간을 보내기 어려운 형편인 경우가 많다.

일반적으로 한부모 가족의 청소년들을 위해서는 경제적인 원조나, 중식, 장학금 지원과 같은 물질적 서비스가 시급하고 필요하다. 그러나 한부모가정의 자녀들은 심리, 사회적 위기를 경험하여 이것이 청소년들의 인격형성 및 사회적 적응에 매우 큰 영향을 미치기 때문에 멘토링 프로그램에서는 예방적인 방향으로 심리 사회적인 원조를 지향하고 있다. 또한 청소년기의 자아정체감 형성에는 학습의 영향을 크게 받기 때문에 한부모가정 자녀를 위한 멘토링에는 정서적인 지원 뿐 아니라 숙제 및 기초학습의 지도를 포함한다.

이상의 한부모가정의 자녀들을 위한 멘토링 프로그램을 요약하면 심리적으로 갈등상태에 있는 한부모가정의 자녀들을 위해 정서적인 측면의 지원과 학원이나 기타 다른 학습지를 이용할 수 없는 경제적으로 어려운 한부모가정 자녀들을 대상으로 기초학습 능력을 향상시키고 스스로 학습할 수 있도록 도움을 주기 위한 프로그램이 있다.

이러한 한부모 자녀들을 위한 멘토링 프로그램에서는 프로그램의 직접적인 수혜자인 한부모가정의 청소년과 직접적 제공자인 훈련받은 성인역할 모델, 마지막으로 이러한 프로그램을 총괄 지원하고 기획하는 전문가 집단(상담소 등)이 관여한다. 일대일 결연 관계를 통해 건강한 성인으로서의 역할 모델을 제시해 주고, 청소년과 정기적 만남을 통해 지지와 격려를 제공해 주며 멘토와의 관계를 통해 자신의 고민과 관심사에 대해 위로, 지지, 격려를 받아 궁극적으로 자신의 잠재력을 개발하고, 건강한 사회인으로 성장해 나가는 것을 목표로 한다.

2) 멘토링을 통한 지도의 사례

정은이는 원래 고1 나이인데, 중학교 1학년 때 선생님과의 갈등으로 자퇴를 한 후, 지금 다시 중학교 2학년으로 복학한 상태이다. 그런데, 정은이는 자신의 나이와 맞지 않은 중학교를 다니기 보다는 차라리 검정고시로 중학교 과정을 패스하고 싶어하였다. 그래서 중학교 검정고시를 준비하는 것을 도와달라고 공부방 수녀님께 요청하였다. 공부방 수녀님과 연구소의 소개로 정은이와 멘토와 멘티로 만나게 되었다.

처음 만났을 때는 여러 가지 이야기를 나누었는데, 정은이가 주로 자신의 남자친구 얘기나 학교에서 선생님과 갈등하였던 일, 자신의 비전에 대한 이야기들을 하였다. 씩씩하고 적극적으로 많은 이야기들을 해 주어서 고마웠다. 하지만 정은이의 첫인상이 워낙 강렬하였던 탓에 나는 약간 부담스럽고 두려웠던 것 같다. 흔히들 말하는 문제아처럼 보였는데, 정은이와의 만남을 가질 때 나도 그렇게 생각한다면 진정한 멘토가 될 수 없다고 생각하였다. 그래서 정은이의 겉모습을 보고 판단하기보다는, 정은이를 하나의 인격을 가진 사람으로 대하고 사랑하도록 노력하자고 결심하였다. 그렇게 마음먹고 나니 다음에 만날 때부터는 훨씬 마음이 편해졌고, 어느덧 정은이의 모습과는 상관없이 그 모습 그대로를 인정하고, 받아들이게 되었다.

정은이의 집안 형편도 듣게 되니 안쓰러운 점이 많았다. 어머니는 직장에서 늦게 귀가하시고, 또래 친구와 같이 학교를 다니지 못하고 학교에 재미를 붙이지 못하는 점 등이 안쓰러웠고 정은이를 격려해 주고 사랑해 주고 싶다는 생각을 갖게 되었다. 그리고 정은이가 공부하고자 하는 열정이 많아서 열심히 하고자 하는 모습을 보면 기특하고 대견하기도 하였다.

그렇게 해서 두 번째 만남부터는 본격적으로 공부를 하기 시작했다. 무엇보다도 정은이가 열심히 하고자 하였고, 문제도 스스로 해결하고자 노력하는 것이 기특하고 보기 좋았다. 그래서 칭찬도 많이 해 주고, 또 정은이의 이야기도 들어주고 적극적으로 호응해주려고 노력하였다. 세 번째 만날 때도 검정고시 공부를 하였는데 정은이의 잠재력에 새삼 놀라게 된 것 같다. 초등학교 때는 줄곧 공부도 잘하였다고 하는데, 정말이지 암기력도 좋고 열심히 하려는 태도가 무엇보다도 예뻐 보였다. 그리고 정은이의 얘기를 들어주면서 내가 누군가에게 해줄 수 있는 일이 있다는 것이 보람있었다.

네 번째 만남에서는 한 시간 반 가까이 이야기를 나누게 되었다. 중학교는 의무교육이라 정은이가 검정고시를 보지 못하게 되었고, 그러자 지금껏 한 공부가 소용없게 되어버렸다. 정은이도 나도 많이 허탈하였고, 정은이는 이제 더 이상 공부하기를 원하지 않는 것 같았다. 하지만 정은이 어머니는 일단 중학교 과정이라도 무사히 마치길 원하셨고, 나 역시 정은이가 잘할 수 있는 아이인데 여기서 포기하는 것이 아까웠다. 그래서 이제는 학교 공부를 같이 해보자고 서로 이야기하였다. 하지만 정은이는 상고를 진학하고자 하고 공부보다는 다른 쪽에 관심이 있었기 때문에 학습의 필요를 느끼지 못하는 것 같아 안타까웠다. 정은이가 공부를 하고 싶어하지는 않지만, 나와 이야기를 나눌 때 참 좋았다고 하였고 나를 잘 따르는 모습을 보면서 만남을 지속하고 싶었다. 그리고 무엇보다도 공부할 때의 열심과 노력을 그냥 내버리는 것 같아 그것이 안타까웠다. 나는 정은이와 공부를 계속하고 싶었고, 또 정은이의 잠재력에 대해 지지해 주고 도와 주고 싶다.

이렇게 처음 멘토를 하면서 대체적으로 느낀 점은 내가 한 사람을 만나서 공부를 가르쳐 주고, 그 사람의 이야기를 들어주면서 공감해 주는 것이 참 기쁘고 보람있는 일이라는 것이다. 멘티의 이야기를 들어주면서 격려해 주고 지지해 주는 사람이 될 수 있었다는 것이 나에게도 값진 경험이 된 것 같다. 하지만 때로는 내가 바쁜 탓에 약속된 시간에 늦기도 하였고, 더 노력하지 못했다는 반성도 하게 된다. 또 멘토로서 격려해 주고 지지해 주는 것도 중요하지만, 약속을 정하고 지키는 것에 있어 명확한 규칙을 세우지 못한 것 같아 아쉬움이 남는다. 처음 만났을 때부터 약속을 반드시 지키고자 이야기 나누고, 또 약속이 깨졌을 때는 서로 속상할 것이라는 이야기들을 나눴으면 더 좋았을 거라는 생각도 든다. 아무튼 이렇게 짧은 만남인 탓에 아쉬움이 많이 남는 것 같고 처음 해본 멘토라서 여러 가지 시행착오도 많았지만, 의미있는 경험으로 기억하고 싶다.

참고문헌

J. 슈미트/노안영 역(2000). 학교상담. 서울 : 학지사.
강만철, 오익수(2001). 인터넷 중독 척도개발을 위한 기초연구. 청소년상담연구. 제9권. 114-135.
강봉규(1999). 교육심리학. 서울 : 형설출판사.
강봉규(1999). 상담이론과 실제. 서울 : 교육과학사.
공석영(1998). 생활지도와 상담. 서울 : 동문사.
권두승, 조아미(2001). 성인학습 및 상담. 서울 : 교육과학사.
권지성(1999). 자원봉사참여에 따른 대학생자원봉사활동의 만족도. 서울대학교대학원 석사학위논문.
김경숙(2003). 아동의 정서지능과 스트레스통제감 및 대처행동과의 관계. 홍익대학교 대학원 박사학위논문.
김계현, 김동일, 김봉환, 김창대, 김혜숙, 남상인, 조한익(2000). 학교상담과 생활지도. 서울 : 학지사.
김광웅(1996). 부모역할의 재조명. 숙명여자대학교 아동연구센터 편. 현대사회와 부모. 서울 : 숙명여자대학교 출판부.
김동위(1996). 성인교육학. 서울 : 교육과학사.
김영진(1998). 효율적인 학습상담법. 서울 : 양서원.
김청자, 정진선(2004). 상담의 이론과 실제. 서울 : 동문사.
김충기, 강봉규(2001). 현대상담이론과 실제. 서울 : 교육과학사.
김충기(1998). 현대사회의 생활 지도교육. 서울 : 학문사.
김충기(1992). 생활지도와 상담. 서울 : 교육과학사.
김태호(2004). 학생생활지도와 상담. 서울 : 학지사.
김형태(2003). 21세기를 위한 상담심리학. 서울 : 동문사.
김흔기(1999). 비행청소년 선도를 위한 대학생멘토활동에 관한 연구. 한양대학교 석사학위논문.

김홍규(1984). 신생활지도론. 서울 : 형설출판사.

박도순(2001). 교육연구방법론. 서울 : 문음사.

박성수(1991). 생활지도. 서울 : 정민사.

박성수 · 유효순(1995). 아동생활지도. 서울 : 한국방송통신대학 출판부.

신윤호, 오만록(2005). 생활지도와 진로개발. 서울 : 학지사.

안정임, 김동규(2000). 청소년 인터넷 중독증후군 및 음란물 접촉 행위에 관한 연구. 한국여성민우회 미디어 운동본부.

어기준(2000). 청소년 PC중독의 유형과 문제점. 청소년 PC중독. 청소년대화의 광장, 9-29.

연문희, 강진령(2003). 학교상담-21세기의 학생 생활지도. 서울 : 양서원.

오만록(2002). 학교교육의 이론과 실제. 서울 : 형설출판사.

유성경, 이소래(1999). 피해예방을 위한 청소년 멘토링 프로그램. 한국청소년상담원.

윤운성, 김홍운(2001). 생활지도와 상담. 서울 : 양서원.

윤진(1985) 성인 · 노인 심리학. 서울 : 중앙적성출판사.

이시용, 정환금, 허승희, 홍종관(2000). 아동생활지도와 상담. 서울 : 교육과학사.

이시용, 임형진(1990). 생활지도. 서울 : 교육과학사.

이영덕, 정원식(1982). 카운슬링의 원리. 서울 : 교육과학사.

이장호(1982). 상담면접의 기초. 서울 : 중앙적성연구소.

이장호(1995). 상담심리학. 서울 : 박영사.

이장호, 정남운, 조성호(1999). 상담심리학의 기초. 서울 : 학문사.

이장호(1999). 상담심리학 입문. 서울 : 박영사.

이진희(1999). 멘터 프로그램의 활성화 방안에 관한 연구, 한양대학교 행정대학원 석사학위논문.

이재창(1988). 생활지도 : 성장과 적응을 위한 접근. 서울 : 문음사.

이현림(2000). 상담이론과 실제. 서울 : 원미사.

이형득(1994). 상담이론. 서울 : 교육과학사.

이형득 외(1991) 상담의 이론적 접근. 서울 : 형설출판사.

장대운(1997). 부모교육학의 본질. 한국부모교육학회 편. 부모교육학. 서울 : 교육과학사.

장대운, 남상인, 오익수, 김혜숙, 금명자, 김진희(1999). 청소년부모상담과 교육. 한국청소년상담원.

전미진(2003). 학교부적응 학생의 적응력 향상을 위한 멘토링프로그램 효과성에 관한 연구, 부산대학교대학원 석사학위논문.

전찬화(1964). 생활지도 프로그램의 설계. 서울 : 현대교육총서출판사.

정진선, 문미란(2005). 인간관계심리의 이론과 실제. 서울 : 시그마프레스.

정원식, 박성수(1982). 카운슬링의 원리. 서울 : 교육과학사.

주성수(1998). 북미와 유럽의 자원봉사동향, 서울사회복지연구 4, 서울특별시사회복지협의회.

주영흠 외(2005). 신세대를 위한 교육학 개론. 서울 : 학지사.

채형일(2001). 보호관찰대상 청소년을 위한 멘터링 프로그램의 효과성 연구, 서울대학교대학원 석사학위논문.

최이원(2003). 중학생 멘토링 경험이 자아정체감 형성에 미치는 영향, 명지대학교 대학원 석사학위논문.

한관일(2005). 교사를 위한 창조성 교육. 서울 : 문음사.

한국대학 카운셀러 연구회편(1993). 상담의 이론과 실제. 서울 : 중앙적성 출판사.

한국산업인력공단 중앙고용정보원(2004). 2003한국직업사전. 서울 : 중앙고용정보원.

한국정보문화진흥원(2004). 인터넷 중독 연구 자료집.

한국청소년개발원(2004). 청소년상담론. 서울 : 교육과학사.

한정우(2002). 결손가정 청소년을 위한 멘토링 프로그램의 효과 연구, 가톨릭대학교 사회복지대학원 석사학위논문.

황응연(1975). 카운슬링의 본질 : 학교 카운슬링의 실제. 서울시 카운슬러협회편.

황응연 외(1983) 현대생활 지도론. 서울 : 교육출판사.

Arlow, J. A.(1979), Psychoanalysis. In R. J. Corsini (2nd Ed.), Current psychotherapies, Itasca, Ilinois : F. E. Peacock Publishers, Inc.

Atwater, E.(1983), Psychology of adjustment(2nd ed.), Englewood Cliffs, Prentice-Hall, Inc.

Baker, S. B.(1981), School counselor's handbook : A guide for professional growth and development. Boston : Allyn and Bacon

________(2000), School Counseling for the twenty-first century, N.J. : Prentice-Hall.

Berne(1964), The Structure & Dynamics of Organization and Groups, Philadelphia : J.B. Lippincott. Co.

Brems, C.(2001), Basic skill in psychotherapy and counseling, Belmont : Thomson.

Brunner, E. R., Wilde, D., Kirchner, C. & Newberry, J.(1969), An overview of adult education research, Chicago, Illinois : Adult Education Association for Public School Adult Education.

Burks, H. N., & Stefflre, B.(1979), Theories of Counseling(3th ed.). N.Y. : McGrow-Hill

Book Company.

Byrne, D. E.(1961), Personality Research : an introduction to the study of human behavior, New York : Wiley.

Blocher, D. H.(1966), Developmental counseling, New York : The Ronald Press.

Canaff, E. & Hutto, G.(1995), Teacher as counselor : Crisis intervention skills for the ABE instructor (ERIC Reproduction Service ED 394 111).

Cormier, S., & Nurius, P. S.(2003), Interviewing and change strategies for helpers(5th ed.). CA : Brooks/Cole.

Corey, G., & Corey, M. S.(1977), Group : Process and practice. Monterey, CA : Books/Cole.

____________________(1982), Theory and practice of counseling and psychotherapy, Monterey, CA : Brooks/Cole.

____________________(1994), Group counselling(4nd ed.). Monterey, CA : Brooks/Cole.

____________________(2001), Theory and Practice of Counseling and Psychology theory(6th ed.). CA : Books/Cole.

Cottone R. R., & Tarvdas, V. M.(1998), Ethical and Professional Issues in Counseling, Englewood Cliffs, Prentice-Hall Inc.

Damon, W.(ed).(1998), Handbook of Child Psychology. 5th ed. New York : John Wiley & Sons, Inc.

DiSilvestro, F. R.(1981), Advising and counseling adult learners, San Francisco, California : Jossey-Bass.

Ellis, A.(1962), Reason and emotion in psychotherapy, New York : Lyle Stuart.

______(1973), Humanistic psychotherapy : The rational-emotive approach, New York : Julian Press.

______(1979), The practice of rational-emotive therapy. In A. Ellis & J. White ley(Eds.), Theoretical and empirical foundations of rational-emotive therapy ; Monterey, Calif. : Brooks/Cole.

Elson, S. E.(1979), Recent approaches to counseling, Gestalt therapy, transactional analysis, and reality therapy. In H. M. Burks, Jr. & B. Stefflre(Eds.), Theories of counseling (3rd ed.), New York : NcGraw-Hill, 1979.

Fine, R.(1973), Psychoanalysis. In R. J. Corsini(Ed.), Current psychotherapies, Itasca, Illnois : F. E. Peacock Publishers, Inc.

Forgus, R., Shulman. B.(1979). Personality : A cognitive view. Englewood Cliffs, 329-344.

Gazda, G. M.(1971), Group Counseling : A Developmental Approach, Boston : Allyn & Bacon, Inc.

George, R. L., & Christiani, T. S.(1995), Theory, methods and processes of counseling and psychotherapy. Englewood Cliffs, NJ : Prentice-Hall.

George, R. L., & Dustin, D.(1988), Group counseling : Theory and practice, Englewood Cliffs, N.J. : Prentice-Hall.

Gibson, R. L., & Mitchell, M. H.(1981) Introduction to guidance. New York : Macmillan.

Gibson, R. L., & Mitchell, M. H., & Higgins, R. E. (1983), Development and Management of Counseling Program and Guidance Service. New York : Macmillan.

Goldberg, J. C.(1980), "Counseling the adult learner : A selective review of the literature", Adult Education, 30, pp. 67-81.

___________(1996). Internet addiction electronic message posted to research discussion list. http://www.rider. edu/users/suler/psycyber/supportgy.html.

Griffiths (1996). Psychology of computer use : Some comments on addictive use of the internet by Young. Psychology Reports. 80. pp. 81-82.

Gysber, N. C., & Handerson, P. (2000). Developing and managing your school guidance program. American counseling Association. Alexandria, VA.

Hansen, J. C., Stevic, R. R., & Warner, R. W.(1977), Counseling : Theory and process(2nd ed.), Boston : Allyn & Bacon.

Heaton, J. A. (1998). Building Basic Therapeutic Skills : A Practical Guide For Current Mental Health Practice. 김창대 역(2006), 상담 및 심리치료의 기본기법. 서울 : 학지사.

Hjelle, L. A. & Ziegler, D. J.(1981), Personality theories(2nd ed.), New York : McGraw-Hill Book Company.

Humphrey, J. A., & Fraxler, A. E.(1954), Guidance Service, Chicago : Science Research Associates.

Kazdin, A. E.(1978), History of behavior modification : Experimental foundations of contemporary research, Baltimore : University Park Press.

Kerka, Sandra(1995), Adult Career Counseling in a New Age, Eric Digest NO. 167,

Eric Clearinghouse on Adult, Career, and Vocational Educa-tion, Columbus, OH : BBB16032.

Langdon, G.(1969), Counseling and guidance services. In N.C. Shaw(ed.), Administration of continuing education : A guide for administrators, Washington, DC : National Association for Public School Adult Education.

Lifton Robert Jay(1974), Explorations in psychohistory : the wellfleet papers. N.Y. : Simon and Schuster.

Michael Carroll(1996), Counselling Supervision, Cal : SAGE publication. Ltd.

Morrissey, M. (1998) Mitigating school violence requires a system-wide effort. Counseling Today, Vol(40), No(12). pp. 36-37.

________, (1998) Middle school counselors playing vital role in development of youth. Counselling Today, Vol(40), No(11). pp. 13-14.

Mahler. C. A.(1969), Group counseling in the schools. Boston : Houghton Mifflin.

Miller, C. H.(1965), Guidance Service : An Introduction, New York : Harper and Rew.

Nelson-Jones, Richard(1982), The theory and practice of counseling psychology, Great Britain : The Pitman Press.

Passons, W. R.(1975), Gestalt approaches in counseling, New York : Holt, Rinehart and Winston.

Patterson, C. H.(1977), An introduction to counseling in the school, New York : Harper and Row Publishers.

Perls, F. S., & Goodman, P.(1951), Gestalt therapy, New York : Dell Pub.

Perls, F. S.(1969), Gestalt therapy verbatim, Moab, Utah : Real People Press.

Pepinsky, H. B.(1984), Perspective on the aging of a persistent counseling psychologist. In J. M. Whiteley, N. Kagan, L. Harmon, B. R. Fretz & F. Tanney (eds.), The coming decade in counseling psychology, Montery, CA : Brooks/Cole.

Rogers, C. R.(1965), Client-Centered therapy, Boston : Houghton Mifflin Company.

Rogers, C. R.(1981), A Way of Being, Boston : Houghton Mifflin.

Rowntree, L. G. et al.(1943), Causes of rejection and the incidence of defects among 18 and 19 year old selective service registrants, Journal of the American Medical Association. 123, pp. 181-185.

Santrock, John W.(1986), Psychology. The Science of Mind and Behavior, Madison, Wis. : Brown & Benchmark Co.

Scott, N. H.(1999). Supporting new teachers : A report on the 1998-99 begging teacher induction program in New Brunswick. (ERIC Document Reproducion Service No. ED 437 347).

Shertzer, B., & Stone, S. C.(1980), Fundamentals of counseling(3rd ed.), Boston : Houghton Mifflin.

Shertzer, B., & Stone, S. C.(1981), Fundamentals of Guidance(4th ed.). Boston : Hougton Mifflin Co.

Simons, J. A., & Irwin, D. B., & Drinnin, B. A.(1987), Psychology : The Search for Understandings, St. Paul : West Pub. Co.

Tolbert, E. L.(1982), An introduction to guidance(2nd ed.), Boston : Little Brown.

Travers, John F., & Stepher, N. Elliot, & Thomas, R. Kratochwill(1993), Educational Psychology, Madison. Wis. : Brown & Benchmark Co.

Tyler, R, W.(1969), Educational evaluation : new roles, new means, Chicago : University of Chicago Press.

Yong(1996). Internet addition : The emergence of a new clinical disorder. Paper presented at the 104th annual conversation of the American Psychological Association, Toronto, Canada.

Williamson, E. G.(1939), How to counsel students, New York : McGraw-Hill Book Company, Inc.

Williamson, E. G.(1958), Value orientation in counseling, Personnel and Guidance Journal, April.

______________(1950), Counseling adolescents, New York : McGraw-Hill.

______________(1975), Vocational counseling, New York : McGraw-Hall.

______________(1980), Counseling Adolescents, New York : McGrow Hill Book Company.

저자 소개

✍ 김청자

· 상명대학교 사범대학 졸업/고려대학교 상담심리석사/성신여대 교육학박사
· 현재, 상명대학교 사범대학 교육학과 교수

〈저서 및 논문〉

· 심리학의 이해(공저), 교육심리학(공저), 상담의 이론과 실제(공저), 심리불안과 자기치료(편역), 공격성과 이상행동에 관련된 논문 등 다수

✍ 정진선

· 홍익대학교 교육학과에서 교육학박사(교육상담 전공)
· 현재 홍익심리상담연구소 소장
  국민대학교 교육대학원 겸임교수
  이화여자대학교 강사
  한국상담심리학회 정회원, 한국좋은인간관계학회정회원
  현실요법전문가 및 슈퍼바이저, 1급전문상담사, 1급사회교육전문가
· 전 상명대학교 교육대학원 겸임교수
  관동대학교 교육대학원 겸임교수
  홍익대, 명지대, 광운대, 협성대 강사
  서울시 산하 '다시함께'센터 의료심리치료 자문위원단 운영위원
  한국좋은인간관계학회 편집위원장

〈저서 및 논문〉

· 인간관계심리의 이론과 실제(공저), 상담의 이론과 실제(공저), 아동상담심리(공저), 인간이해를 위한 성격심리(공저)
  대학생의 성역할정체감이 진로의사결정효능감 및 진로의사결정유형에 미치는 영향 등 다수

생활지도와 상담 – 개정판 –

초판발행 2005년 9월 5일
개정7쇄 2020년 3월 5일

김청자
2020. 3.

저 자 김청자 · 정진선
발행인 김현태
발행처 태영출판사

주 소 (08371) 서울 구로구 디지털로31길 90, 115-1601
전 화 02 · 839-3757, 839-3752
팩 스 02 · 837-3754
등 록 2005년 5월 30일 제12-421호
홈페이지 http://www.taeyeongbook.co.kr
E-mail tys2005@hanmail.net
ISBN 978-89-6302-029-7 93370
정 가 16,000원

* 잘못 만들어진 책은 교환해 드립니다.